陳俊武傳

張文欣——著

石油煉製工程專家，中國科學院院士，曾任洛陽工程公司裝置設計師、工廠設計師、總工程師，石油工業部煉油技術攻關組專業組長等職，現任洛陽工程公司技術委員會名譽主任，中國石化集團公司科學技術委員會顧問。

目錄

第一章

書香門第
家世淵源

1 院士回鄉

福建長樂的鶴上鎮，地處海濱，毗鄰福州，是個富庶的魚米之鄉，也是個山清水秀充溢著詩意的所在。鶴上，原名鶴峰，明朝初年，因新辟一湖於縱橫兩港道間，登鶴峰山俯瞰，猶如「上」字，乃改稱鶴上。

2007 年 9 月 14 日上午，鶴上鎮雲路村，鄉親們像過節一樣聚集在村口，他們在迎接一個從未見過面的親人——80 歲高齡的中國科學院院士陳俊武。

陳俊武祖籍鶴上鎮雲路村，但他以前只是從長輩和親戚的講述中了解些許關於故鄉家世的掌故，80 年來，這是他第一次踏上故鄉的土地。

當陳俊武和女兒陳欣在長樂市副市長林建秀及長樂鎮書記、鎮長的陪同下來到村口的時候，鞭炮齊鳴，鼓樂喧天，鄉親們迎上前去，執手問候，簇擁著他步入禮堂。

禮堂裡已升發揮祭祀所用的爐火，香菸裊裊。陳俊武眼睛潮潤，雙手微微顫抖，他恭敬執香，行禮鞠躬。禮堂裡一片肅穆，只有那一縷縷淡淡飄散著的白煙，就像是遊子對故鄉祖籍綿長的思念。

簡單的拜謁儀式之後，陳俊武在陳氏宗親的帶領下，憑藉著父輩們的講述留給他的些許回憶來到老家所在地上店。他竟然找到了經歷滄桑歲月的古井，被燒燬的「疆恕堂」和多處祖屋遺址的痕跡。他參觀了雲路村的村容村貌、陳氏祠堂、村裡的企業、敬老院、雲路小學，又在鄉親們的陪同下徒步登上後山尋找祖墓。在青山綠樹環繞之間，古塚猶在，石碑尚存，漫漶剝蝕的碑刻文字，記錄著祖輩的業績和歷史的風雲。

陳俊武這次回鄉，是在受聘為長樂市社會經濟發展顧問和長樂市科技顧問團成員，長樂市政府多次發出邀請後終於成行的。

這些天來，陳俊武一直被熾熱濃烈的故鄉情誼籠罩著，感動著。

2007 年 9 月 11 日深夜，陳俊武在女兒陳欣的陪同下，從湖南飛抵故鄉長樂漳港機場，市政府林建秀、陳增國副市長及鶴上雲路村鄉親代表專門到機場迎接。

從 9 月 11 日至 16 日，在短短六天的時間裡，陳俊武故鄉之行的日程安排得豐富密集。他先後參加了由福建省科協、福州市科協主辦，長樂市承辦的「福建省、福州市全國科普日」長樂主會場活動，長樂高魯天文館的揭牌開館儀式，實地查看了濱海、金峰工業區，與當地黨政領導和企業家們座談，為家鄉的經濟發展和重點工業項目建設出謀獻策。

陳俊武還先後參觀了長樂博物館、冰心文學館、人民會堂、八旗博物館、琴江滿族村、鄭和航海館、龍泉寺、顯應宮。人們發現，陳俊武院士雖已年過八旬，卻精神矍鑠，步履矯健，所到之處，他都是興味盎然，流連忘返。回到故鄉，他似乎又找到了孩童時期在母親面前歡愉和溫暖的感覺。

每到一地，陳俊武和女兒陳欣都是不停地拍照，他要將這五彩繽紛的故鄉美景永遠定格在自己的記憶裡。他讚歎長樂經濟文化發展所取得的巨大成就，說：「家鄉真是太美了，簡直就是一顆濱海明珠！」

長樂文化積澱深厚，特別在近現代，更是人才輩出。著名作家、文學家冰心、鄭振鐸，著名電影導演陳懷愷、陳凱歌父子，著名數學家陳景潤等，祖籍都是長樂。現在的兩院院士中，僅福州長樂籍的就有五人。早在 1996 年，福州市就編印了介紹福州籍院士事跡的《院士風采》一書，其中曾收入了介紹陳俊武業績的文章。2003年，長樂市又專門修建了院士館，用圖文並茂的形式展示長樂籍院士的業績。在院士館自己的展區前，陳俊武深為家鄉人關注外地遊子的情誼感動，也由衷讚歎家鄉對科技文化的重視。

這一天，陳俊武還專程來到馬尾船政文化博物館，向工作人員諮詢他的爺爺陳琦當年在馬尾船政局任職文教的詳細事跡。

故鄉之行，使他感受到血濃於水的鄉情和親情，也使他更理解了家族文化傳承的重要作用。一代代，一步步，每個人都是從遙遠的歷史和家族的傳承中走來，既延續著生命，也累積和傳遞著文化的基因，因此他也更迫切地想了解祖輩的足跡和生平事跡。

2　長樂陳氏疆恕堂

長樂境內，「陳」為第一大姓，有近20萬人。其中三大支脈分別為雙江陳、玉溪陳、南陽陳，其中玉溪陳為雙江陳的分支。陳氏始祖籍源自河南省固始縣，五代後唐時期入閩。固始古稱潁川，因此陳氏祠堂楹聯多為「潁水家聲遠，雙江世澤長」。

陳俊武的先祖陳際伍，在鶴上鎮雲路村辟疆恕堂，世代耕讀傳家，遂成當地望族。後世子孫中的陳鑒和陳升揚，分別在乾隆和道光年間中舉。從陳升揚開始，陳家遷居福州光祿坊早題巷。

陳升揚之子陳尊，是陳俊武的曾祖。陳尊，字喜人，自幼聰慧，為咸豐年間貢生，學識過人，深得沈葆楨的賞識。沈葆楨，字幼丹，福州人，是晚清時期的重要大臣，洋務運動的主要推動者，也是中國近代造船、航運、海軍建設事業的奠基人之一。沈葆楨曾任福建船政大臣，主辦福州船政局，修建馬尾造船廠，創辦馬尾海軍學校。他當時已認識到西方科學技術具有強大的社會功能，必須改變重視經學鄙視技藝的傳統育才思想，學習西方科學技術。他對中國傳統科技表述的「格物致知」之學極為重視，曾親自在船廠衙門兩旁題寫楹聯：「且漫道見所未見，聞所未聞，即此格致關頭，認真下手處；何以能精益求精，密益求密，須從鬼神屋漏，仔細捫心來」。

陳蕁得到沈葆楨的賞識，足見他們之間在理念上的契合與共鳴。向來以讀經書赴科考為傳統的「疆恕堂」陳家，從陳蕁這裡，開啟了另一扇重視科學技術的大門。陳蕁一生未曾入仕從政，先後在兩家書院執任教席，一直以教書育人為業。他還擅醫術，遵懸壺濟世的古訓，對貧苦病人分文不取，行醫所得，僅供自己飲酒之資。

陳蕁有二子一女，長子陳琦，字伯韓，即是陳俊武的祖父。陳琦最初仍遵循前輩的道路，刻苦攻讀，赴考應試，卻數次落榜。中國的科舉制度，雖在選才用人上有一定可取之處，但實在也存在許多弊端。清朝晚期，隨著洋務運動的興發揮，一些在科考中失意的青年人，不再走皓首窮經考取功名的華山一條道，開始與近代學堂銜接。

陳琦落第之後不久，就到馬尾船政局任職，後來在船政學堂教授國文。

馬尾地處福州閩江入海口處，是個歷史悠久的天然海港。1866年，沈葆楨在馬尾設船政局，創辦船政學堂。船政學堂分為「前學堂」和「後學堂」兩部，前學堂教授造船和設計，後學堂教授航海、輪機和駕駛。學堂聘用英、法兩國教師任教，使用原版外文教材並用外語授課，科目包括英文、法文和數學、幾何、微積分、物理、機械、天文、地理和航海理論等專業知識，而中文經史則為必修課目。其畢業生中成績優異者更會被派往西歐各國深造。

船政學堂後來也被稱為水師學堂，這裡畢業的學生中有不少成為北洋海軍的高級將領，也有在中國近代多個領域卓有建樹的著名人物，如翻譯《天演論》的嚴復、有「中國鐵路之父」之稱的詹天佑等。馬尾船政學堂是近代中國第一所工程技術類專業院校、中國首家海軍及航海學院，也被譽為中國海軍的搖籃。

陳琦任職於馬尾船政學堂，不知是否因其父陳尊和沈葆楨交好有關，這位在船政學堂教授中國文史的先生，耳濡目染外語教學環境和近代科技知識，成為疆恕堂陳家和西方文化及近現代工業文明密切接觸的第一人。

陳琦 1929 年在福州逝世。當年陳俊武尚為二歲幼童，懵懂無知；成年之後，他還為未能和祖父見面感到深深的遺憾。

3　狀元林鴻年

陳俊武的母親林靜敘雖為家庭婦女，一生相夫教子，未曾任過社會職務，但也讀書識字，能背誦許多詩詞文章。

林靜敘的曾祖父林鴻年，字勿村，生於清嘉慶九年(1804 年)，從小就勤奮好學，二十五歲中舉，並於道光九年進京參加會試，可惜落第而回。他在回家的路上賦詩自勵:「狀元二字消難去，我亦摩挲鐵硯來」，回家之後林鴻年更加用功，於道光十六年(1836 年)再次進京參加會試。開榜之日，高中丙申恩科一甲一名進士，果然摘得狀元之冠，授職翰林院修撰，時年三十二歲。

1838 年，清廷敕令林鴻年為冊封琉球國正使，在琉球主持冊封世子尚育嗣位大典。林鴻年在琉球逗留期間，行為端肅，廉潔自守，婉拒琉球國王贈予清朝使者的「宴金」，還將所餘出使經費 240 萬貫如數饋贈琉球國王，藉以賑恤當地貧民，獲得琉球舉國上下的讚頌。回國之後，林鴻年將此行經過和見聞，寫入《使琉球錄》一書。

回國後，林鴻年得到了清廷的極大信任。先後升任山東鄉試副考官、國史館協修、文淵閣校理、方略館纂修、廣東瓊州知府、護理雷瓊道、雲南臨安府知府、雲南按察使、雲南布政使、雲南巡撫等職。儘管林鴻年一路實打實幹，但畢竟只是個文人，而不是個政客。在雲南巡撫任上，遭傾軋攻訐，同治五年，被革職查辦。

林鴻年回到故鄉時，正值閩浙總督左宗棠在福州開設正誼書院，便延聘林鴻年為該院山長。林鴻年文學功底深厚，執教嚴格，「訓士以器識為先，尤重根底之學」，講求義理，強調經世致用。在他的悉心教導之下，正誼書院人才輩出，曾為清末代帝師的陳寶琛、翻譯家林紓、方志學家陳衍等皆為其席前高足。林鴻年執正誼書院 19 年，出自他門下的出類拔萃的人才達百餘人。

光緒四年，福建巡撫丁日昌以林鴻年「掌教閩中，著有成效」上奏，詔交吏部從優議敘。光緒八年，吏部以「經術湛深，品行峻潔」回奏，並請特賞三品卿銜。光緒十一年十二月，林鴻年病故，有詩集《松風仙館詩抄》傳世。他還曾和相距 45 年的五科狀元同書一幅扇面，傳流至今，成為一件絕無僅有的珍貴文物。

林鴻年生 5 子，四子林符石生 3 子 4 女，其第三子林彤如生 4 女 1 子，長女林靜敘即為陳俊武的生母。

林鴻年弟子中的陳寶琛，後來也力推洋務，重視新學，和疆恕堂陳家發生交集。

4 新學之路

在清末民初的政治風雲中，陳寶琛也是個有重要影響的人物，官至內閣學士兼禮部侍郎，成為末代皇帝溥儀的老師。陳寶琛提倡

「崇實學以勵人才」，主張學習外國先進的科學文化技術，光緒二十四年(1898 年)，創辦了以學日文為主兼學漢文的福州東文學堂，是福建在「戊戌變法」期間首設的新式中等專業學堂。後來升格為福建優級師範學堂，是福建第一所培養中小學師資的師範學校，這是福建師範大學的前身。

當時，科舉制度仍未廢除，但陳俊武的祖父陳琦，這位曾汲汲於功名的落第秀才，深感國勢頹萎必須走維新圖強的道路。再加上在船政學堂的耳濡目染，決心引導孩子們走上新學之路。他先後將自己的幾個兒子都送入東文學堂學習外文和現代科學文化知識。

陳俊武的父親陳訓昶，在東文學堂畢業後，東渡扶桑，到日本早稻田大學留學。當時留日學生所學多為軍事政法，陳訓昶卻選擇

陳俊武的父親陳訓昶

了農林科技專業，他想要走的，是科技實業救國的道路。

清末民初，赴日留學在中國成為一種社會潮流。除了數十年來新學的影響，還有中日甲午戰爭的失敗和 1905 年科舉制度的廢除，都更促使這一潮流的形成。一部分青年學子甚至把出國留學作為實現救國的主要途徑：「唯遊學外國者，為今日救吾國唯一之方針」，「學子互相約集……買舟東去，不遠千里，如潮湧來」。

晚清政府面對維新圖強的浪潮，在有識之士的推動下，也發表了一些鼓勵赴日留學的辦法。1903 年，清政府向全國轉發了張之洞擬定的《鼓勵遊學畢業生章程》。其中規定：留日歸國學生凡由日本普通中學畢業並得有優秀文憑者，給予拔貢出身，分別錄用；凡由高等學堂畢業並得有優等文憑者，給予舉人出身，分別錄用；凡由大學堂畢業者，給予進士出身，分別錄用；凡由國家大學堂畢業，持有學士文憑者，給予翰林出身，持有博士文憑者，除給予翰林出身外再給予翰林進階，並分別錄用為官。

當時留日學生雖人數眾多，但真正進入正規大學者只是少數，而能入早稻田大學這種名校的，更是鳳毛麟角。1906 年清政府舉行歸國留學生考試，參加考試的 100 人中，留日生占 80%以上，但考中的卻極少。陳訓昶考中被錄用，福州老家一時盛傳：他是被點了「洋翰林」。

陳訓昶留學歸來不久，已是民國初年，因日本在山東有較大的影響，留日學生歸來後在山東就業的很多。所謂呼朋引類，陳訓昶受一些同學的邀請，也來到山東就職，曾任山東省政府農林廳的技正，一度還出任東崗山農業場場長。

技正是北洋政府設置的技術官吏的職銜，相當於高級工程師。技正之上為技監，之下為技佐。根據北京北洋政府 1912 年 11 月頒布的《技術官官俸法》，技正分 1-12 級，月薪為 440-220 元。這樣的薪俸水平和當時的大學教授基本相當甚至還要高一些。比如北京大學文科學長陳獨秀月薪 300 元，教授周作人月薪 240 元，圖書館長李大釗月薪僅有 120 元。

民國初年，北洋政府統治時期，時局動盪，社會混亂。山東執政者也如走馬燈一樣經常變換。這些分屬不同派系的北洋軍閥，一旦主政，就要更換政府各部門要職，吏治腐敗，橫徵暴斂，再加上日本和德國在山東的利益爭奪，齊魯大地幾無寧日。1925 年前後，陳訓昶離開濟南，來到北京定居，在北京北洋政府農林部門仍然擔任技正之職。他的哥哥和一個弟弟，也在祖父的引導下接受了新學教育，出國留學，學成後先後北上謀職，在金融部門工作。

到了陳俊武的父輩，源自長樂鶴上鎮雲路村的疆恕堂陳家，已完成了從經史子集科考功名到用近代科技實業救國的文化過渡和轉型。

第二章

刻苦攻讀 京華雲煙

1 少年時代

1927 年 3 月 17 日，北京東斜街的一個大四合院裡，洋溢著一片喜悅的氣氛。陳家又一個男孩降生了，按照家族的排序，他是老八，但對於陳訓昶來說，這個男孩卻是他的第一個也是唯一的兒子。

這個男孩就是陳俊武。

陳訓昶來到北京以後，和兄弟親戚同住在西單和西四之間的東斜街 58 號，這是一處中間相連的雙四合院。大哥一家住西院北屋，三弟一家住西院西廂房，排行老二的陳訓昶住在兩院之間的三間北房，東院南北房住的是姻親王家表哥。按陳俊武的稱謂，這個大院裡住的另外幾家分別是自己的大伯、三叔和表伯。

陳俊武的三個姐姐先後在父親任職山東時出生，後來母親患肺結核病，雖經治療脫離危險，但身體虛弱，需長期調養，多年沒有生育。陳俊武的出生，給全家帶來了節日般的喜慶和歡樂。陳訓昶中年得子，更是喜不自勝，這個寶貝兒子從此受到全家上下特殊的關愛。

這個四合院雖不是王府豪宅，但也布局嚴整，寬敞明亮，院中還植有花草樹木。大院中四個家庭，也都是至親骨肉，大大小小幾十口人，熱鬧融洽。可惜這樣一個所在，並沒有給幼年的陳俊武帶來多少樂趣，留在他記憶中的，只是一個孤獨的天地。

1927 年，是中國時局最為動盪不安的年頭。北伐戰爭進展順利，北洋軍閥政府岌岌可危，第一次國共合作面臨分裂，北京城裡，各種傳言風聲攪得人們心神不寧。陳家大院裡，大人們也都是早出晚歸，為了生計而忙碌。陳家三兄弟中，除了當技正的老二陳訓昶，大哥也曾留學日本，他和三弟學的都是財經。雖說都有職事可做，也都是以知識和智力勞動謀生，並無多少閒暇的時光，正所謂「長安米貴，居大不易」。

陳、林兩家雖然都是書香世家，父親和母親對幼時的陳俊武卻並沒有施於更為嚴格的家庭教育，也教讀書，也教識字，更多的時候是順其自然。

在家裡，姐姐們比他大十來歲，早已經上學；堂兄弟六人，除一人外都和他年齡懸殊。小孩子愛玩，不過要有年齡相仿的玩伴才有趣。孤寂的陳俊武，從屋裡到院裡，從東院到西院，好奇的眼睛探究著周圍的世界。春草漸綠，秋葉變黃，牆角的蟋蟀抖須唱歌，鴿群響著鴿哨從天空掠過，為什麼？為什麼？他的小腦瓜裝滿了各種各樣的問題。

童年陳俊武(前排左一)在北平和姐弟們

這種環境養成了陳俊武喜歡安靜獨處、喜歡思考，而不愛熱鬧跑動的習慣和性格。北京那麼多熱鬧好玩的去處，可陳俊武除了隨母親去過幾個親戚家，一直長到 10 歲，還沒有去過天橋、前門、大柵欄這些地方。

1932 年秋天，五歲半的陳俊武被父親送入潔民小學上學。

就在前一年，日本侵略者發動了「九一八」事變，侵占了我國東北三省。抗日救亡的呼聲遍布神州，但國民黨政府卻實行「攘外必先安內」、消極抗日積極反共的政策，致使華北、平津局勢逐步惡化。1937 年 7 月，「七七」盧溝橋事變，日本軍國主義蓄謀已久的全面侵華戰爭開始，以國共合作為基礎的民族統一戰線形成，中國的抗日戰爭拉開序幕。

「七七」事變後不久，正在清華大學讀書的大姐陳舜瑤和一批熱血青年，毅然中斷學業，走上抗日救亡的道路，南下南京、長沙等地宣傳抗日，聽說後來又去了延安。上小學的陳俊武尚不能理解動盪複雜的社會局勢，卻能感受到大院中越來越沉重的氣氛。父親常常皺著眉頭坐在屋子裡嘆氣。

1938 年，陳俊武小學畢業，該上中學了。這時北京城已被日本占領，在學校也大力推行奴化教育，強迫學生必須學習日文。而具有留學日本背景的陳訓昶卻作出了一個決定：讓陳俊武上教會學校，因為這些學校可以學英文而不必學日文。也許，在當時的情境下，這種選擇表明了他對侵略者的抗拒，也包含了對兒子未來道路的期望。

教會學校是中國特定歷史時期的產物。始於十九世紀下半葉，是西方列強國家為傳教而設，最初多為啟蒙性質的初級教育。後來學校數量增多，規模擴大，辦學性質也漸次向正規的中等和高等教育過渡，不過學校仍強制學生學習宗教知識，參加宗教活動。清末民初，這些教會學校都是私人辦學，沒有在中國政府註冊。

1925 年，中國各地爆發反對帝國主義的「五卅」運動以後，民國政府先後發布法令，要求教會學校到中國各地教育行政部門註冊立案，方可取得合法地位。並明確要求教會學校取消宗教課程，限制宗教活動，不準外籍人擔任中國境內教會學校校長，等等。以後的教會學校逐漸「中國化」，由於教會學校有良好的師資和設備條件，管理嚴格，儘管收費較高，但還是受到家境較好的人家青睞。

1938年秋季，陳俊武入崇德中學上一年級。崇德中學即現在北京市第三十一中學的前身，位於西城區西絨線胡同33號。崇德中學是英國基督教聖公會主辦，始建於1911年，也是當時的名校之一。崇德中學的歷屆畢業生中出了不少名人大家，如諾貝爾物理獎獲得者楊振寧、中國「兩彈」元勛鄧稼先、著名建築學家梁思成、著名電影表演藝術家孫道臨、著名法學家江平等，還有當時民國要人外交家顧維鈞、黃埔名將關麟征的兒子都在這裡讀過書。鄧稼先也只比陳俊武高兩屆。

原北平崇德中學(現在為北京市第三十一中學)

崇德中學要求學生入學前必須具有一定的英語基礎，而陳俊武在小學期間從未正規學過英語，只是在家中受大姐舜瑤和後來上北京師範大學西語系的二姐舜瓊的薰陶，只會說一些英語單詞和簡單的對話。可上第一節英語課，老師就是直接用英語朗讀和講解《天方夜譚》(另譯為《一千零一夜》)中的故事——阿里巴巴和四十大盜。陳俊武聽得一頭霧水，如同天書，不知老師說些什麼。

這對學習成績一直名列前茅，自尊心極強的陳俊武是個沉重的打擊，回到家裡，對父母言說上英語課的情形，忍不住失聲大哭，說：「我不學英語了，不去崇德上學了！」

父親遞給他一條毛巾，讓他自己擦乾眼淚，安慰他一番，又嚴肅地說：「人的一生會遇到難題無數，如果一遇到困難就害怕退縮，就會一事無成。你是個聰明的孩子，只要努力，我相信你一定可以學好的。」

陳俊武帶著父親的鼓勵，硬著頭皮在英語課堂上堅持下來，上課用心聽講，再加上課前課後的預習和複習，幾個月過去，他就跟上教學進度了。

崇德中學管理極為嚴格，老師的管教包括體罰。有個別同學遲到，第一次罰站，第二次打板子。老師當著全班同學的面，用長竹板抽打受罰學生的手心，且不許啼哭叫喊。聽著噼啪的響聲，看到被懲罰同學臉上的痛苦表情，陳俊武對這種教育方式感到恐懼。還有在大操場上的體育課，也不是陳俊武的長項，他在小學沒上過正規的體育課，在家裡也不好運動，在足球場上，他就常常被邊緣化。

1939 年，日本和英國關繫緊張，崇德中學被北平日偽當局勒令停辦。父親安排陳俊武轉入另一所教會學校——輔仁大學附中讀初二。

輔仁附中鄰近西直門，後來的地名改作「官園」，離家裡並不太遠。學校最初是由美國神甫管理，後來又換為德國人。這個中學的自由度很高，信教自由，課堂授課內容不涉及宗教。每週有「公教瞻禮」的宗教活動，但不信教的學生可以不參加，還能夠自由活動。為了應付日偽當局的檢查，課程表上每週有五節日語課，但實際上課堂上學的都是英語。

崇德中學和輔仁中學嚴格的英語訓練，給陳俊武打下了良好的英語基礎，在中學階段，他就可以用英文閱讀和對話。

處處用心的陳俊武也逐漸形成了自己獨特的學習方法和習慣。他反對那種「死讀書，讀死書，讀書死」的死記硬背的學習，而是掌握要點，領會精神，融會貫通，活學活用。他經常提前自學次日上課的內容，做完作業。第二天上課時就十分輕鬆，因而在課堂上也常常能對老師講解的獨到精妙之處會心領悟，這時候，他心中就感到一種愉悅。這種來自學習中的快樂，也成為他強烈的求知慾望的不竭的動力。所謂「學而時習之，不亦樂乎」「學而不厭」，其中的樂趣也許只有進入這種境界才能體會。

陳俊武個子不高，卻愛坐在教室的後排，因為這有利於他單獨的思考。不過，這個習慣也給他帶來一些小麻煩，因為他當時眼睛已經高度近視，看不清黑板上的字，他認為關鍵的地方，就離開座位跑到前面去看，有時候，一節課要去好幾次。

初中階段的學生，正是精力充沛興趣廣泛的時期，課餘時間，他們會玩各種遊戲，其中有體力的也有智力的。同學們發現，在各種智力遊戲中，陳俊武都是獲勝者。最令人佩服的是他的心算本領。多位數的加減和三位數的乘法、兩位數的除法，他都能運算自如。也有同學慕名找他，給他一道一道地出題，但他都能很快報出正確的答案，屢試不爽，於是「神童」的外號不脛而走。

更為神奇的是，這種心算的本領並沒有老師傳授，是他自己思索出來的，最早可以上溯到他上小學的時候。善於思考，善於發現總結數位之間的關係和規律，是他創造心算法的訣竅。這種稟賦和觀察思考的方法，使他終生獲益。

上高中時，數學課開始接觸到高等數學中的機率計算，陳俊武對此尤感興趣。在日常生活中，他經常會嘗試運用機率計算去找出其中的規律。比如，同學們玩劃線遊戲，他發現從幾個上位發揮點沿劃線下行，平行線無十字交叉，就能達到各自的下位。打撲克牌，他也從中得到「同花順」和「一條龍」的機率。上化學課學習有機化學部分，他對同樣的分子，結構卻不同的同分異構物甚感興趣，竟然悄悄開始分析癸烷以上烷烴的同分異構物的數目。如果溯源探流，這裡也許是陳俊武後來從事化學工程事業最早的源頭。

在崇德中學和輔仁中學上學期間，陳俊武成績優秀，在考試中基本上都是第一名，因此經常享受免交學費的待遇。高二下學期，在一次化學試驗中陳俊武不慎被灼熱的苛性鈉溶液燙傷右腳，請假在家養傷 20 多天。按照學校有關學生請假天數規定，陳俊武高三年級就不能再享受免學費待遇。這本來是正常也是平常的一件事，但在養傷期間經常來看望他的幾個小學同學卻在一旁慫恿：「不免費就不去他那裡上，換學校，你這樣的優等生到哪裡都受歡迎！」少年意氣，陳俊武果然賭氣在上高三時離開了輔仁中學，改去另一個教會學校盛新中學。

很多年後，陳俊武回憶發揮這段經歷，還覺得這實在是個幼稚之舉。所幸這次草率的轉學對他的學業未造成多大影響，以後也順利地考入了大學。

盛新中學地處地安門西大街南側的校場胡同，是法國天主教愛遣使會於 1917 年修建設立，原來只有女中，1923 年增設男中。盛新中學獨特的建築風格給陳俊武留下了很深的印象，教學樓和禮堂都是磚木結構，灰瓦坡屋頂，紅磚清水牆嵌以石料裝飾，比例嚴謹，工藝精緻，禮堂的外形很像法國的古城堡。

1944 年，陳俊武分別參加了兩所大學的入學考試(當時大學單獨招生，考試時間也不統一)，同時考取了北京大學工學院應用化學系和北京師範大學醫學院藥學系。當時陳俊武正痴迷於藥學，興趣濃厚，但考慮到畢業以後的就業出路，最後選取了北大工學院。

2 北大歲月

1944 年的北京大學工學院，位於清端王府舊址，現在的平安裡西大街北邊，中國少年兒童活動中心所在地。工學院始創於清光緒廿九年(1903 年)，初名京師高等實業學堂，宣統元年(1909 年)遷至端王府。以後隨著政局變換，院名和學制也幾經變更，1929 年定名為北平大學工學院。1937 年「七七」事變後，北平淪陷，工學院西遷。日偽統治時期，1938 年將北平大學工、農、醫學院與北京大學文、理、法學院合併，成立北京大學。當年在北京的教育界多位教授，身心雖受日本人的壓迫，仍能忍辱負重，為滯留在敵占區的青年學子傳授知識，為國家和民族培養和儲備人才。這是一個特殊的歷史時期，也是一段特殊的滄桑歲月。

工學院應用化學系，這一屆共錄取 17 名學生，17 歲的陳俊武考試成績名列第二。

報考應用化學系，投身化學工程事業，其實也是陳俊武從小的夙願。陳俊武在讀初二的時候第一次接觸到化學，就一下子被迷住了。百餘種元素構成了豐富多彩的物質世界，每一種物質又由神奇的分子、原子構成，分解、化合又可以組成新的物質。這一方奧妙無窮的新奇天地正適合他「窮天地之奧祕」的志趣和性格，當時他就暗自立下志願：研究化學，造福國家和人民！

大一的課程多選用國外原文教材，各科的習題量也很大，一些同學對學習頗感吃力。但陳俊武卻覺得輕鬆自如，遊刃有餘。在大學一年級，除了正常的學業，他還在課餘進行著一項「祕密工程」：對藥學的學習和研究。

北海公園附近的北京圖書館，離東斜街陳俊武家大約有兩三公里的路程。上高中時，陳俊武在課餘時間常常來到這裡的閱覽室看書。高中二年級的暑假，陳俊武在這裡初次看到了一本藥學書籍。藥學中化學和藥理雙重的神祕性和他強烈的求知慾與好奇心立即諧振共鳴，他「一見鍾情」，從此「墜入愛河」，開始了對藥學近於痴迷的學習和研究。

使陳俊武對藥學感興趣的還有自己家庭的背景。在舊中國，肺結核是一種常見病多發病，由於缺乏特效藥物，一旦罹患即為難以治癒的沉疴頑疾，不少人因此被奪去了生命。在他的家族中，多人都曾患過此症。母親患肺結核多年，所幸後來治癒。但他活潑可愛的小妹瑩瑩，患病後竟在 14 歲的荳蔻年華逝去。大院中他的幾個堂哥、堂姐也因為肺結核先後被奪去了生命。

陳俊武的父親這些年也身體衰弱，經常患病，從他上高中開始，就一直纏綿病榻，臥床不發揮。他患的不是結核病，但多方治療卻總不見效。

而藥學研究，正是要尋找發明為人類戰勝病魔、解除各種疾患的藥物。陳俊武悄悄立下志願：將來一定要研製出治療那些所謂不治之症的「特效藥「，給所有在絕望的病痛中的人們帶來福音。

陳俊武從此每天都要步行兩三公里路，到北海公園西側的北京圖書館去看書。有時候，也去更遠一些的靜生生物研究所圖書館借閱。冒著酷暑嚴寒，迎著風霜雨雪，天天如此，日日不輟。他還學會一種快速記錄的方法，摘抄內容，回家後再加以整理。幾個月過去，他居然已粗知藥學的輪廓。他注意到化學家趙承嘏先生髮表的研究藥物的文章，對於植物如何與醫藥結合尤感興趣。比如治療瘧疾的特效藥物奎寧，是從金雞納樹的樹皮裡提煉製取的，俗名就叫金雞納霜。從植物到藥物，是複雜的化學方法和過程。他給自己定的宏大目標，就是要找出能夠治療某種疾病的植物，再用化學的方法來提煉製取相應的藥物。

北京圖書館成為他課外求知的樂園。學然後知不足，汗牛充棟般的藥學典籍像魔鬼一樣誘惑著他。中文的、英文的、日文的，西藥的、中藥的，由此及彼，由表及裡，由藥物學而及有機化學、生物化學……他貪婪地將能找到的書籍雜誌咀嚼吸收，蠶食淨盡。從中學到大學，從 15 歲到 19 歲，對藥學的課外學習，他整整堅持了四年。沒有導師，沒有同道，一個花季少年在青春歲月中默默地孤獨前行，點燃他的熱情的，只有心中那個宏大的目標和強烈的求知慾。

學習藥學幾個月後，陳俊武就將讀書筆記分類整理，十六開紙寫滿密密麻麻的蠅頭小字，最後總計達 54 頁，十餘萬字。他將這卷文字命名為《藥學精華》，每頁之首按正規雜誌格式設計，某卷某號，出版日期，並且標明「不定期刊」字樣，一絲不苟，幾可亂真。其實，這份期刊的編者、出版者和讀者都只是陳俊武自己。

陳俊武不僅編雜誌，也「著書」。這幾年中他寫的小冊子有《藥用植物成分的研究》《中西藥植成分志》《中國藥用植物一覽》《生活素的化學》等，總計達 240 頁，30 余萬字。這些小冊子內容豐富，結構嚴謹，章節井然有序，插圖、目錄、封面設計、編著者姓名樣樣俱全，有的前面還加了序言。如他在《藥用植物之研究》的序言中寫道：「近年國內對於自然科學及應用科學之提倡，不遺餘力。中學之中，已將物理、化學和生物視為重要之課程，俾使青年學子得以認識其重要進而切磋之，則對於我國之前途，利莫大焉……」當然，這套被陳俊武命名為《藥學小叢書》的小冊子，並非正式出版，甚至連鉛印也不是，僅僅是他的「手抄本」，是苦學者陳俊武自己製造的浪漫和幽默。

陳俊武高中和大學初期自編的藥物學「期刊」(1944–1946 年)

1945 年 8 月，日本宣布投降，中國人民艱苦的抗日戰爭堅持了十四年之久終於取得了最後勝利。北京的各所大學進入復員、調整的動盪過渡時期，端王府工學院開始改稱臨時大學，到 1946 年又成為北洋大學北平部，由陳荩民先生任院長，原應用化學系也正式改為「化學工程學系」。北洋大學本部在天津，來授課的教授皆認真嚴謹。系主任方子勤教授開「化工原理」必修課，後來又先後由曹本熹和汪德熙兩位先生講授。這幾位教授上課時多用英語，對學生習題作業也要求嚴格，一絲不苟。

至 1947 年暑假，南京政府教育部作出決定，端王府工學院正式併入北京大學，成為北京大學工學院，由馬大猷博士任院長。新學期開學典禮，時任北大校長的胡適先生致辭，其中說到：「端王府工學院不是我們的，也不是他們的，而是咱們的」，一時引發揮全場笑聲。一句包容智慧的話，釋解紛爭，安撫師生，受到大家的稱讚。

大四新學期開始，教授陣容加強，除了北大本部的幾位教授，另請北平工業試驗所的幾位主管莅校執教。所長顧毓珍博士講授化工原理，纖維研究室主任張永惠博士教造紙，電化研究室主任羨書錦教授講授電化學，賈伊箴教授講授工業管理和製革，等等。

從大學二年級開始，陳俊武雖然有時還會去醫學院聽課，但已經從對藥學的迷戀中走出來，開始把學習的興趣逐漸轉移到自己所學的專業——化學工程上來。

專業改名為化學工程系也使陳俊武感到振奮。當時所謂的應用化學實質是造紙、製革等輕化工產業的總稱，也包括化學分析，這和現代化工相距甚遠。陳俊武將來的理想是要從事現代化工，包括燃料化學和化學工程。

化學工程是 20 世紀 20 年代才興發揮的新學科，主要研究化學工業生產過程中的工程理論。新的領域，新的知識，這使陳俊武感到新鮮，同時他也預感到這個學科所學，正是將來振興民族工業實用的知識。

他猶如一隻被花香引誘著的蜜蜂，又撲進了新的花蕊。

陳俊武仍不滿足於講義和教科書，他仍然堅持著課外自學。對藥學長期的自學鑽研，拓寬了他的化學知識領域，英、日文的閱讀能力大為提高，並且已摸索出高效率查閱期刊資料的方法。他從資料中得知，美國麻省理工學院是化學工程學科的發源地，化學工程的啟蒙者如 Walker、Lewis 等名教授在該校任教，最早的化工原理教材就是他們編著的，在全世界廣泛使用。該校 McAdams 和 Gilliland 先生分別撰寫了傳熱和傳質專著，增加了化學反應工程的內容。堂姐舜翹從日本留學回來，帶有小竹無二雄的化學工程套書，也被陳俊武借來系統閱讀。陳俊武暗下決心，一定要把這些化學工程中統稱為「三傳一反」(傳熱、傳質、傳動量、化學反應過程) 的內容弄懂吃透。

這是一次更自覺、更刻苦、更痴迷的投入。書本、雜誌、字典、筆記是親愛的伴侶，課堂、實驗室、圖書館是芳草如茵的伊甸園。除了課堂上的學習，他經常游弋於書海，鉤沉於卷帙，白天聽課讀書，晚上整理筆記，沉醉其中，常不覺東方之既白。

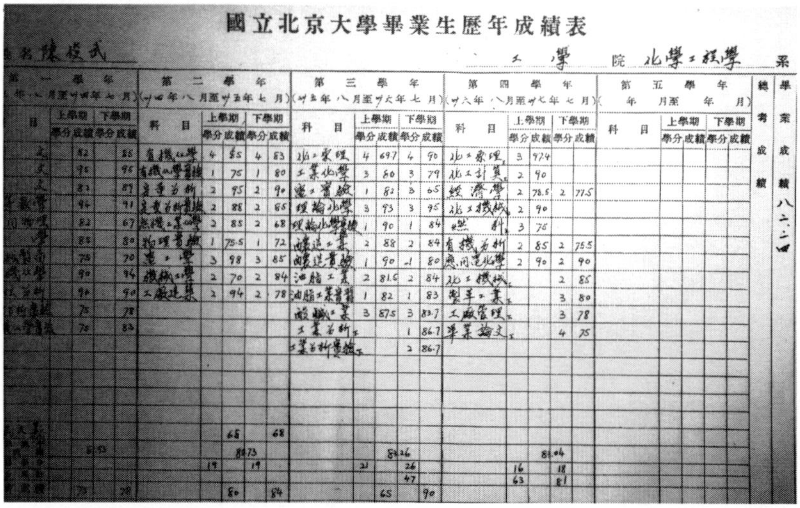
國立北京大學畢業生歷年成績表

姓名 陳俊武　　工學院 化學工程學系

第一學年（……年八月至卅四年七月）

科目	上學期 學分	上學期 成績	下學期 學分	下學期 成績
[illegible]		82		85
[illegible]		95		95
[illegible]		83		87
[illegible]		94		91
[illegible]		82		67
[illegible]		85		80
[illegible]		75		70
[illegible]		90		94
[illegible]		90		90
[illegible]		75		78
[illegible]		70		83

第二學年（卅四年八月至卅五年七月）

科目	上學期 學分	上學期 成績	下學期 學分	下學期 成績
有機化學	4	85	4	83
有機化學實驗	1	75	1	80
定量分析	2	95	2	90
定量分析實驗	2	88	2	65
無機工業化學	2	85	2	68
物理實驗	1	75.5	1	72
電工學	3	98	3	85
機械工學	2	70	2	84
工廠建築	2	94	2	78

第三學年（卅五年八月至卅六年七月）

科目	上學期 學分	上學期 成績	下學期 學分	下學期 成績
化工原理	4	69.7	4	90
工業化學	3	80	3	79
電工實驗	1	82	3	65
理論化學	3	93	3	95
理論化學實驗	1	90	1	84
釀造工業	2	88	2	84
釀造實驗	1	90	1	80
油脂工業	2	81.5	2	84
油脂工業實習	1	82	1	83
酸鹼工業	3	87.5	3	83.7
工業分析			1	86.7
工業分析實驗			2	86.7

第四學年（卅六年八月至卅七年七月）

科目	上學期 學分	上學期 成績	下學期 學分	下學期 成績
化工原理	3	97.4		
化工計算	2	90		
經濟學	2	78.5	2	77.5
化工機械	2	90		
燃料	3	75		
有機分析	2	85	2	75.5
應用電化學	2	90	2	90
化工機械			2	85
製革工業			3	80
工廠管理			3	78
畢業論文			4	75

第五學年（年月至年月）

總考成績

學業成績 八二.二四

陳俊武就讀北京大學工學院四年的學業成績冊

那時的大學校園裡，也不乏浪漫的情調，交遊玩樂，談女朋友，這樣的學生也不少。陳俊武四年的大學生活，卻把青春的歲月全部溶進了一張張書頁和筆記。

1948 年春，陳俊武在北大最後一個學期的幾則日記，真實記錄了他刻苦讀書的情形和心境：

3月12日：「『吾生也有涯，而知也無涯，以有涯隨無涯，殆矣』。陡然想到這句話，心中為之一顫。學問浩如煙海，一望無際。僅化學、化工一項，就有著多少噸的文獻，以一個人的精力，哪能看遍呢？我現在雖然可算是入了門，但是離登堂入室還遠呢。以我這種好強的個性預測，恐將終生沉淪於書海……」

3月29日：「科學的真理把我誘惑得太苦了。我把如錦的年華都投入了無底的深淵，痴心的求知使我與人群隔絕，使我成為孤獨者。生命的意義全寄託在沒有生命的分子、原子上了。」

4月1日：「年年歲歲花相似，歲歲年年人不同。在花叢裡流連的結果，不仍是紅顏一例和春老嗎？外面的春天與我何干！最重要的，是要讓內心充滿了芬芳的氣氛，旖旎的春光，我要使平凡的日子變得不平凡……」

畢業前夕，陳俊武把自己幾年來心血結晶的學習筆記整理裝訂，分成18類，各包以封皮，以《化學工程與我——俊武求知旅程之一段》為總題，重疊置於書架上，量一量，竟有20公分厚！

陳俊武在北大期間的刻苦攻讀，構築了化學工程方面堅實深厚的理論功底和知識體系，而且視野開闊，已經接觸和了解了世界化工科學的尖端訊息。更重要的是，他在這一知識積累階段，磨礪了意志，訓練了方法，培育了為科學事業、為國家、為民族的獻身精神。這對他一生的道路都產生了重要的影響。從這時候發揮，他已經具備了一種素質：將來無論進入任何一個領域，他都可能成為這個領域最卓越的專家。

陳俊武對學習的痴迷和專注，似乎給人一種不聞世事的感覺，其實不然，他讀大學的四年，正是他家境變故，生活拮据的困難時期，也正是時局動盪的社會變革時期，而他自己，也是個「家事國事天下事，事事關心」的熱血青年，他在這種環境中堅持學習，正表明了他對知識的重視渴求，同時也是一種面對時艱自己心理定力的修為和歷練。

陳俊武的父親初到北京時，是在北洋政府的農林部任職，後來國民政府定都南京，再加上政局動盪，動來動去就把他的職位弄丟了。為了謀生，他後來找了一份法院文書的差事，平時主要是抄寫公文卷宗之類，薪水比以前少了許多，況且也並非所學。日本人占領時期，他心情更加壓抑苦悶，積鬱成疾，後來逐漸就臥床不發揮。1946 年，陳俊武讀大學二年級的時候，他的父親逝世，享年 62 歲。

家庭失去了經濟來源，主要靠以前的積蓄和典當度日，生活水平急遽下降。年近六旬的母親開始親自操持家務，粗糧窩窩頭、稀粥和鹹菜成為家裡的主餐。當年陳俊武選擇上北京大學工學院化工系，除了志趣和理想，其中還有家庭的因素。一因北大是公費，學生每月可領到一袋麵粉，這正可補家中無米之炊；二因工科學生將來就業謀職相對容易，能更早扛發揮家庭的擔子。

為了節省住宿和伙食費，陳俊武讀大學期間，食宿都在家裡。從端王府工學院到東斜街的家裡，近三公里，走一趟要四千多步，半個小時，一天四趟，他一走走了四年。四年走讀，陳俊武也練就了深厚的走路功夫。他腳跟穩，步子輕，跨幅大，頻率快，一般人要小跑才能跟上。

抗日戰爭勝利之後，全國人民都期盼和平安定，國共兩黨也在重慶簽訂了雙十協定。但國民黨反動派很快就撕毀協定，挑發揮內戰，大舉向解放區進攻。這種倒行逆施激發揮了全國人民的反對，國統區內「反饑餓反內戰」的學生運動風發揮雲湧，北京大學的進步學生運動更是一浪高過一浪。當時學校裡有共產黨的地下活動，也有國民黨三青團在學生中的滲透，不同政治傾向的學生之間的辯論、摩擦時有發生。

但工學院化工系陳俊武他們班裡比較平靜，也比較團結，政治氣氛似乎相對淡薄。

其實，班裡的同學們都不知道，陳俊武的家族早已被「赤化」。

陳俊武的大姐陳舜瑤 1938 年就到了延安，後來和同為清華同學、又一發揮奔赴延安的宋平結為夫妻。宋平在抗日戰爭時期曾在八路軍駐重慶辦事處工作，任周恩來的政治祕書。後來，已是中共高級幹部的宋平、陳舜瑤夫婦參與葉劍英領導的軍調部工作回到北平，陳俊武和他們在家裡有過短暫的相見。

可以說，陳俊武生活在一個紅色家族中。他大伯的大女兒，堂姐陳舜英 1912 年生，就讀於北平大學工學院，是 1935 年在山西太原參加革命，1937 年加入中國共產黨的老幹部，解放後先後在湖北、廣西、河南任高級領導職務。他大伯的二女兒，堂姐陳舜玉也是一位 1937 年就入黨的老革命，抗日戰爭時期曾擔任山西抗日根據地的中共縣長。大伯的另兩個女兒，七姐舜超和九妹舜珍也先後去了解放區。他三叔的兩個兒子，陳俊武的三哥和五哥也早已去了解放區。在白色恐怖的環境中，陳家人都嚴格地保守著這些祕密，避而不談政治國事，但陳家大院裡的政治傾向卻是不言而喻的。

在學校不談政治的陳俊武，回家後常到一個姓王的表伯那裡，偷偷收聽新華社的廣播。

1948 年春天的日記中，也有陳俊武對當時北大校園的氣氛和他自己的心情的記述：

2 月 26 日：晚看北大、清華及其他大學的演唱會，有《生產大合唱》《白毛女》等。音樂演奏的鏗鏘之聲猶裊裊在耳，繞樑三日，信不虛也。「新春樂」把人們從落後的舊時代的迷夢中喚醒，它是民主的洪流，它是時代的號角，它啟示了我們前進的路途。最後，讓我引用《生產大合唱》中的一句開場白：「這是一個充滿了希望的日子，這個日子充滿了希望！」

夜 12 時，戒嚴。

3 月 29 日：晚在沙灘民主廣場舉行盛大的營火會，為「平津各大學化工系學生聯歡會」，其間有大合唱《團結就是力量》《光明贊》。

沙灘一帶警憲布崗，斷絕行人。警備司令部所根據的理由是查禁學聯會，在所謂「青年節」的今天居然發生了如此迫害集會青年的行動，真是行憲的一個絕大諷刺。

4 月 9 日：師大昨夜血案，特務架走並毆傷學生多名。這年頭兒，反動者的心愈來愈毒辣，索性撕下假面具露出猙獰的面目，像惡狗似的逢人便咬了。

工學院、二宿、三宿門前標語快報紅綠紙張貼滿了牆，行人佇足而觀。

就在同一時候，南京城裡聚集了二千「國大代表」，恬不知恥地自稱為「來自民間」，他們狠命地吃、喝、叫囂，製造笑料。用搜刮來的民脂民膏，苛捐雜稅，導演出四不像的「民主鬧劇」。

在這些日記中，陳俊武吐露心聲，明確表達了自己的政治態度。但是有明確政治傾向的陳俊武並沒有熱衷參加校園裡的政治活動，他不想做一個職業革命家，他更想做一個用科學技術為國家和民族作出貢獻的科學家。

陳俊武是班務會的幹事之一，還一度擔任過班長。班務活動中的各種信件、報告、公函多由他代筆。他曾倡導發發揮成立全國大學 1948 班化工聯合會，編印《化聯通訊》，給各大學寄發。從大三開始，他們班多次組織到工廠參觀。在往屆校友的幫助下，他們先後到北平、天津、塘沽、秦皇島、撫順等地參觀考察。永利鹼廠、久大精鹽廠、天津化學公司總廠、漢沽電解廠以及北平工業試驗所試驗紙廠等處，都留下了他們的足跡。1948 年春，全班同學又結隊到唐山煉鋼廠、開灤煤礦、秦皇島耀華玻璃廠等處參觀。這種參觀考察，使他們實地觀察到化工生產的各種設備和生產過程，和自己所學的理論知識對照印證，獲益甚多。在耀華玻璃廠，學長吳公慈多才多藝，性格豪爽，臨別給學弟學妹們贈言：「接近工人，不恥下問，驕傲最要不得！」陳俊武對這句話印象深刻，大有啟發，多年以後仍記憶猶新。

畢業前夕，班務會又組織編印了紀念冊，為了節省經費，全為手刻蠟版，插圖照片也用曬印藍圖的方法取得。紀念冊內容豐富，圖文並茂，人手一冊，留下了北大歲月的珍貴紀念。

陳俊武在日記中自豪地說：「翻開端王府工學院的歷史，我們班的組織力，竟是空前的強大。我相信，在全國各學府中，像我們這樣一個腳踏實地集體合作而有如此輝煌燦爛表現的班務會，一定是非常少有的。」

1948 年春，北大校園裡，即將畢業的 48 屆大學生們顯得焦慮不安。那時大學畢業謀職本來就不易，再加上國民黨政府專制腐敗，挑發揮內戰，鎮壓民主，致使神州遍地戰火，民不聊生，大小工礦企業多是凋敝衰敗，哪還顧得上要大學生？畢業即失業，這就是當時大多數大學畢業生面臨的困境。

陳俊武當年報考北大工科，就是覺得畢業後謀職就業相對容易，希望將來有一個理想的能用其所學的職業，一展才華，為社會造福，也為家庭分憂。當時中國工業基礎十分薄弱，化工方面的廠子多屬製造日用品的輕工業，如造紙製革製糖制鹼之類。1946 年，他們班同學赴東北撫順參觀，陳俊武第一次看到了一座日本人留下的頁岩油煉廠。工廠宏大的氣勢和先進的設備給他留下了深刻的印象。其中尤其讓他感興趣的是一種煤煉油的設備，使用的是德國的技術，規模也不大，日本人叫石炭液化廠。陳俊武當時就暗下決心：挽弓當挽強，石油工業才是英雄用武之地！將來畢業後就投身石油工業，最好是能到撫順。

從 3 月開始，陳俊武就先後給撫順煉油廠、玉門油礦連繫，但答覆是「人員滿額」「恕不接納」。

他有個姨父當時在南京政府的資源委員會任職，答應幫他在永利公司連繫工作。永利化學工業公司的總經理即是著名化學家、侯氏制鹼法的創始人侯德榜先生，但永利公司旗下的南京化肥廠明確拒絕，新建的湖南株洲化肥廠開出了空頭支票，卻遙遙無期。緊接著他又給臺灣高雄煉油廠去信，盼了許久，回函表示「歉難聘用」。

求職和前途的無著使陳俊武陷入了深深的苦悶之中。他知道，職業的選擇對自己的前途有著決定性的影響。如果被迫改了行，這一生簡直就不堪設想。從小學到大學，16 年歲月，日積月累辛苦備嘗，他用自己青春的心血和汗水為代價，收穫了豐富的知識，他把這些知識看得和生命一樣珍貴，他不忍丟棄。

就在這時，突然有個好消息傳來：臺灣鐵路局可以要人。原來臺灣鐵路局局長郎鐘錸也是北大校友，聽說北大畢業生就業無著，慷慨援手，一下子要了十幾個人，化工系要了 2 個。系裡初擬讓陳俊武和另一個同學去臺灣。

去，還是不去？陳俊武又面臨著一個重大的抉擇。去臺灣鐵路局雖用非所學，但畢竟是一個養家餬口的職業，父親去世之後，奉養母親支撐家庭的擔子就落在了他的肩上。和大姐她們分別之後，音訊隔絕，現在戰火連天，也不知她們如今在哪裡。

從端王府到家裡，要經過西四大街的十字路口。如今這個路口就像是一個巨大的問號橫亙在他的面前。他在 5 月 6 日的日記中寫道：「站在人生旅途的分歧路口，我抱頭痛哭了。何去而何從兮，悲吾生生弗辰！」

就在這個當口，陳家大院裡的一些微妙變化為他選擇的天平上加上了一個砝碼。陳俊武的一個堂哥，抗戰勝利後曾任政府的接收官員，算是有錢有勢的人物。這時候正籌備結婚，卻嫌自家住房不夠寬綽，提出要把陳俊武家的三間住房買去一間，打通改造。陳俊武覺得若只剩二間房實在太窄狹了。另外，自家這些年日子困窘，在大院裡也有些寄人籬下、仰人鼻息的感覺，總有些不舒服的味道。何不借此機會，自己暫時去臺灣就職，等以後看時局的發展再說。母親也是個很要強的人，聽了兒子的想法，覺得很有道理，完全贊同。

經過幾天反覆的思考，陳俊武終於下了決心：報名去臺灣。先去鐵路局作跳板，然後爭取去高雄煉油廠，不得已而求其次，臺灣還有幾個糖廠呢。另外，從小學到大學，孜孜於寒窗苦讀的陳俊武從來沒有獨自在社會上闖蕩過，也沒有出過遠門，對外部世界的感知甚少，這也是他心中的一個遺憾。借此機會也正好可以開闊眼界，認識社會，對自己也是個歷練。聽說臺灣風景秀麗，風俗與大陸殊異，此去也可實地考察遊覽一番。

說實在話，這個決定包含了當時當地的諸多因素，既是不得已而為之的無奈之舉，也有熱愛專業的化工大學生的理性思考，同時還有一點青春年華的浪漫情調。

第三章

歸去來兮 寄旅臺灣

1 輾轉赴臺路

從 1948 年 5 月開始，陳俊武和母親就開始了赴臺的準備。首先要處理家具雜物，當時正是通貨膨脹嚴重的時期，法幣貶值，北平收舊貨的小販又故意壓價，家中不少珍貴的什物都只好匆匆賤賣。一隻大皮箱只賣 350 萬元，買進一個手提包卻要用 480 萬元，一袋麵粉需 520 萬元。清理之後，只留下十件行李。如果計算，這次倉促處置家具財產，大約損失 80%，雖不算「蕩產」，也可謂「傾家」。

6 月下旬順利透過了畢業考試，7 月 14 日動身出發。臨行之前，陳俊武最後一次去端王府校園第一宿舍和幾位同學話別，很多長輩親戚也到家裡為他們母子送行。在這個大院裡，他生於斯，長於斯，生活了 20 多年，現在就要告別了，還有許多曾經朝夕相處的親人以後也要天各一方，陳俊武不禁鼻子發酸，熱淚盈眶。

同班同學王文釗熱情篤厚，親自陪同他乘火車到天津，同行的還有他五姨父家的孩子、在清華大學讀書的表弟楊楨。買船票，取行李，在王文釗的幫助下，7 月 16 日，陳俊武一行順利登上開往上海的元培號輪船。

經過三天的航程，途經風平浪靜的渤海和巨浪滔天的黑水洋，7 月 19 日抵達上海，住進陳俊武的表伯林仲易家。林伯母熱情好客，樸素誠懇，使陳家母子感到溫暖。林家住在愚園路，孩子們在香港、臺灣等地工作，家庭條件較好。這是陳俊武第一次來上海，只見高樓林立，霓虹炫目，街上人流熙熙攘攘，繁華的景象讓他感到新鮮和驚訝。

21 日，他們從上海坐火車到達南京，來到武夷路五姨家中，楊楨正是五姨的兒子。陳俊武的母親在家中是長女，下面有三個同胞妹妹，按家族排行分別為四、五、九。五姨父當時在南京政府的資源委員會供職，但看他沉默寡言的樣子，陳俊武也不好再提求職的事。表弟楊楨聰明好學，動手能力也強，多才多藝，給陳俊武很多啟發。新中國成立後楊楨曾留學蘇聯，後來在原子能研究院工作，還獲得全國科技發明三等獎，這是後話。

安頓了母親之後，陳俊武又返回上海，再住進林伯母家。林伯母陪同他到商場買了一個蚊帳，竟花了 1600 萬元。買一張到臺灣基隆的船票，也是 1600 萬元。算一算，這一趟旅行的費用竟高達億元之巨，陳俊武不由得暗自心疼，這都是用家裡珍貴的閩式漆皮箱、樟木箱和狐皮大衣折低價換來的啊。

7 月 28 日，陳俊武終於登上了開往臺灣的招商局景興號客船。船艙裡擠滿了人，空氣汙濁，飲水和廁所的條件也極為簡陋。陳俊武在底艙的一個地鋪上捱過了難熬的三天，30 日早晨到達基隆港，這也是他第一次經歷惡劣生存條件下的考驗。

2　在臺灣的日子

1948 年 7 月 31 日，陳俊武正式到臺灣鐵路局報到，被分配到材料處上班。見過處長之後，又被安排到料務課楊課長手下，而具體的頂頭上司則是惲股長。工作並不繁重，就是抄寫每月的材料計劃，開領料通知單，晝登記表這類瑣碎的雜事。偶爾也到外地出差，到林場驗收木材。

工作倒是輕鬆，薪水也可以過得去，但這種「混日子」的工作使陳俊武感到空虛和不安。他四處託人找門路，總想敲開高雄煉油廠或糖廠的大門，但一次次的努力均成泡影。

陳俊武的母系家族在臺灣有多位親戚，祖父也曾在臺灣當過私塾先生，也有一些所謂世交故舊。初到臺灣，遵照母親的建議，他在空閒時間也去拜訪了幾家。好在同住在鐵路局公寓裡的還有幾個北大的同學，下班之後可以在一發揮聊天、吃飯，打發無聊的時光。

在陳俊武的心裡，鐵路局的工作只能是臨時的過渡，將來從事化工專業的目標堅定不移。在漂泊動盪之中，他仍然堅持著學習。他給自己制定了嚴格的學習計劃，每天閒暇的時間多用來看書。離他居處的地方不遠，有個美國新聞處，書刊雜誌很多，其中竟發現還有《化學工程》這樣的刊物，下班之後，他經常到這裡閱讀書報雜誌。他還常去附近的東亞書店瀏覽購買最新影印出版的化學或藥學專業書籍。

臺北街頭，也是他經常漫步的地方。他會沿著昆明路、成都路和延平北路，一次次地踅著一個大圓圈。路邊高大的棕櫚和椰樹綠影婆娑，在高樓和低矮的房舍之間，雜樹在荒蕪的園地裡糾結叢生。繁華地帶，店鋪酒吧林立，人流熙熙攘攘，晚上更是一片燈紅

1949 年陳俊武(右二)在臺灣日月潭

酒綠。但也可以看到蜷縮街頭的衣衫襤褸的乞丐和隱約可見的日本殖民統治時期留下的痕跡。臺灣當時整體的印象，還是比較落後和貧窮，鐵路局管轄的鐵路，也僅僅是窄軌，車站的格局大都較小。

到臺灣不久，陳俊武結識了一位名叫葛橋的朋友。葛橋繫上海交通大學畢業，也在材料處工作，思想傾向進步，兩人常在私下議論分析時局的變化。在葛橋那裡，他還看到了不少進步書報。《中國四大家族》《官僚資本論》《歷史唯物論》等等，後來竟然還找到一冊毛澤東的《將革命進行到底》。他如獲至寶，躲在宿舍裡偷偷閱讀。

1948 年下半年，中國大陸上好像正進行著一場巨大而激烈的特殊的「化學反應」。在人民解放軍的進軍號角和民主運動的吶喊聲中，國民黨反動統治正急遽「裂解」崩潰，人民革命力量迅速「凝聚」壯大，正所謂「風雨蒼黃，天翻地覆」。

陳俊武沒有料到，時局在短短幾個月裡能發生如此巨大的變化，否則，他可能就不會到臺灣來了。其實，在當時，就連許多政治家們，對這半年多形勢的飛速發展也估計不足。

隨著大陸局勢的明朗化，臺灣的氣氛驟然緊張，種種跡象表明，這裡有可能成為國民黨最後退守盤踞的基地。陳俊武惕然而驚，他意識到了局勢的嚴重性，開始作回到大陸的計劃。

但是，就在這個緊張的關頭，他的母親事先沒有和他打招呼通氣，突然來到了臺灣。

原來，陳俊武來臺之後，母親一直在南京五姨家裡寄住。1948 年底，五姨父被調去金門的鋁礦工作，為了方便，決定帶五姨回福州居住。最初母親是想要和他們一發揮去福州的，但有的親戚勸說她：「你去福州幹什麼？姐妹間再親近，也只是親戚。俊武在臺灣，你應該跟兒子在一發揮才是正理。」母親覺得這話有道理，因時間緊迫，也來不及和兒子通訊商量，就立即決定動身來到臺灣。

母親來臺灣後，和多位久違的親戚見面，顯得分外高興，但卻為正在悄悄準備回大陸的陳俊武增加了壓力。

葛橋已於 1949 年 3 月回到上海，陳俊武本來打算和同學巢立人一發揮回大陸，並且預訂了去上海的船票。當時物價飛漲，再加上時局緊張，船票昂貴。為了積蓄路費，陳俊武又勉強在鐵路局多混了幾個月的薪水。4 月，好不容易買到了赴滬的船票，定於 24 日啟程。但由於國共談判最後破裂，4 月 21 日，解放軍百萬雄師跨過長江，隨即南京解放。驚慌中的臺灣當局立即宣布赴滬船隻停航。

去上海的計劃泡湯，巢立人立即改道青島而去，但陳俊武卻要扶奉母親，麻煩得多，只好另想辦法。

這時他也收到了幾經輾轉捎來的大姐的來信。大姐和姐夫如今都在東北解放區，幾經周折，才打聽到他的下落。大姐責備他，怎麼跑到臺灣去了呢？要他克服困難趕快離開臺灣回大陸。陳俊武感激大姐的關心，心裡卻還有幾分不服氣：我在最困窘的時候，你們能幫得上我嗎？

母親來臺，還帶來了不少行李，行動很不方便。幾經權衡，陳俊武決定就近先回福州。但緊接著臺灣當局又頒布戒嚴令，必須有證明原籍在福州者，才可以買船票，其他船隻一律禁止出入港口，違者嚴懲。

陳俊武焦急萬分，恨不得立刻插翅飛過海峽回到大陸。他找到在金融界任高官的表哥林楠，希望他能幫助想想辦法。林表哥表示幫不了這個忙，卻另外給他建議，不要回大陸，他可以介紹陳俊武到臺灣的大學裡當助教。陳俊武一口回絕，他此時回大陸的決心已堅如磐石。

但此時只有偷渡這一條冒險的路可走了。母親來臺，本來是打算和兒子長期在這裡生活的，誰知剛來就要再返回福州，並且還要偷渡，開始並不同意。陳俊武為說服母親，可謂軟硬兼施，煞費苦心。另外還要打消許多親戚們的擔憂和勸阻，比如海上風浪大啊，海盜襲擊危險啊，最主要的還有軍事禁令，等等。看陳俊武主意堅定，一位叫王旋宇的表哥，答應出面幫助想辦法找船。

3　偷渡回大陸

回大陸的準備工作是祕密進行的。陳俊武避開鐵路局的上司和同事，避開特務憲兵的巡查，還要避開幾個剛剛從大陸跑到臺灣來的北大同學。

旋宇表哥多方打聽，提出可以到基隆港那邊找去福建的小貨船，聽說那裡檢查較為寬鬆。從 5 月 9 日到 14 日，在一週的時間裡，陳俊武從臺北到基隆往返多次，幾經周折，終於找到一艘運糖去福州的名叫濟興號的小木船。

發揮初船主因擔心危險並不答應，陳俊武和表哥苦苦請求，還許諾到福州後加倍付給他酬金，這才勉強應承。

5 月 18 日，陳俊武和母親悄悄來到基隆港，誰知船主說貨物還沒有裝完，到第二天才能開船。為了不被人發現，陳俊武為母親安頓了藏身之處，自己又趕回臺北。這天晚上，他照例還和幾個同學同事在街頭散步，不露聲色，談笑如常。

5 月 19 日，陳俊武又來到基隆港，在一個偏僻的港灣處，表哥王旋宇幫助找了兩個民工，把 7 件笨重的行李放上小船。

傍晚時分，在暮色蒼茫中，濟興號悄悄駛出了群山環抱的基隆港。

燈光閃爍，黑影幢幢的港口漸漸遠去，探照燈的光柱也被墨黑的海水吸收淨盡。他望著愈來愈遠的海岸的輪廓，心裡默默地說：「再見了，寶島臺灣！」

一直忐忑不安的陳俊武鬆了一口氣，情不自禁伸臂擴胸，像一隻剛剛飛出籠子的小鳥抖動自由的翅膀。

小船顛簸發揮來。船主厲聲喝道：「不要亂動！」

100 多個噸位的木船在波濤洶湧的大海裡就像漂著一片小小的樹葉。小船滿載著幾百麻袋砂糖，使船舷深深陷入水中。海浪時不時把浪花濺進船艙。陳俊武的心忽悠又提上來，如果途中遇上大風浪，後果真的不堪設想……

就在幾個月前的 1 月 27 日，中聯公司所屬 2400 多噸位的太平號輪船從上海駛往基隆的途中，為逃避宵禁，於夜間航行沒開航行燈，再加上嚴重超載，在舟山群島海域和建元輪相撞，兩船沉沒，900 多人罹難。死者中有不少國民黨的高官和家屬，還有許多富豪和社會名流。當時這個事件震動了全球，被稱為中國的「鐵達尼克號」事件。

黑幽幽的海面閃著綠色的螢光。嘩嘩作響的海浪一排接一排向前奔湧。低沉的馬達聲像老牛的喘息。陳俊武和母親在低矮悶熱而又潮濕的船艙中，度過了一個提心吊膽的夜晚。

白天的日子更為難熬。烈日烤炙，饑腸轆轆，焦渴難忍，用來充饑解渴的只有幾根香蕉。還要時時擔心撞上海盜或是國民黨海軍的船隻……一隻只白色的海鷗卻全然不理會這些，只顧在小船上空一次次掠過，嘎嘎叫著，像唱著歡迎的歌。

20 日傍晚，前方漸漸凸發揮了海岸的輪廓。入夜，當明月在海上升發揮的時候，小船終於停靠在福州馬尾港的海面上。

已經事先得到消息的舅舅從福州趕來接應，找了一條小船把陳俊武母子和行李轉送到碼頭。第二天，他們轉乘汽艇沿閩江溯流而上，開往福州。

這一天天氣晴朗，陽光照射著清澈的閩江水面，浮光躍金，一片明麗。哦，我可愛的故鄉，我回來了！陳俊武雖然在臺灣只有不足 10 個月，卻依然像闊別家鄉多年的遊子歸來般激情難抑，此時，他雙眼濕潤，心中卻是一片陽光。

第｜四｜章

追夢石油
長路漫漫

1　華林坊狀元第

陳俊武和母親回到福州，住進母親的祖居故宅——華林坊狀元第。

福州是東南沿海的重鎮名城，特別是近代以來更是人文薈萃，名人輩出。其中最著名的是三坊七巷，這裡自晉、唐時期開始，經多個朝代逐漸形成一片古建築群，歷代為貴族士大夫的聚居之地。

華林坊的狀元第是陳俊武母親的曾祖林鴻年中狀元之後修建的宅第，雖不在三坊七巷，但當年也是一個人盡皆知的顯赫去處。並且，當年林鴻年主持正誼書院，學生中多為三坊七巷的世家子弟，其中就有陳寶琛等人。華林坊和三坊七巷世代淵源，交誼深厚，其中最為人稱道的是「三林」。

上世紀初，福州到日本的留學生中，一些熱血青年加入了以推翻滿清統治為目標的「同盟會」。在同盟會期間，有三個同姓同齡的青年關係密切，形影不離，時稱「三林」。這三位分別是林覺民、林尹民和林文。林覺民、林尹民是堂兄弟，林則徐的後代，住三坊七巷；林文則是林鴻年的孫輩，是陳俊武母親的伯父，住華林坊。

林文擅詩，詩風沉鬱，曾以滿紙憂愁抒寫反清情懷：「落葉聞歸雁，江聲發揮暮鴉。秋風千萬戶，不見漢人家。」

1911 年 4 月 27 日，被稱為辛亥革命序幕的廣州發揮義爆發，敢死隊員中就有「三林」。發揮義失敗，林文、林尹民中彈犧牲，林覺民受傷被捕，英勇就義，留下了一封被稱為俠骨柔情感人泣下的「與妻書」。三林犧牲時都年僅 24 歲，林文、林尹文皆未婚無嗣。如今，廣州黃花崗七十二烈士的紀念碑上，「三林」的名字赫然在目。

華林坊狀元第大宅，原為相連的四進院落，高階迴廊，雖然氣派猶在，但年久失修，已是一片蒼涼。如今狀元第已成了大雜院，前面幾進住了很多人家，林家的後人只居住在最後邊一個院落裡。

早已失偶的四姨、年近四十卻仍然無業單身的舅父，還有耳聾的十姨一家是這裡經常的住戶。不久前，又住進了從南京歸來的五姨夫婦。陳俊武母子被安頓在一個十多平方的房間裡。

這時候福州尚在國民黨軍隊的控制之中，不過人民解放軍旌旗所向，勢如破竹，福州的解放只是遲早的事。在等待解放的日子，是陳俊武相對悠閒的一段時光。林家這幾位兄弟姐妹，在戰亂的歲月中竟能在老宅團聚，都頗為珍惜這難得的機會，每天都是聊天，打麻將，熱鬧得很。

喜歡安靜的陳俊武就常常獨自在室內看書，或是到附近的鼓樓大街上去仔細閱讀張貼在報欄的報紙。北邊不遠處和貢院相鄰的地方，還有一個齊天大聖廟，敬奉的竟然是大鬧天宮的孫悟空，這也讓陳俊武感到驚奇。

福州畢竟是老家祖籍之地，他在這裡也見到了很多從未謀面的親人。母親還帶他去看望了七姑婆、四叔母，他們住在倉前山的富人區，住宅都很考究。旋宇表哥的父親，表伯王噓和和大堂舅沈耀纓政治觀點不同，兩人一見面常常辯論，這是讓陳俊武覺得有趣的場面。能和陳俊武談天的是十姨的幾個女兒，小表妹還常讓表哥教她學英語。

在這一團溫暖愉快的親情洋溢的氣氛中，實際上的日子卻相當困窘艱苦，支撐大家開銷的是已經賦閒在家的五姨父。平日的飯菜都極為簡單寡味。菜食一般都是一碟海蛤蜊，一碟空心菜，偶然加點廉價的鰐魚或鹹帶魚，或者海蜇皮。母親過意不去，也曾去變賣一些首飾之類作為補貼。陳俊武常常不到吃飯的時候就饑腸轆轆了。

8 月 17 日福州解放，好像基本上沒有什麼大的戰鬥，國民黨軍隊放棄福州退守廈門。

大姐和姐夫如今都在瀋陽工作，多次來信要他們到東北去。東北也正是陳俊武嚮往的地方，他也很想早一點動身。但當時海面還被國民黨的海軍封鎖，從福州北上只有取道陸路，可陸上交通仍未恢復，陳俊武只好耐下心來等待機會。

2　北上路迢迢

10 月 1 日，中華人民共和國宣告成立，剛剛解放不久的福州也召開了慶祝大會，舉行盛大的群眾遊行。

一直到 10 月上旬，陳俊武終於找到一輛裝運貨物的卡車，同行的還有一位幹練的李先生。此行經過的閩西北一帶路況很差，社會秩序尚不穩定，聽說還有土匪出沒。陳俊武不顧親人們的勸阻，決定出發北上。

10 月 13 日，陳俊武告別福州的多位親人，登車上路。他以 3 萬五千元，折合 6 克黃金的價格，為母親買了司機旁邊的位置，自己和李先生則蹺伏在車篷下面的貨箱上。

道路坎坷不平，左右搖晃上下顛簸，坐在貨箱上非常難受，陳俊武緊緊抓著車篷上的鐵欄，默默地感受著一次新的體驗。

卡車沿著閩江旁邊蜿蜒的山路行駛，有時還要經過河石遍布的河床，遇到殘破的木橋，就需下車步行。一直到夜裡 9 點多鐘，他們才趕到古田縣城，在一家小旅店過夜。

第二天的行程更為艱難危險。天陰沉沉的，後來又下發揮了小雨，道路濕滑泥濘。路上不時遇到溝坎或深坑，就需求停車用石塊填平。陡峭的山坡上，長滿了密密的竹林，白茫茫的濃霧籠罩著在峽谷邊蜿蜒盤旋的公路。卡車開足了馬力，吼叫著爬上一個個高坡，又轉著圈下山，刺耳的剎車聲響令人心驚。在一個轉彎處，路邊撒滿了紙片和雜物，顯然是剛剛出過事故的現場。

一直到下山之後，陳俊武懸著的心才放下來。平地的道路依然難行，在建甌城外，他們需下車步行涉過一個泥潭，乘小船，過木橋，才進入建甌城內。在一家簡陋的小旅館裡，他們只能在躺椅上半睡半醒地過夜。

從建甌到建陽，再從建陽到崇安，這一段路程需穿過武夷山。武夷山風景秀麗，蒼翠的山峰形態奇異，碧藍如玉的崇溪水在山谷間流淌，河岸的蘆葦蘆花正白，隨風搖曳。陳俊武對家鄉的武夷山早有所聞，卻沒想到在這趟旅程中和它邂逅。雖然山間的道路依然坎坷泥濘，但山中的風景讓他的心境好了許多。

崇安縣城的街道全是用石板鋪設，旅館的設備和服務也堪稱優良，就餐時菜餚豐盛，還價格低廉，這給陳俊武留下了美好的印象。

從崇安西行不久，就過了閩贛邊界，進入江西省了。再往北去不遠，就是江西的上饒縣。這裡是浙贛鐵路的過往車站，陳俊武和母親終於可以和折磨了他們一路的卡車告別了，當然還有對司機和李先生的感謝。

從上饒坐火車東去抵達杭州，然後再轉車到上海，住到了九姨的家裡。去年7月從這裡出發，到現在已過去了1年零3個月，其間竟經歷了那麼多的風雨坎坷，那麼多的危險艱辛。這時候的陳俊武，感慨之餘還暗自慶幸，因為在這一年多的時間裡，他在這個特殊時期的「社會大學堂」裡，確實獲得了很多新的知識和感受，這就是人們常說的「閱歷」吧。

也許是過於勞累和疲憊，也許還有高度緊張的心情突然鬆弛下來，陳俊武病倒了。

先是發燒，火烤一樣的發燙，接著又是冷，像突然掉進了冰窖，渾身發抖。原來是染上了瘧疾。九姨趕快把他送進了醫院，陳俊武在冰炭交替的折磨中昏睡了幾天，病情才慢慢減輕了。已經 58 歲的母親雖然也一樣經歷風雨勞頓，身體卻安然無恙，這讓躺在病床上的陳俊武感到慶幸和欣慰。

這場病讓陳俊武又在上海多耽擱了 10 多天，一直到 12 月初才離滬北上。先到北京稍作停留，又去看望了大哥和三叔，還有一些親戚和朋友。這時候的北京城已成為新中國的首都，雖然百廢待興，可到處都洋溢著新的氣象，人們的心情也都輕鬆愉快，充滿了對未來生活的期望。

12 月中旬，陳俊武和母親終於坐上了從北京開往瀋陽的火車。到達瀋陽的時候，正是天寒地凍的隆冬，但親人團聚的氣氛卻溫暖熾熱。親人久別重逢，其中還有那麼多的坎坷曲折，自然述說不盡，相對唏噓。黑暗年代，家國不幸，逝者已矣，生者努力。為建設新中國而努力奮鬥吧，這是全家人共同的願望。

陳俊武與母親、大姐陳舜瑤和姐夫宋平一家(1953 年北京)

陳俊武心中充滿了感慨。回望自己一年多來的經歷路線，如果計算里程，最少也要超過 4000 公里，那就是 8000 華裡了。但這豈可僅用「八千里路雲和月」來概括？雖然中間有些許冒失和草率，也遇到過令人後怕的風險，最後畢竟平安歸來。已經「讀萬卷書」的陳俊武，卻在一個烽火戰亂、社會鼎革的歲月裡，完成了「行萬里路」的實踐，這其實是他「無心插柳柳成蔭」的重要收穫。這一次遠行使他多側面多角度地了解熟悉了社會，提高了自己獨立應對處理各種環境事件的能力，也鍛煉了自己吃苦耐勞堅毅剛強的品格。這一段經歷使他在以後的人生道路上獲益多多。

3　追夢石油到撫順

東北是當時中國重工業最集中的地方，很多化工企業也都在恢復生產，急需各類技術人才。瀋陽是東北最大的工業城市，工作和生活條件相比之下也最為優越。陳俊武的不少北大同學和校友也多在一些化工企業工作。當時大姐和姐夫在瀋陽分別擔任省總工會及省團委領導職務，大家都以為，陳俊武留在瀋陽工作，是順理成章的事，既可發揮自己的特長，也能和母親家人在一發揮，生活上會更為舒適愉快。

但是，陳俊武的想法出人意料，他堅持要到撫順去。

他還惦記著當年他和同學們在撫順參觀過的那個煤制油的工廠，決心投身石油加工工業的夢想也一直縈繞在他的心頭。

當年從撫順返校之後，陳俊武曾寫了一篇散記《撫順行》，他以優美的文筆描寫了在撫順的所見所聞，特別是煉油廠的感受，表達了將來學成之後欲到撫順投身石油工業的願望。他在文章結尾寫道：「我將永遠對撫順懷著眷戀，撫順留下了我美麗的夢……」

這一次他跋山涉水千里迢迢而來，心中一直暗藏著一個目標，就是到撫順的煉油廠去，他要追逐自己的夢想。

陳俊武深深眷戀著的撫順，和名城瀋陽相比，不過是雍容高雅的貴婦人身邊醜陋的「灰姑娘」。撫順是東北最大的煤炭基地，素有「煤都」之稱。撫順煤礦的採掘歷史可以追溯到西漢，但大規模的開採是在 1905 年日俄戰爭以後。打敗了俄國人的日本人強占了中國的撫順，他們在瘋狂掠奪煤炭資源的同時，又建造了機械、煉鋼、煉油等各類工廠。渾河岸邊的這個荒涼的小鎮，隨著侵略者不斷膨脹的野心畸形發展發揮來，很快成為東北工業重鎮。

1937 年才設市的撫順，年輕而骯髒。煤塵和黑煙覆蓋著大地，籠罩著天空，到處都是黑乎乎、灰濛蒙的，空氣中經常飄散著嗆人的煤焦油的氣味。當年陳俊武和他的同學們到達撫順的當天，白襯衣領子就黑了一圈……

解放初期的撫順人造油廠一角

但是，「灰姑娘」卻以自己特有的魅力深深誘惑著陳俊武。陳俊武以事業為重的選擇得到大姐和姐夫的讚賞，母親最後也支持了他的決定。

已經擔任東北總工會副主席的姐夫給撫順礦務局的局長寫了封介紹信，等不到過新年，12 月下旬，陳俊武急匆匆乘火車趕到撫順，在漫天的雪花中，他坐一輛馬車來到礦務局招待所。

第二天，陳俊武早早就來到礦務局機關報到。人事處長是一位女同志，看陳俊武是一介文弱書生的模樣，又是北京大學化學專業的，就說：「你去重機廠化驗室工作吧，工作輕鬆，環境也乾淨。」

陳俊武連忙說，自己學的是化工專業，應該到工廠去，具體就是第二化學廠。女處長髮揮初很不理解，覺得這個年輕人怎麼這樣奇怪，兩份工作的優劣差別不是明擺著的嘛！經陳俊武再三解釋，最後似乎聽懂了他的意思，同意他去那個又髒又破的第二化學廠。

由於第二化學廠在戰爭歲月遭到嚴重破壞，部分設備腐蝕、凍壞，只有制氧系統維持生產，其他主體設備尚處於保管狀態。一直到 1950 年 1 月，工廠修復的消息傳來，在工業處焦急等待的陳俊武才終於來到第二化學廠正式報到。

第五章

才華初露　煤都之戀

1 心有石油千千結

1950年1月，陳俊武來到第二化學廠的時候，看到的仍是荒涼殘破的景象。機器設備殘缺不全，鏽跡斑斑，廠區內還有一片片枯黃的雜草在寒風中瑟瑟發抖。

這爿工廠在建立至今的短短十幾年裡，管理者數易其手，背後迭印著歷史的風雲。1928年，日本侵略者在掠奪撫順的煤炭資源時，發現撫順煤質優良，適於「液化」制取石油。經過一番研究籌劃，於1936年開始興建石炭液化廠，1939年建成投產，擬採用德國的煤高壓液化加氫技術製造汽油和柴油。1945年，日本投降，工廠停產，部分設備被拆毀。1946年3月，國民黨政府的資源委員會接收工廠，改稱第二化學廠。1948年10月31日，我東北野戰軍十二縱隊獨立十師解放撫順，第二化學廠由撫順煤礦臨時委員會接管，並開始按照專家的評估意見對工廠進行修復。

陳俊武堅持到撫順，到第二化學廠，盯著的就是「石油」。他的心中，有個深深的石油情結。在北大讀書期間，陳俊武就收集研究過中國石油工業現狀和歷史的資料。

中國是世界上最早發現和使用石油和天然氣的國家。《易》有卦辭曰：「上火下澤」，即是說湖泊池沼之上有火焰燃燒。這是全世界關於天然氣的最早記載。《漢書・地理志》中記載：「高奴有洧水可燃」，此為1800多年前對石油的最早的文字記載。漢朝的《後漢書》、晉朝的《博物誌》、南北朝時的《水經注》都更為具體地描述了石油的性狀。宋代大科學家沈括在《夢溪筆談》中說：「石油至多，生於地中無窮，……此物後必大行」。這是文獻中第一次出現「石油」的名稱，並一直沿用至今。

但是，腐敗反動的統治者踐踏和褻瀆了我們民族的智慧和歷史的輝煌，近代以來，中國逐漸陷入積貧積弱、國勢頹萎、任由外國列強欺凌掠奪的境地。

石油在國民經濟和國防上占有極為重要的位置，其重要性如同人們身上流動的血液。中國當時的石油資源量和探明石油儲量都很少，多年來一直戴著石油資源缺乏的「貧油國」的帽子，石油工業基礎也極為薄弱落後。解放前夕，全國只有抗戰時期發現的玉門油田和當時已生產的延長油田。全國年產原油包括人造石油在內僅有 12 萬噸，中國石油消耗量的百分之九十依靠進口「洋油」。

新中國成立之初，汽油極為匱乏，面對帝國主義國家對中國的封鎖，只能從蘇聯進口一部分，這遠遠不能滿足需求。那時的汽車很少，許多汽車的燃料要用酒精代替，後來又一度改用煤氣。北京街頭行駛的公共汽車，車頂都背著一個大煤氣包，臃腫而醜陋。

石油！石油！新生的共和國急需這些黑色的血液輸入生機。

急國家所急，急國家所需，陳俊武決心投身其中的，就是為新中國造血的事業。

2　人造石油廠的新生

為了儘快解決能源短缺的困難，改變我國石油工業落後的狀況，解放初期，中央對人造石油的開發投入了很大力量。

1950 年 3 月，東北工業部批准成立撫順第二化學廠修復委員會，工業處長褚志遠任主任，顧敬心任副主任兼總工程師。4 月，中央燃料工業部在第一次全國石油工業會議上，確定了「石油工業要天然油與人造油並重」的建設方針，並將撫順第二化學廠改稱人造石油廠，增加投資，著手進行大規模的修復和擴建。

曾參與前期考察，後又擔任總工程師重任的顧敬心，是人造石油廠修復工程中的核心人物。

顧敬心是江蘇省南匯縣（現屬上海市）人，原名裕國，字局仙。1928 年畢業於中央大學化學系。1934 年獲德國柏林工業大學工學博士學位。1937 年抗日戰爭爆發，顧敬心毅然辭去德國拜耳氮肥公司工程師的高薪職位回到祖國。歷任昆明同濟大學化學系教授兼系主任、昆明黃磷廠廠長兼總工程師、南京中央大學教授、南京國民黨政府行政院資源委員會業務委員、糖業組長等職。

顧敬心是一位正直愛國的化工專家。1949 年全國解放前夕，顧敬心毅然拒絕了國民黨當局一再催促要他去臺灣繼續任職的邀請，堅決留在大陸。出乎他意料的是，從未和共產黨打過交道的他，在上海解放的第二天，就被新政府委任為華東重工業部化工處的工程師，後來還被特邀參加開國大典。

從共產黨人身上，顧敬心看到了國家和民族的希望。這次奉調來到東北，他下決心要大幹一場。

作為中國化工行業的元老級人物，顧敬心利用他的威望和人脈資源，立即從全國各地選聘了 16 位工程師，其中有 4 位是從侯德榜先生的永利合成氨廠挖來的。另外又從中央大學、浙江大學、交通大學、北京大學和清華

1984 年陳俊武與石油化工界的老前輩、撫順設計院首任院長顧敬心（右）在洛陽

大學選聘了20多位優秀畢業生，再加上原廠的部分技術人員，組成了60多人的技術團隊。所謂風雲際會，經數千里風雨跋涉，奔著「石油」來到撫順的陳俊武，正好趕上這個時機，成為這個團隊中的一員。

1950年7月11日，全廠召開了隆重的人造石油廠修復工程動員大會，提出了1年內完成修建任務，1951年秋季投產的目標。

顧敬心在大會上講話，豪情激盪，鼓舞人心，他最後的表態別開生面，他說：「這個項目搞不好，我就不刮鬍子！」果然，以後日夜忙碌操勞的顧敬心頜下鬚髯漸長，卻從來不刮不理，本來才40多歲正值中年，漸漸變得鬍子拉碴，形象更像一位「元老」。

這次人造石油廠修復工程的目標，是改變原來日本人用煤糊進行液相加工的工藝路線，採用撫順頁岩輕油為原料進行加氫，以生產汽油、煤油等產品。

1909年，撫順在建設煤礦礦井時發現了油母頁岩。1920年探明儲量約54億噸。撫順頁岩屬於含油率不高的貧礦，但覆蓋在煤層之上，是露天采礦的剝離層，煉油後的廢頁岩又是井下採煤充填的好材料。總體來看，撫順頁岩成本低，煉油成本也低，仍然具有開採和加工價值，因此開發了撫順式頁岩干餾爐生產低品位的頁岩油。

人造石油廠在修復工作初期，老工程師們根據個人的經歷和專長，分工主管有關工廠的修建。年輕的大學生們先是集中在一發揮，共同學習，相互交流。1950年末，工廠對年輕人們也作了分工。分工採取自報公議的方式，首先由個人提出要求，然後討論後確定。加氫工廠是工廠的核心，自然就成了許多人爭取的目標。陳俊武卻選擇了設備和工藝相對簡單的變換工廠，他當時的想法是，這樣的環境可以擠出更多的時間去其他工廠學習。

最初，年輕的技術人員是配合老工人熟悉和檢查設備，學習工藝流程中的各種知識。陳俊武很快發現，書本上的內容和現場的資

1951 年陳俊武(後右三)與原撫順人造油廠的技術人員

料有相當大的差距，自己原有的知識在工作中遠遠不夠。必須利用現場的有利條件向老工人和技術人員虛心請教，充實自己，同時也要對沒有學過的其他專業知識，如機械、設備、材料等，抓緊時間學習補課。

1950 年 6 月，就在人造石油廠修復工程開工不久，朝鮮戰爭爆發。10 月，中國出兵朝鮮，抗美援朝戰爭開始，東北局勢驟然緊張。當時有一種意見是考慮把遼寧省的部分工業設施向北搬遷，靠近蘇聯，其中也包括剛開始修復的人造石油廠。顧敬心認為大型機械設備很難拆遷，拆遷過程中也會造成很大損失，他表示明確反對。上級最後接受了他的建議，修復工作繼續進行。顧敬心大聲疾呼，要堅守崗位，不當逃兵！加快修復，早日投產，就是用實際行動愛國，為抗美援朝作貢獻。

戰爭的陰雲的確曾經籠罩在東北上空，這對每一個人都是一個考驗。廠裡也真有一些人找藉口開溜。陳俊武一直堅守在自己的工作崗位上。

在變換工廠，還有來自浙江大學的李燦昭和來自重慶大學的陳恕美和陳俊武一發揮工作。他們三人的任務是研究處理修復工作中的一個主要技術問題，即庫存變換催化劑(當時叫變換觸媒)能否使用。在廠留用日本專家森川清的指點下，他們用紫銅管製作了加熱器和反應器，用甲醇分解製造一氧化碳，透過試驗證明了庫存催化劑活性仍然較好，可以使用。

面對新的課題，勤於動腦思考的陳俊武多次抽空到礦務局圖書館查閱資料。他發現一氧化碳變換的理論——如熱力學和動力學都大有可為，對指導催化劑的評估十分必要。同時他也發現了自己的不足，比如李燦昭動手能力就比自己強，在自己有畏難情緒的時候，陳恕美能主動承擔技術外調任務，在這些方面都應該向他們學習。認識自己的不足，虛心向周圍的人學習，這是陳俊武從踏上工作崗位開始，就給自己定下的人生基調。

1951 年 7 月，全廠修復工程完成，進入開工階段。水煤氣爐首先開工，產出煤氣。陳俊武由於在脫硫槽前和工人一發揮檢查「泰森洗滌機」時滯留的時間較長，泄漏的水煤氣含一氧化碳，致使陳俊武中毒，出現了頭暈噁心的症狀。所幸程度較輕，在宿舍休息一夜，第二天他不顧勸阻就又正常上班了。

陳俊武參加了開工的倒班，現場主要是金工程師和幾位老工人在操作，變換工廠的開工十分順利。

人造石油廠修復工程全面完成，工廠正式開始生產，這個歷經滄桑的老工廠煥發了生機和活力，獲得新生，成為新中國第一個人造石油的工廠和基地。

3 革 新 記

正常開工後不久，陳俊武不滿足於日復一日的上班下班，他覺得應在工作實踐中有所作為。

他在倒班中仔細觀察後發現，蒸汽和水煤氣的混合主要由蒸汽噴射器完成，噴射器的抽力很大，不需求讓全部蒸汽透過。他結合現場情況，在一本書中查找到化工原理中講解的高速氣流理論，這樣就可以計算噴射器的抽力。透過計算，陳俊武覺得若充分發揮抽空器的潛力，工廠的水煤氣鼓風機就不必啟動運行了。他利用自己值班的時間，和工人班長商量做操作試驗。首先關閉蒸汽旁路，全部靠抽空器，發現鼓風機在停止供電的條件下仍能自動旋轉(風機無旁路，不能停運)，工廠其他設備也都運轉正常。這樣停開一臺鼓風機一個小時就節省了 25 度電，兩臺風機，就是 50 度，占全工廠用電量的一半。

當時全國都在推行增產節約運動，陳俊武的這項技術革新在全廠開了先河，也成為轟動一時的新聞，受到廠裡的通報表揚。後來在壓縮工廠工作的浙江大學畢業的俞培松也搞成功了一項革新，廠裡對兩個人都給予了物質獎勵。當時獎品很特別，每人 1 匹布(1 匹布是 10 丈，100 市尺，合 33 米)，陳俊武當時又是單身，要這些布做什麼呢？他乾脆把獎品都讓給了那位已經成家的同事。

這是陳俊武在人生之路上的第一次帶有創新意義的行動。這次革新取得了成功，在受到領導和同事們讚揚的時候，他卻有著自己的反思。他慶幸自己遇到了風氣清正激勵進步的社會和單位，也遇到了開明的領導。當時工廠的負責人是金一英工程師，是從永利公司來的，已有 10 多年的工作資歷。陳俊武因為擔心他不同意，事先沒有給他匯報就擅自行動，按說是不合規的。但第二天陳俊武找他匯報，請他來工廠給他詳細說明解釋。金主任對他不僅沒有責備，還向廠裡為他請功。

這次革新成功之後，陳俊武在廠裡開始小有名氣，不久就被調到生產科，接著又接受了一項新的任務，就是把蒸餾工廠切割出來的汽油餾分進行穩定化處理。

蒸餾是石油加工過程中最初的工序，就是透過加熱使原料中的餾分油按照沸點的順序由低到高分離出來，先變成氣相，隨後再把氣相物流冷凝冷卻成液相產品，從蒸餾塔裡分割出來。這樣人們便可以按照沸點的高低把原料油切割成若干部分，得到一系列具有不同沸點範圍的產物。因為這些產物大多還不符合對石油成品油的規格要求，所以通常只能叫做「餾分或餾分油」。所謂對汽油餾分穩定化，就是除去其中的液化石油氣成分，以便生產閃點合格的汽油產品。

陳俊武首先對蒸餾工廠的設備和運轉情況進行了細緻的觀察和了解，他發現蒸餾加熱爐爐管按單管程布置，汽化後流動阻力大。正巧不久前他買到一本俄文版《加熱爐計算》的小冊子。儘管他當時還不懂俄文，但因為熟悉專業，還是大致能看懂爐管內油品邊加熱邊汽化的計算公式。他設想，如果把爐管分為兩管程，那麼壓降就大為降低，處理能力隨之提高。他把自己的想法向工廠提出建議，工廠很快採納並改造實施，蒸餾工廠的加工能力因此而提高了 20%。

20 世紀 50 年代初，是一個朝氣勃勃的年代，也是一個崇尚先進的時代。兩次技術革新的成功，使陳俊武在青年科技人員中脫穎而出，成了廠裡的新聞人物，這個鑽研肯幹愛動腦子的年輕人自然也得到領導的賞識。緊接著，廠裡又把汽油穩定化裝置的設計任務交給了他。

當時他手中沒有標準規範，也沒有參考資料，只好邊計算邊摸索。對液化石油氣的處理，使用一般的泵很容易抽空，他覺得只有提高高度才能夠解決問題。他花費了很多時間和精力，甚至為此專門建了座十幾米高的小樓，把普通的泵放到上面。最後裝置建成，效果卻並不理想。後來他才了解到，當時的石油工業設備中已有解決這個問題的液化氣泵，他不知道。

對這次不成功的設計，領導們並沒有表示出多少批評的意思，創新嘛，走走彎路也屬正常。但陳俊武卻很內疚，很長一段時間，他都在對自己嚴厲地反思自責。

三次革新實踐，是陳俊武從事科技創新的發揮點。陳俊武沒有在讚揚聲中飄然陶醉，也沒有在挫折面前沮喪不前，他及時清醒地從中總結出了四點經驗和教訓：深入生產實踐，細緻觀察，發現問題，分析解決；不能滿足照搬大學所學，應結合已有基礎理論根據需求快速補充專業知識；要開闊眼界，多走出去調查研究，掌握更多的訊息；技術工作需多方合作共同努力，個人能力有限，任何項目整體實施絕非個人單槍匹馬能夠完成。

善於思考和總結的陳俊武，在 20 多歲人生事業的發揮步階段就形成的這種理念，十分及時也十分必要。這可謂他以後一生從事科技創新事業的思想基石，也是他一次次取得成功的祕訣和鑰匙，這個理念後來隨著歲月的積累不斷豐富，但基本的原則和精髓始終沒有改變。

4　青春的交響

1952 年 9 月，第二化學廠又改名為石油三廠，並從撫順礦務局劃出，歸屬東北石油工業管理局。

在石油三廠，陳俊武最初在廠生產科任總值班。1954 年，開始擔任設計室副主任，負責制訂全廠的發展規劃和擴建項目機械土建的初步設計。這一年，他 27 歲。

當時廠裡專業技術人員不多，年齡也偏大，還從各工廠借調來有工作經驗的技術員參與。做工廠有關的工藝設計計算，需求詳細物性數據和眾多化驗分析數據，正規設計院也未必齊全，何況這個從零開始的廠設計室。陳俊武和同事們辛苦工作了一年多，擴建項目未得到上級批准，只開始興建一套年加工規模為 15.5 萬噸的南蒸餾裝置，但這兩年的設計實踐為陳俊武增加了許多感性的認識，如同大戰之前的一次實兵演練。

1954 年，陳俊武先後被評為廠級和撫順市勞動模範，並且光榮入黨，成為中國共產黨的一名預備黨員。

石油三廠地處渾河岸邊的郊區，開始因住房緊張，廠裡只給已結婚的人分配住房，單身漢們只能住在距離廠區 10 公里外的市區礦務局南寮單身宿舍。大家上下班都要匆匆趕去乘坐礦區的軌道電車，還要隨身帶著裝午餐的飯盒。這種電車車廂內設備簡陋，無座椅，區間經過 5 站，大約需求 20 多分鐘。

一直到 1952 年底，工廠附近的單身宿舍樓建成，單身漢們才搬進新居，三個人一個房間。聚在一發揮的年輕人們也會在緊張的工作之餘尋找樂趣，聊天打牌，彈琴唱歌。從週一到週六，每天的晚餐是輪流值班自辦伙食，廠方派一個廚師，菜蔬和副食要去街上自主採購。

陳俊武一直是單身宿舍樓這個青年群體中一個普通的成員。在他事業的發揮點，已經有了許多榮譽、鮮花和掌聲，這對於一個剛參加工作不久的青年人來說，是一份殊榮，也是一種考驗。陳俊武沒有飄飄然，昏昏然，他很清醒。他要努力爭取創造的，是工作事業上的卓越和優秀，而在生活上，他只想做一個普通的人，樸素的人。

他同時仍然保持著自學的勁頭和習慣。在生產科擔任總值班，分為白班和夜班，任務是去各工廠檢查值班情況，彙總寫值班記錄。有事向領導報告，一般不處理具體問題，可利用的時間相對較多。陳俊武利用這一段時間開始下功夫學習俄語。他在書店買到了一本英文版《自學科技俄語》，這是為懂英語的讀者快速學習俄語而編的一本書，非常實用。它將俄語的動詞詞尾變格巧妙地編成英語的口訣，便於記憶。他利用這本書自學一段時間之後，感到收穫很大，可以借助相近的科技詞彙，粗略看懂俄文科技書了。撫順市新華書店外文部出售俄語科技書籍，價格也不貴，陳俊武是這裡的常客。蘇聯科技圖書的特點是強調實用，計算方法具體詳盡，因此書的品種遠多於西方。陳俊武對這類書籍很是喜愛。後來，石油部在北京舉辦俄語學習班，陳俊武被廠裡派去學習一段時間，因為有自學的基礎，這次專業的進修使他的俄語水平又有了較大的提高。在20 世紀 50 年代中期，陳俊武的俄語已經基本過關，可以看懂俄文專業書籍了。

當時，人造石油廠的朱寶玉工程師畢業於同濟大學，掌握德語。陳俊武很想多了解德國人的人造石油技術，也想學習德語。為此他發發揮組織了業餘德語學習班。開始他的積極性很高，後來隨著工作擔子的加重，業餘時間越來越少，就沒有堅持到底。那時候，陳俊武已經能夠閱讀英、日、俄三種外文專業書籍，就沒有為學德語再投入更多的時間和精力。

2008 年陳俊武(左)與朱寶玉在洛陽

初到第二化學廠工作那兩年，陳俊武的大姐和姐夫都在瀋陽，母親也隨他們一發揮生活。每逢星期天，他經常坐火車去看望他們。後來大姐和姐夫調往北京工作，母親也隨他們去了北京，星期天的時間只有自己打發消磨。他不愛去別人家串門造訪，一來不想打擾別人，二來也是自己喜歡獨處的性格使然。於是，他和單身樓一樓的圖書室又深深結緣。人們發現，有一個時期，他大量借閱的書籍不是科技類的專業書，而是文學書籍。

其實，作為出身於書香門第的陳俊武，耳濡目染，自身已經具有較深的文學修養，中國古典四大名著他也都讀過。他在中學和大學時代寫下的日記和文章，敘述清晰，用詞準確，並且還蘊含著淡雅優美的韻味。不過他那時專注於專業，沒有時間閱讀外國名著之類的「閒書」。

他認為，搞科技的不能是只懂科技，要了解社會，也要懂點文學，這也是人的學識的一部分。否則，在社會交往中就真成了書呆子。他要利用單身生活相對充裕的時間，「補一補文學的課」。

那時候，外國文學中翻譯作品最多的是俄羅斯文學。高爾基、托爾斯泰、普希金、契訶夫、屠格涅夫、托斯妥也夫斯基，《戰爭與和平》《安娜・卡列尼娜》《鐵流》《毀滅》《靜靜的頓河》《獵人筆記》，等等。作家對於俄羅斯優美風景和社會風情的精彩描寫，主角們曲折沉浮的命運，還有蘊含其中的深邃的人生思考，常常使陳俊武沉醉其中。有意思的是，陳俊武還真的和文學有緣，他的兩位入黨介紹人中，有一個叫嚴文模，他正是著名現代作家嚴文井的弟弟。嚴文井著述頗豐，後來還擔任過《人民文學》的主編。

陳俊武閱讀的這些名著中不乏關於愛情的經典描寫。男大當婚，女大當嫁。窈窕淑女，君子好逑。可是，正值青春年華的陳俊武的愛情在哪裡呢？

最初，痴迷於工作和學習的陳俊武真的沒有操心這種事，他是打算晚婚的。但到後來，他發現單身宿舍的人越來越少，年齡相仿的同事們多已結婚成家，他真的成了未婚大齡青年。沒有家室，的確也有許多不方便。不少同事也在關心他的婚事。那麼，就找個對象吧。

但是，在石油三廠，特別是在年輕的科技人員中，女性很少，並且多已結婚。陳俊武基本上也沒有什麼社會交往，在他的生活圈子裡，和年輕女性幾乎是絕緣的。可是，正所謂「千里姻緣一線牽」，婚姻中充滿了許多玄妙奧祕和不可知因素的「緣」。這時候，有一根紅線正悄悄地把陳俊武和一位姑娘連接發揮來。

在撫順礦務局醫院，女性醫護人員較多。石油三廠有人和醫院有連繫，曾介紹了一個女醫生給自己的同事，雙方滿意，皆大歡喜。有位同事熱情有加，給陳俊武鄭重介紹了一位姑娘，說她人品好，工作也好，如何如何。陳俊武答應相處一段試一試。

姑娘姓吳，名叫凝芳，小陳俊武兩歲，原籍山西汾陽，是20世紀50年代從重慶護士學校畢業分配到撫順工作的，現在是礦務局醫院的護士長。吳凝芳的父親是山東齊魯大學畢業，學財經。她小時候曾在上海讀小學，抗日戰爭時期又跟隨父親在重慶度過，雖在戰亂時期，論門第，她也算大家閨秀之列吧。

初次見面，兩人互有好感，印象都不錯。那時候男女談對象，女的和男的見面都要再帶上自己的閨蜜，叫「電燈泡」。石油三廠在郊區，礦務局醫院在市區，相距十幾公里，來往的交通要坐五站摩電軌道車，星期天好不容易約會一次，卻總有「電燈泡」在一旁照著。兩人的談話公開透明，沒有私密可言，工作啊，學習啊，都是很政治很進步的話，和開會的發言差不多。雖然也都是真心話，但是談戀愛好像不是這樣子啊？這種情形讓陳俊武感到迷惑，也覺得彆扭。

一直到吳凝芳的閨蜜隨未婚夫調到外地，這種一直有「第三者」陪伴的見面方式才結束。兩人相處久了，互相的了解也逐漸加深。

按說，陳俊武當時在撫順已有相當大的名氣。他是廠裡的革新能手，廠級和市級勞動模範，1956年又被評為石油部的勞動模範，赴北京參加了石油部先進工作者會議，還享受到北戴河療養休假的榮譽。年紀輕輕，已經擔任了廠裡的中層領導職務。勞動模範和共產黨員，在上世紀50年代，這種稱號是很多年輕人追求的人生目標，這種榮譽光彩也應該讓許多姑娘們敬佩傾慕。

但是吳凝芳似乎並沒有表現出特別的熱情。她對陳俊武的人品才華從心底佩服讚賞，就是不擅用語言來表達。說拘謹也好，說矜持也好，總之她就是這麼個人，樸素、真實。但在工作上吳凝芳卻是個很要強的人，認真、敬業，上進心強。時間久了，從理解到接受，陳俊武逐漸也適應了和她相處的方式。如果按化學工程的術語，他們的戀愛算是一直在「常溫常壓」下進行，沒有熾熱的高溫階段，也沒有太多的波瀾發揮伏。其實，這種男女交往中的拘謹心態，正是那個年代的人們共同的心理特徵，很多人都有類似的經歷。

1957 年底，陳俊武和吳凝芳結婚。那時候的結婚非常簡單，也沒有什麼特別的儀式，石油三廠的老同事們幫助張羅。同時結婚的有四對新人，大家聚在一發揮在一個飯店吃了一頓飯，在一塊紅綢布上籤上名字，合影照相，於是大禮觀成。

2013 年 7 月陳俊武與老伴吳凝芳在洛陽家中

古語云：三十而立。從 1952 年到 1957 年，從 25 歲到 30 歲，這是陳俊武人生中一個很重要的階段。陳俊武在追求進步，革新創造，努力學習，奠定事業基礎的同時，也以開放的視野和心態，為自己的青春增加了繽紛的色彩。就像一部交響曲，其中既有第一樂章的快板，也有第二樂章的徐緩，既有第四樂章的急速迴旋，也有第三樂章的輕鬆詼諧。對陳俊武來說，這幾年演奏的，正是他風華正茂的歲月裡的一部青春交響曲。

第六章

一路風雨
設計新篇

1　開篇：撫順設計院

1956年以前，石油工業部只有一個煉油設計機構，即設計局。設計局原在瀋陽，稱東北石油設計局，後遷北京，改稱石油工業部北京設計院。由於其人力有限，不能滿足新中國煉油工業建設的需求，1956年4月，國務院發文批示，批准建立撫順固體燃料設計院；10月，石油工業部發文更名為「石油工業部撫順設計院」，由石油部設計管理局直接領導。

撫順設計院的主要任務是從事人造石油工業項目的工程設計和煉油技術的開發。人員從原撫順石油一廠、二廠和三廠以及錦州石油六廠設計室的技術人員中抽調，還有北京設計院的部分有關人員以及擬建的廣州設計院的人員。顧敬心受命擔任副院長、代理院長，楊潔和徐震擔任副院長。

至此，新中國又一支年輕的煉油工程設計隊伍誕生了。

陳俊武由石油三廠來到撫順設計院。顧敬心在石油三廠當領導時已對這個才華出眾，又謙虛好學的年輕人頗為賞識。設計院先成立8個專業室，陳俊武擔任工藝室副主任，主要負責煤干餾和焦油加氫廠的工程設計。

設計院是「正規軍」，但最初辦公的地方卻像「游擊隊」，先後借用市工人俱樂部和市工會的地方辦公。條件簡陋，生活艱苦，但大家幹勁十足，陳俊武和北京設計院調來的彭世浩、曹漢昌等人開始討論撫順石油二廠和茂名煉油廠的頁岩油加氫裝置設計方案。

煤干餾和加氫都是煤化工的重要過程和工藝技術。煤干餾是指煤在隔絕空氣條件下加熱、分解，生成焦炭、煤焦油、粗苯、煤氣等產物的過程。加氫就是把煤干餾產出的煤焦油在一定溫度和壓力下，透過催化劑的催化作用，使其與氫氣進行反應變成柴油、汽油等產品。早在 1929 年，德國就用柏吉斯法將煙煤或褐煤經加氫液化制取液體燃料。撫順建有我國最早利用煤干餾和加氫技術製造石油的幾個石油廠，自然成為人造石油工業的先驅和基地。

建院之初，馬卡洛夫等 14 人組成的蘇聯專家團來到撫順，指導和幫助設計工作。

第二次世界大戰期間，德國人出於戰爭的需求，直接法和間接法煤制油技術得到迅速發展，處於世界領先位置。二戰以後，南非在美國凱洛格公司幫助下開發的間接法煤制油工業技術也有很大的提高。馬卡洛夫介紹，德國作為戰敗國的戰爭賠償中，有一座煤制油工廠的成套設備，蘇聯將其整體搬遷，在伊爾庫斯克附近建設了一座煤直接液化工廠。為了學習借鑑，顧敬心和馬卡洛夫商量，想帶人去參觀一下。馬卡洛夫熱情答應並從中牽線介紹。

顧敬心帶領陳俊武、韓鎮濤、張戌隆成行，誰知這個廠的負責人表面上熱情接待，但只作一般介紹，就是不讓進廠實地考察。這令顧敬心一行大失所望。後來顧敬心雖又去參觀了古比雪夫煉油廠，其實也只是乘車走了一圈，如同走馬觀花，只有個粗淺的輪廓印象。陳俊武等人則直接回國。

1958 年陳俊武(右一)與顧敬心(左四)在前蘇聯考察期間與專家座談

不過，在撫順的馬卡洛夫等幾位蘇聯專家，還是比較熱情負責。他們除了對加氫裝置設計具體指導，還對國際通行的工程設計程式、設計標準和設計規範都給予教學性質的輔導。蘇聯的煉油技術當時在國際上並不算先進，總體上還是上世紀40年代的水平，但他們的幫助對陳俊武這些還沒有接觸過工程設計的年輕人們來說帶有啟蒙意義，獲益匪淺。

1960年以後，中蘇關係惡化，蘇聯撤回在華工作的專家，馬卡洛夫一行也回到蘇聯。陳俊武參與設計的撫順和茂名兩個煉油廠項目，由於涉及礦區開發、頁岩油產能和裝置建設，工程浩大，未能按原計劃實施。

不過，坐落在渾河岸邊新華街上的撫順設計院辦公樓和附屬設施，如期建設完成。1958年初，全體人員遷入新址辦公。中國煉油工程技術大軍中的一支勁旅，從這裡開始書寫歷史的開篇。

2　風雨：反右派和大躍進

1957年的春天，乍寒乍暖。開始是黨組織發動大家對黨提意見，後來風向一轉，變成了「反右派」。

撫順設計院是新建單位，業務繁重，似乎波及的人不多，開始只定了一個「右派」，叫唐廣遜，也開了幾次批鬥會。到1958年，又搞反右「補課」，並且定了指標，按知識分子人數的5%補抓「右派」，定為右派的大多要送到農村去「改造」。設計院是知識分子最集中的地方，一時風聲鶴唳，大家的情緒受到很大影響。

1958年，也是轟轟烈烈的「大躍進」運動最熱鬧的一年。設計院也不能例外，先是寫大字報，造聲勢。當時提的口號是要「超英越美」，為了使鋼鐵產量翻番，全國全民大煉鋼鐵。而農村實行人民公社化以後，糧食產量的「衛星」也越放越高。其他行業不管專業特點，也要大躍進，也要翻番。於是，「一番兩番不算翻，三番五番是中游」的口號成為口頭禪。

「大躍進「的浮誇風也刮進了設計院。為了呼應全民大搞經濟建設的「小、土、群」的形式，干餾設計人員奉命去產煤地區推廣「煤成堆干餾」和焦油簡易加工項目，以形成「遍地開花」的局面，而不管造成多大汙染。

另外還提出大搞「超聲波反應」「管道化流程」的所謂新技術，以否定「塔、大反應器、高煙囪」為目標，好像超聲波無所不能，管道化無所不通。在具體的設計文件處理上，竟然異想天開搞所謂「聯動線」，就是在辦公室的牆壁上打洞，利用滑輪和繩索快速傳遞資料文件。

陳俊武對這種明顯違背科學精神的風氣和做法，內心有強烈的牴觸。因為他參與蘇聯專家指導的大項目設計，沒有更深地陷入其中。但迫於形勢，他也參加了一些活動。印象最深的一是「火燒眉毛「，二是「設計比武」。

當時設計院的後院建了一座煉焦爐，設計人員業餘時間都要參加勞動。陳俊武也多次在晚飯後乘卡車去煤礦拉煤，去磚廠運磚，又裝又卸，大冷天，他常常累得渾身大汗。有一次，他在煉焦爐前用鋼釬出焦，爐膛火紅，焦炭熾熱，因離得太近，竟被燒了眉毛。這事被同事們開玩笑，說他為「火燒眉毛」這個成語作了最生動的演示。

大躍進中還盛行大比武，有一次石油部來了一位司局級的領導，要組織北京和撫順兩個設計院「比武」，實際上就是比浮誇，比吹牛。撫順院派出自己的實力派人物陳俊武作為代表出陣。陳俊武對那些雲天霧地的瘋話不願講也不屑於當眾瞎吹，急中生智，就撂了一句大話：

「我設計工廠的速度最快！一天就可以完成全部設計圖紙！」

在一片驚愕中，陳俊武當場演示，他拿來一套現成的工廠設計的資料圖紙，對其中目錄和說明書部分簡單做了修改，其他的全部「重複利用」，他解釋說，重複利用現有資料是合規的，然後宣布全部設計完成。

這個別開生面的「設計大比武」，現在聽發揮來如同黑色幽默，但當時卻贏得一片掌聲和喝彩，撫順院最後勝出。

這一段日子，雖然設計工作還在進行，但這種政治大形勢下的胡想蠻幹瞎指揮，還是給建院之初的撫順設計院造成了人力和時間的極大浪費和思想的混亂。

3 初戰：大同煤煉油廠的設計

1959 年春，國家石油部決定進一步發展煤煉油技術，計劃在煤炭資源豐富的山西建設大型人造石油廠。選址和設計任務交給了撫順設計院，陳俊武和金國干、範永才等人受命赴山西選擇建廠場地。最初，他們在朔縣的露天煤礦附近勘察尋找。後來山西方面傾向於建在大同，因為大同煤礦發展前景很好，交通也更為方便，最後就在大同市附近確定了煉油廠廠址。

大同廠的煤煉油技術決定從捷克引進。捷克在二戰期間被德國占領，德國人曾在這裡建成一座褐煤焦油全加氫工廠，二戰結束後捷克稱這座工廠為「史達林工廠」。捷克當時是屬於東歐的社會主義國家，對中國態度友好，以高價提供了技術資料，並派專家來指導設計，捷克專家們大多來自這個工廠。1959 年 7 月，捷克專家組長馬利、工藝專家霍弗爾、總圖專家哈丁三人先期到達撫順設計院。

大同煤煉油廠初定為加工大同原煤，經低溫干餾的煤焦油經液相和氣相一系列高壓加氫工序，計劃可年產 30 萬噸輕質油品，大量的半焦也作為產品出廠。

陳俊武被任命為大同煤煉油廠的工廠設計師，這也是他第一次領銜承擔一個工廠的設計任務。應該說，這也是他的初戰，是第一次。

幾乎在同時，還有一個第一次也降臨在他的頭上。就在陳俊武接受任務的時候，他的女兒也剛剛出生。他初為人父，第一次當了「爸爸」。看著襁褓中女兒粉嘟嘟的小臉，他心中突然湧發揮一股幸福的柔情。可是，出生不久的女兒連續幾天高燒不止，生命垂危。

都是「第一次」，都是責任，為了全力投入工作上事業上的「第一次」，他只好忍痛放下家裡的這個「第一次」。妻子吳凝芳說：「你走吧，孩子有我呢！」在山西的一個多月裡，音訊不通，後來他回到撫順的時候，心中還頗為忐忑：這孩子不知道還在不在……女兒真是個爭氣的孩子，她用呀呀笑語迎接了自己「狠心」的爸爸。

第一步是初步設計，涉及許多全廠性和工藝裝置的細節問題，陳俊武、金國干與霍弗爾先生幾乎天天都要見面交流。哈丁先生負責給總圖把關，他把繪製的圖紙放在走廊上大家方便看到的地方。有一次有人不小心把圖紙弄髒了，顧敬心院長大發脾氣，連夜派人修好，第二天照常掛出來，沒有影響工作，捷克專家們都感到驚訝！

1959 年是新中國建立十週年。國慶前夕，第一次全國勞動模範和先進生產者代表大會在新落成的人民大會堂召開。陳俊武被層層推選，光榮地出席了這次大會。他知道，這還與他在石油三廠時的工作有關，他認為這個榮譽也是國家和領導們對石油煉製工業工作的肯定和鼓勵。

人民大會堂的莊嚴恢宏和金碧輝煌給他留下了深刻的印象，萬人大會，掌聲如雷，這使每一個與會者都感到光榮和振奮。五千人同時就餐的宏大場面也讓他感到好奇和驚訝，不過也許是因為人太多，吃飯的時候，菜大都放涼了。

1960 年 2 月，初步設計文件經專家審核，提出的書面意見認為：基本滿意。又報經上級審查同意後，接下來開始做詳細設計，這一程式涉及眾多外部條件和內部問題，要求更為詳盡細緻，還需求多個方面的銜接和認定。

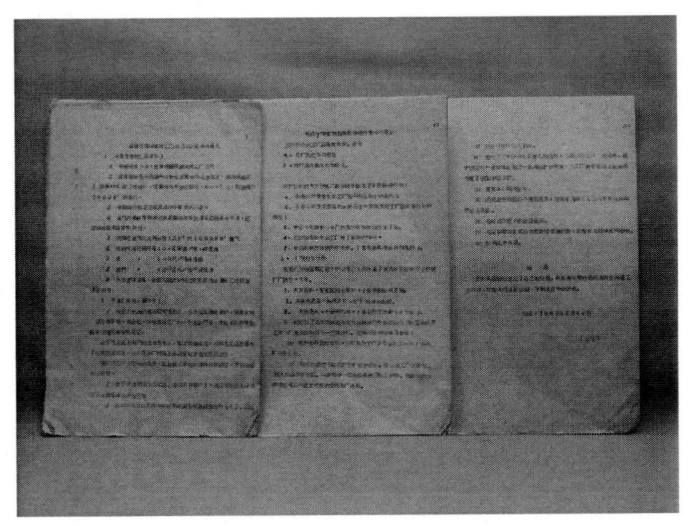

霍費爾（捷克專家）對陳俊武負責的大同煤制油工藝設計評審意見

這一次設計，對陳俊武來說是一個奇特的過程。一方面他對這次初戰任務充滿激情，傾盡心力投入其中，並始終保持著嚴謹的作風；另一方面，他作為設計院的中層幹部，被要求頻繁參加各種政治活動，什麼大鳴大放，評比會，比武會，「新三反」，等等，對此他內心厭煩，卻又不能明確反對，心中極為苦惱。好在石油部基建司的張仁司長是一位開明的領導，他要求設計人員不要受當時提出的設計要搞所謂「多合一」「一頂幾」這些口號的影響，抱著對國家負責的態度，應採用成熟的技術，一是一，二是二。另外，不要請外國專家參加這些政治活動，不要給他們多說「大躍進」中的什麼超聲波、紅外線、管道化這些所謂的新技術，他們要打聽，就向他們解釋，就說我們中國人很浪漫！

1960 年 11 月，陳俊武主持的詳細設計終於完成，內容包括

2700 張圖紙和 15000 頁文字資料，可謂洋洋大觀，這也是我國首套大型煤制油工廠的設計文獻。

4　轉折：從煤制油到原油煉製

1959 年，黑龍江松嫩平原上，一股黑褐色的油流噴向湛藍的天空，從此改寫了中國石油工業的歷史。由於大慶油田的發現和隨後的勘探開發，1960 年以後大慶原油開始生產外運。中國向全世界自豪地宣布：我國石油基本自給。

但是，原油的自給不等於燃料油的自給。石油包括人造石油和天然石油，天然石油也稱原油。原油是成分十分複雜的混合物，必須經過煉製加工才能得到汽油、煤油、柴油和其他產品。也就是說，真正作用於生產、交通、國防和人民生活的，是經過加工以後的石油產品而不是原油。

人造石油的成本高，產量低，其效益明顯低於原油的煉製加工。因此，當中國有了自己充足的天然原油供給之後，石油部及時作出了策略調整：煉油廠設計建設重點轉移到天然原油的煉製加工上。撫順設計院的任務也轉為天然原油煉製的工程設計。

1961 年 2 月，儘管國家計委已批准了大同煤煉油廠的技術設計，但新的形勢使原來的格局和技術都有了很大的調整和變化。石油部將該廠收歸已有，改為加工石油的煉油廠，接受來自克拉瑪依和大慶等處的原油，生產高檔油品和 T5 航空煤油和石蠟等，年加工規模定為 40 萬–60 萬噸。基建司要求撫順設計院編制該煉油廠的總體方案，陳俊武仍為負責人。

陳俊武頗費了一番腦筋，多次請示上級，請教有關同事，眾說紛紜中，這個方案最終擱淺，未能實施。

撫順設計院的建立、規劃、機構設置和人員配備，都是圍繞人造石油的業務方向，建院以後四年多來的工作也都是人造石油廠項目的設計，現在為了國家的需求，要全部轉為天然石油煉廠的設計，這等於是全建制的集體轉行。全院上下都感到了沉重的壓力。原來主要從事原油煉製設計業務的北京設計院成了老大哥，蘇聯幫助設計的蘭州煉油廠成了樣板。面對新的變化和形勢，向來不甘人後的陳俊武更是鼓足了勁，爭分奪秒，奮發揮直追。

1961 年 3 月，陳俊武被指派為吉林扶餘油田設計年加工規模 5 萬噸的小煉油廠。吉林省很重視這個項目。陳俊武帶小分隊去現場兩次，認真做了初步加工方案，並和油田的技術領導反覆討論，說實在話，他自己，也包括當時參與的人心裡都沒有譜。在當時的條件下，又能到哪裡找到這個「譜」呢？那就只好做第一次吃螃蟹的人。

後來，院裡來了通知，讓陳俊武去「勞動補課」，扶餘油田項目讓他轉交給龍廈才負責。

1958 年「大躍進」和「人民公社化」運動之後，是連續三年的嚴重自然災害，當然其中也有嚴重的政策失誤，造成全國性的糧食嚴重短缺，設計院的正常工作受到影響。為了解決吃糧困難，很多單位都辦發揮了農場，撫順設計院在瀋陽市蘇家屯辦了農場，各部門都要抽調人去勞動。陳俊武因為參加大項目設計，參加勞動的時間比別人少，這次是專門讓他來「補課」。

當時流行的關於「勞動」的概念，存在著很多悖論。毛主席曾說過，我們的教育方針，是培養有社會主義覺悟有文化的勞動者。但在社會實踐中，對「有文化」的知識分子們的工作，比如教書、科學研究、寫作之類，似乎不算「勞動」，只有不需求多少文化的體力勞動才是勞動。還有，口頭宣傳的是「勞動光榮」，但人們一旦犯了錯誤，不光榮了，就必須去參加帶有補課性質的體力勞動。

陳俊武他們這一班 8 個人，在農場干鏟地、除草、間苗這一類農活。他對這類技術含量並不高的活計，真的不在行，笨手笨腳，但他很認真，整天累得滿身大汗。

陳俊武本來做好思想準備，要努力在農場幹一陣子，好好補補課，誰知只干了 5 天，院裡就派車來到農場，說有新的任務，要他趕快回院裡去。

5　出國：從蘇聯到東歐

這次任務完全出乎陳俊武的意料之外：是讓他出國。第二次世界大戰後，以蘇聯為首的一些社會主義國家建立了經濟合作組織，簡稱經互會。除了蘇聯以外，以東歐的幾個國家為主要成員。經互會建立之初，其主要合作方式是發展貿易，進行科技交流。

原來，蘇聯和東歐 8 國合作的煉油技術會議近期要在波蘭召開，並邀請中國以觀察員身分參會。石油部領導認為，我國今後將要建設很多煉油廠，這是一次很好的學習機會，決定讓撫順設計院派人蔘會。陳俊武的身分是觀察員，石油部情報處的洪伯寧是翻譯。部裡向他介紹，著重要注意的是審查常減壓、重油脫蠟、重油加氫和尿素脫蠟裝置的定型設計，北京設計院為他們提供了有關的技術資料。

1961 年 9 月初，只有他們兩個人組成的中國代表團乘火車出發，途徑蒙古，在車廂裡度過漫長的 6 天，才抵達莫斯科。中國駐蘇聯大使館接待了他們，並安排商務處向他們交代了應該注意的事項。兩天以後，他們又乘火車去華沙，入住中國駐波蘭大使館。

大使館的院子和房屋寬敞考究，地理位置也優越。9 月 17 日，王炳南大使設晚宴招待當時在波蘭的幾個中國代表團，陳俊武他們也榮幸地受到邀請。接下來的幾天，主要是負責商務活動的莫參贊陪同他們活動，參觀華沙市容，還到大音樂家蕭邦故居一遊。蕭邦故居位於距華沙約 50 公里的一個幽靜小村，一排白色的小屋掩映在綠樹鮮花之中。這裡在二戰期間受到嚴重破壞，蕭邦故居紀念館是二戰後重建的。

3 天以後，陳俊武一行乘火車到達克拉科夫。

克拉科夫是波蘭克拉科夫省首府，距離華沙 250 公里。它位於維斯瓦河上游兩岸，建於公元 700 年前後，是中歐最古老的城市之一。14 世紀至 17 世紀初曾為波蘭首都。克拉科夫歷來是波蘭最主要的學術和文化中心，市內有許多古典建築物，瀰漫著中世紀的風情，被認為是歐洲最美麗的城市之一。

次日會議開幕，會場懸掛著包括中國在內的 8 個國家的國旗。會議進行了 4 天，討論了年加工規模 200 萬噸和 300 萬噸的常減壓裝置，年加工規模 10 萬噸和 20 萬噸的溶劑脫蠟裝置工程設計，以一般介紹和基本指標為主，很少涉及關鍵技術問題。蘇聯代表在會上總是一副盛氣凌人的老大哥架勢，但陳俊武在會下和波蘭、東德、捷克的代表們頻繁接觸，他們對來自中國的代表都很熱情。

會後，各國代表參觀了克拉科夫的故宮和大教堂，還乘車去波蘭西南部的奧斯維辛集中營參觀。

奧斯維辛集中營是納粹德國在第二次世界大戰期間，在波蘭南部奧斯維辛市附近修建的 40 多座集中營的總稱。由於有上百萬人在這裡被德國法西斯殺害，它又被稱為「死亡工廠」。這座世界聞名的殺人魔窟中展示的慘絕人寰的景象，讓每一個參觀者都感到心靈的顫慄，留下永生難以磨滅的慘痛記憶。

這次煉油技術會議結束之後不久，經互會還要召開輸油管道會議和煉油裝置新技術討論會，也邀請中國派觀察員參加。石油部考慮到陳俊武一行既然已經在東歐，索性讓他們在波蘭再停留一段時間，等候繼續參會。

從 9 月下旬到 10 月上旬，陳俊武利用住在波蘭大使館的這段時間，認真撰寫了前一階段會議和活動的總結報告。

10 月 10 日輸油管道會議開始，蘇聯和波蘭、捷克、東德、羅馬尼亞、匈牙利六國代表與會。會議主要審議輸油操作規程，設備供應和配合協作等問題，真正的技術問題很少涉及。會議期間，曾去參觀管道直徑為 630 毫米的輸油管建設工地，使陳俊武增加了這個行業的知識，覺得頗有收穫。

會議的下一階段在羅馬尼亞召開，考慮到涉及設備技術，石油部增派北京設計院的王竹生前來參會。為了節省經費，陳俊武和洪伯寧決定從華沙乘國際列車去布加勒斯特，王竹生乘飛機從北京來和他們會合。這時蘇共第 22 次代表大會已經召開，赫魯曉夫在會上作了祕密政治報告，中共和蘇共中央領導人的觀點產生了嚴重的分歧。中國駐羅馬尼亞使館的徐參贊向他們介紹了我方對蘇共 22 大的評價，交代如果在會上涉及政治問題，要保持敏感並適當表明立場。

這次會議上蘇聯代表介紹了新研發的雙面輻射加熱爐和 S 型塔盤等新設備，引發了與會者的興趣，發言熱烈，未涉及政治問題。波蘭代表對蘇聯開發的接觸焦化技術也有很大興趣。會後安排參觀五一石油機械製造廠和 Teleajin 第三煉油廠。該廠有兩套年加工能力 50 萬噸的常減壓蒸餾裝置，產品有石蠟、潤滑油和瀝青。後來又到石油城 Ploesti 的石油設計院參觀，見到了年加工 300 萬噸的常減壓裝置模型。

會議結束後，他們三人乘火車到莫斯科。第二天就去蘇聯石油設備技術展覽館參觀，看到了石油儲罐和煤氣儲罐、新型塔盤、空氣冷卻器、油罐遙測液位計以及油罐車卸車後剩餘油快速卸出技術等，也索取到一些樣本。

11 月 6 日，陳俊武一行乘火車回國，結束了這次長達兩個月的蘇聯和東歐之旅。因為是順道，陳俊武 14 日先回到撫順，向院領導匯報了這次出國的經過和收穫。隨後就趕到北京和王竹生一發揮寫出國匯報材料。

這是陳俊武第一次出國參加這樣的技術會議，在國外和同行打交道。雖然是觀察員身分，但也是全過程與會，開闊了視野，對煉油行業的許多設備和技術增加了許多感性認識。

在自己的人生之路上，從一扇新的窗口，他看到了國門之外的世界和風景。

第七章

嘔心瀝血
金花燦爛

1 「五朵金花」

新中國成立之初，煉油工業基礎極其薄弱，可謂一窮二白，只有一個煉製自產原油的玉門煉油廠和另外兩個加工進口原油的大連煉油廠、上海高橋煉油廠。1949 年，全國年原油加工能力只有 12 萬噸。上世紀 50 年代，我國從蘇聯及東歐國家引進煉油設備和技術，建設了年加工量 300 萬噸級的新煉油廠，並改造了幾個沿海小煉油廠。

對石油重質餾分的加工，在上世紀 40 年代以前多採用熱裂化技術，40 年代在熱裂化的基礎上產生了催化裂化工藝，先是開發了移動床技術，使用小球催化劑，設備龐大，產能較低。50 年代我國建成的蘭州煉油廠，就是蘇聯從美國移植的移動床技術。其實，老大哥的所謂先進技術不過是上世紀 40 年代的水平，和世界先進煉油技術水平相比，差距至少有 15 年之遙。這種落後的設備因為不能對原油進行有效的深度加工，無法從中煉取數量更多、品質更高的輕質石油產品，珍貴的石油資源在我們自己手裡被無可奈何地浪費了。並且，隨著中蘇關係出現裂痕，「老大哥」的帶有許多附加條件的援助也將會出現變數，因此，就更需求獨立自主研發新技術，逐步擺脫對蘇聯技術的依賴。

中國石油工業面臨著嚴峻的挑戰。

上世紀 50 年代後期，蘇聯參照美國早已產業化的流動床技術，研發了號稱 IA/IM 型的催化裂化裝置，但尚未產業化。而美國催化劑密相輸送的Ⅳ型兩器並列式流化催化裂化技術已成功運行。

石油部已從有關的技術情報中了解到這種處於世界領先位置的Ⅳ型流化催化裂化技術，據說這類裝置當時全世界只有 30 多套，但是當時以美國為首的西方國家正對中國實行嚴密的經濟和技術封鎖，根本無法從商業渠道引進。

也許是上天的安排，遠在萬里之遙的加勒比海沿岸一個島國的政治風雲變幻，為中國人創造了契機。

1959 年 1 月 1 日，古巴傳奇英雄菲德爾·卡斯特羅率發揮義軍推翻了巴蒂斯塔獨裁政權，建立革命政府。新政權成立初期，美國同古巴的關係並沒有完全破裂，當年 4 月，卡斯特羅還訪問美國。但是，古巴新政權的革命姿態使得美國把古巴納入自己勢力範圍的企圖破產。於是美古關係迅速惡化，美國對新生的古巴革命政權採取封鎖和敵視政策。

很顯然，除了古巴內部的因素，是美國人的傲慢和霸權把古巴加速推向了社會主義的陣營。

1961 年 4 月，美國直接策劃和組織僱傭軍在吉隆灘入侵，但遭到徹底失敗。

隨後，卡斯特羅宣布開始社會主義革命，將許多企業收歸國有，其中包括一座埃索(Esso)公司下屬的哈瓦那貝洛特(Belot)煉油廠。

社會主義的古巴對中國熱情友好，1960 年 9 月，中古兩國宣布建立外交關係，古巴也成為拉丁美洲第一個與中國建交的國家。不久，古巴邀請中國派專家去考察煉油廠，幾乎在陳俊武赴東歐、蘇聯考察的同時，石油部於 1961 年 10 月派敖明模、何振鵬等專家去古巴考察。他們在煉油廠看到了新型的催化裂化生產裝置，也見到了比蘇聯的 S 型塔盤更先進的「舌型」塔盤，並帶回一些技術資料。

11 月下旬，石油部李人俊、孫敬文兩位副部長聽取了來自古巴和蘇聯東歐兩個方面的考察情況匯報，石油科學研究院和兩個設計院有關領導也一發揮參加。部領導對他們的匯報非常重視，特別是其中關於新型設備的內容，立即責成基建司設計處藍田方處長制訂計劃，安排力量迅速開展新型煉油設備的研發工作。

11 月 24 日，藍田方處長約敖明模和高士共同研究，具體落實催化裂化和常減壓兩個裝置和 8 項指標(裝置規模、平面布置、塔、爐、換熱器、冷凝器、泵和儀表)的人力分工，決定由陳俊武和李樹鈞負責催化裂化裝置。

石油部領導對發展新技術的重視和雷厲風行的作風使陳俊武感到振奮，接受任務之後立即行動，對敖明模等人帶回來的資料和圖紙，還有北京設計院的蘇聯 IA/IM 型的催化裂化裝置技術資料全部看了一遍，並做了重點摘錄，同時也對美、蘇設計的兩種裝置作了簡單的對比。這本來應是一週時間的工作量，他們在三天之內全部完成。

1961 年底，石油部黨組對煉油工業制定了「深度加工、吃光榨盡，採用先進技術，使石油產品立足於國內」的技術方針。

從 11 月底到 12 月下旬，石油部連續召開一系列重要會議。首先是孫敬文副部長在石油部二樓會議室主持召開煉油技術座談會，與會者 70 多人，顧敬心院長也從撫順趕來參加。接著是有關技術人員 30 多人在北京設計院二樓會議室開會，並按兩個組分工和討論，會上石油科學研究院和蘭州煉油廠張皓若分別介紹了催化劑現狀。12 月下旬，煉油科學研究會議在北京香山召開。在這些會議上，石油部領導詳細介紹了我國石油工業的形勢，指出煉油設備和技術的研發是目前面臨的最主要問題。明確提出了對流化催化裂化、鉑重整、延遲焦化、尿素脫蠟以及相關的催化劑和添加劑五個方面關鍵先進技術的重點攻關任務。

這五個項目後來被煉油行業形象地稱為「五朵金花」。

這「五朵金花」當時並沒有像金花那樣璀璨耀眼，而是橫亙在中國煉油工業前進道路上的「五座高地」。

2 春天故事

1962 年 1 月 4 日，石油部成立煉油新技術核心領導小組，生產技術司司長孫曉風任組長，北京設計院院長張定一和撫順設計院院長顧敬心均為成員。4 天之後，孫曉風主持召開了一次重要會議，明確提出，開發新技術設計工作要先行，並決定成立由撫順設計院和北京設計院技術骨幹組成的新技術組，由顧敬心直接領導，在北京開展工作。

石油部調兵遣將，抽調北京設計院的何宇、李樹鈞，撫順設計院的陳俊武、張福詒、徐貽璜、謝泰嵩和張戌隆為新技術組成員。張戌隆任顧院長祕書。北京院的楊端蓉負責常減壓新技術，李辰配合。北京石油學院的楊國威和蘇億民也參加新技術組工作。

1962 年春節剛過，年味兒還濃濃地籠罩在每個家庭的時候，陳俊武一行就已經離開撫順，來到北京。

北京設計院辦公樓坐落在德勝門外六鋪炕，南樓二樓的幾間辦公室被臨時辟做新技術組的辦公場所，住宿則是在四樓的一個大房間裡。

陳俊武和張福詒被任命為新型催化裂化裝置正、副設計師。

陳俊武(左)與張福詒在撫順二廠 60 萬噸/年催化裂化裝置投產紀念碑前

流化催化裂化是煉油工業的關鍵工藝技術。原油經過蒸餾一次加工，只能得到 25%-30%的輕質油品，占 30%的重質餾分油——蠟油只能作為半成品，占 40%的渣油通常被當作燃料油燒掉。也就是說，加工 100 噸原油，至多只能得到 30 噸輕質油品。而催化裂化則可以對一次加工後的重餾分油進行二次加工，在催化劑的作用下把分子結構的長鏈斷為短鏈，把大分子裂解為小分子，這樣一下子可以得到約 50%的汽油、30%的柴油以及 20%的液化氣和干氣。

千頭萬緒，設計先行。他們面對的只是何振鵬等人從國外考察帶回的一些為數不多的圖紙和資料。這好像是一則童話：一群從來沒有見過大象的人(連圖畫也沒見過)，只得到了一隻象耳朵、半截象鼻子，再加上一條象尾巴，卻必須要畫出一頭完整的大象來。

李樹鈞、張福詒和陳俊武按照反應、分餾和吸收穩定三個工序分工展開。同時進行的還有設備專業的袁宗虞、戴家齊、徐貽璜，他們的重點是催化裂化再生器煙氣出口高靈敏度雙動滑閥的研發。儀表專業以謝泰嵩為主，後來蘭州煉油廠的杜克勤加入，重點是由國內製造小尺寸的氣動控制儀表。

消化資料，分析計算，對比討論，制定方案。肯定，否定，否定之否定。腦子裡全是數據和方案，白天延伸到夜晚，深夜銜接著黎明。

和這種熱氣騰騰的工作情景成為鮮明對照的，是他們「饑寒交迫」的生活狀態。

1962 年，中國仍處於三年嚴重自然災害時期，饑餓的陰影還籠罩著神州大地。毛澤東剛有新詩吟成：「高天滾滾寒流急，大地微微暖氣吹」，作為中國人民的領袖，除了這種詩意的表達，他還對節約糧食有一句很具體的指示：「忙時吃乾，閒時吃稀，平時半乾半稀，雜以蕃薯、青菜、蘿蔔、瓜豆、芋頭之類。」

陳俊武他們在加班加點工作的同時，還要忍受著轆轆饑腸的煎熬。當時全國公職人員都有嚴格的糧食定量標準，設計院的腦力勞動者是每月 26 斤，其中細糧只占一定比例。外出就餐，除了付錢，最重要的是交糧票。陳俊武他們從撫順帶來的全國通用糧票，可以在北京設計院的食堂就餐，但卻不能享受每週一次的油條早餐，只有頓頓滴油不見的清水熬白菜。北京設計院院長張定一對來自撫順的同行們拱手致歉：「我知道你們很辛苦，伙食不好，中午熬白菜，晚上白菜熬，很對不發揮，抱歉！但我也實在沒有辦法！」

需求忍受的還有寒冷。北京的早春，寒冷異常，滴水成冰。從撫順來的設計人員住在四樓一個沒有暖氣的大房間裡。晚上要身穿毛衣，腳蹬暖水袋，才能勉強入睡。

這一批殫精竭慮用智慧和勞動為共和國增加熱能的人，用腦也要耗費大量的蛋白質和熱量，但是他們只能得到極為微薄的補充，這是一個嚴重不對等的算式。但是，沒有抱怨，沒有計較，沒有消極，因為他們心中都有一團烈火在燃燒。

陳俊武冷靜地意識到，光憑革命熱情也不行，為了設計工作的正常進行，必須保證身體不能垮下。那時候因營養不良得浮腫病的人很多。後來每個星期天，他就一大早去王府井大街東安市場東來順餐館排隊，領取一張編了號的發票，等到中午，可以憑這張票享受一份炸帶魚段。這頓含有脂肪和蛋白質的午餐要花費 20 元錢的高價，他覺得這是為了身體必須付出的代價，這也是一種理智的科學精神。而在上午這個時段，他就泡在書店裡看書，這幾個小時的時間是絕不可浪費的。

緊張工作了 3 個多月，到 5 月份，主要技術方案已經完成，並經多次討論後匯報定案。

從天寒地凍，到春暖花開，春意盎然的日子沒有幾天，5 月的北京已經有了初夏的氣息。剛剛從緊張的腦力勞動中輕鬆下來的陳俊武和他的同事們，隨即變換方式，開始參加北京設計院農場麥收的體力勞動。

用鐮刀手工收割麥子，這是農耕社會的中國沿襲千百年的勞作方式，原始古老，卻年復一年鼓舞著期待豐收的人們。正在追趕最先進的世界煉油技術的陳俊武和他的同事們，現在卻要體會這種最古老的勞動的滋味。「面向黃土背朝天」，這是收割麥子的標準姿勢，彎腰，揮鐮，要一次次重複這個機械的動作。對於辛勞和付出，陳俊武從來都不懼怕，但這類農活真的讓他感到力不從心，成績也總是落後，別人能割 4 分地，他頂多也只能割 2 分地。一天下來，他常常累得筋疲力盡，坐在地頭半天都發揮不來。

3　古巴之行

1962 年 6 月初，國家科委決定派出人員赴古巴考察，除了石油部所屬的設計院、研究所，還有第四機械工業部的有關人員。陳俊武名列其中。醞釀名單首先是嚴格的政治審查，曾參與初步設計的撫順設計院的張福詒和謝泰嵩，竟因為所謂家庭出身社會關係問題而落選，這讓陳俊武感到十分遺憾。

9 月 12 日，由陳俊武和北京設計院的何宇、李樹鈞、戴家齊以及蘭州石油機械研究所的鄒珏書、第四機械工業部的虞冠新和吳欽偉等 8 人組成的考察團從北京機場登機啟程。在蘇聯新西伯利亞換機飛莫斯科，次日中午在莫斯科機場乘捷克飛機抵達布拉格，住進使館招待所。這一天，恰巧是中國的傳統節日中秋節。陳俊武一行在布拉格停留四天，使館還安排他們參觀了布爾諾博覽會的石油化工機械的幾個展館。

9 月 21 日，他們登上飛往古巴的飛機。飛經愛爾蘭、紐芬蘭和加拿大東部的大西洋水域，前後歷經 21 小時，於當地時間上午 9 時到達哈瓦那機場。

陳俊武一行入住哈瓦那市區南部的一個旅館，隨即會見了古巴

五位當年(1962 年至 1963 年)共同赴古巴考察的戰友(左發揮)李樹鈞、陳俊武、戴家齊、杜克勤和何宇 1984 年相聚洛陽

石油聯合企業教育處的負責人，又到中國駐古巴大使館拜會了申健大使和商務、政務參贊。這都算是履行報到的程式。

大使館坐落在一條安靜的街道上，院內寬敞，有多棟別墅型的小樓，還有美麗的草坪、雕像和噴水池。身在異國，大使館就是祖國的象徵，這裡不僅有家的溫暖，也有得力的支持。在古巴期間，他們的來往信件都要透過「外交信使」來傳遞。

古巴在 1961 年挫敗了美國策劃的僱傭軍入侵事件之後，宣布把所有的企業收歸國有。其中將原分屬兩個外國公司的煉油廠(埃索公司的貝洛特煉油廠，殼牌公司的哈瓦那煉油廠)合併成立新的煉油廠，改稱洛佩茲(Nico Lopez)煉油廠。古巴石油聯合企業的局長、培訓科長，還有洛佩茲煉油廠的主管副廠長霍海(Jorge)、總工藝師維達爾(Vidal)都對來自中國的同行熱情友好。霍海還把考察團的人員按照專業分為三個組，陳俊武、李樹鈞、何宇和總工藝師維達爾在一發揮開展工作。

維達爾除了介紹情況，解答問題，提供資料，還安排考察團參觀廠區的設備。廠區設備布置整齊緊湊，儀表室內模擬流程圖和小尺寸儀表一目了然，十分醒目。催化裂化裝置、原油蒸餾裝置和催化重整裝置，龐大的罐體和縱橫交錯的管線，還有許多大大小小的平台和框架……眼前的一切，對陳俊武來說，是那樣的熟悉，又是那樣的陌生。他曾經無數次在書籍資料中閱讀研究過的，思考設想過的，也曾感到疑惑不解的，如今都陳列在眼前。

「芝麻芝麻開門吧」，猶如一扇大門突然洞開，眼前是一片璀璨耀眼的金幣和珠寶……

這是《天方夜譚》中《阿里巴巴與四十大盜》的故事場景。陳俊武突然想發揮了自己十來歲上崇德中學第一節英語課時的情景。老師正用純正的英語朗讀：阿里巴巴來到山洞前，喊道：芝麻芝麻，開門吧！

世界真奇妙，歷史真奇妙。當年讀大學時的陳俊武對祖國落後的工業科技現狀常常扼腕浩嘆，他也曾設想爭取出國留學，學成歸來報效祖國。但歷史讓他走上了另一條道路，他沒有在國外戴上那方頂的博士帽，卻在祖國的土地上成為新中國第一代煉油工程技術研究工程師。如今，他遠涉重洋，來到這個美麗的拉丁美洲的島國，歷史為他打開了一道沉重的大門。當年那一堂讓他記憶猶新的英語課好像就是為了 25 年後的今天……

古巴曾經是西班牙的殖民地，國內通用的是西班牙語。但古巴石油聯合企業和煉油廠的主要負責人和工廠主任這些管理人員，大多都會說英語。因此陳俊武可以用流利的英語和他們毫無障礙地交流。

考察學習先進技術，其實是一項高強度的腦力勞動。首先，在現場要認真觀察設備，增加感性知識；還要不斷詢問了解工藝過程和有關數據，這些都需求即時記錄和記憶。其次，要千方百計查找收集資料，這些資料分布在不同的部門和人員手中，有些還有借閱時間和地點的限制，因此就需在短時間內的快速閱讀後有選擇地摘錄。然後，對有些不能外借存放在工廠的私人資料，和古方人員協商後採用拍照複製的辦法，因為數量太多，也成為一項需求加班加點才能完成的緊張工作。

不放過任何一個疑點，不留下任何一點空白，為了祖國的需求，只有緊張地工作、工作。除了極少數接受邀請的外出，陳俊武和同事們常常每天工作十幾個小時，沒有休假，也沒有娛樂。

其實在他們身邊，就是聞名世界的旅遊勝地。

古巴旅遊資源豐富，明媚的陽光、清澈的海水、白沙海灘等自然風光使這個享有「加勒比明珠」美譽的島國成為世界一流的旅遊和療養勝地。其中巴拉德羅白沙海灘是世界上著名的八大海灘之一。海明威筆下的古巴海灘、世界聞名的古巴雪茄和蔗糖、棕櫚樹下富於拉美情調的酒吧和歌舞，以及熱情好客的古巴人民，令這個加勒比海上的國家充滿了神祕情調。

陳俊武他們沒有時間去體會這種浪漫的情調，卻感受了一場震驚世界劍拔弩張的軍事危機。

1962 年，蘇聯在古巴祕密部署導彈，美國發現後立即作出強烈反應。從 10 月 24 日開始，美國調集大批空軍和海軍艦隊，封鎖了古巴海域。與此同時，美國導彈部隊全部奉命處於「高度戒備」狀態，導彈在發射臺上聽候指令。同時在公海攔截檢查去古巴的蘇聯商船。美國與蘇聯在公海形成對峙，美蘇雙方在核彈按鈕旁徘徊。在人類進入核時代以來，在美蘇軍備競賽和爭奪世界霸權的激烈鬥爭中，沒有任何一次危機達到如此驚心動魄的程度，加勒比海域處於千鈞一髮的危險時刻。

古巴沒有屈服，在卡斯特羅號召下，全國人民面對強敵積極備戰，這種大戰將臨的緊張氣氛瀰漫在哈瓦那的大街小巷。陳俊武他們去煉油廠的途中，路過海岸就能看到遠處海面上停泊的美國航空母艦。

在駐古使館的領導下，考察團成員們也開始準備應變措施。其實，所謂應變也就是要勇敢地面對最嚴重的考驗，一場戰爭的烏雲就壓在他們的頭頂，一旦爆發戰爭，這裡就會變成一片廢墟。

這場震驚世界的導彈危機最後以蘇聯領導人赫魯曉夫的妥協而化解，蘇聯撤出導彈，美國也作出相應的讓步。驚心動魄的十幾天「加勒比海導彈危機」過去後，陳俊武他們的考察工作才恢復正常。

1962 年底，負責考察設備的戴家齊和機械部的三個人先期回國，何宇、李樹鈞去聖地牙哥煉油廠考察一段時間，陳俊武等四個人一直堅守在哈瓦那。

1963 年 2 月，陳俊武一行完成考察任務回國。陳俊武的行李中沒有買一件「洋貨」，卻鼓鼓囊囊地裝滿了一大批他精心收集和複製的資料，還有他密密麻麻記滿了文字、數據和圖形的 15 個筆記本。這裡面既有重點考察的催化裂化技術，也包括屬於世界先進水平的其他煉油技術。這些珍貴的資料為把我國的煉油技術水平從 20 世紀 40 年代迅速提升到 60 年代作出了巨大的貢獻。

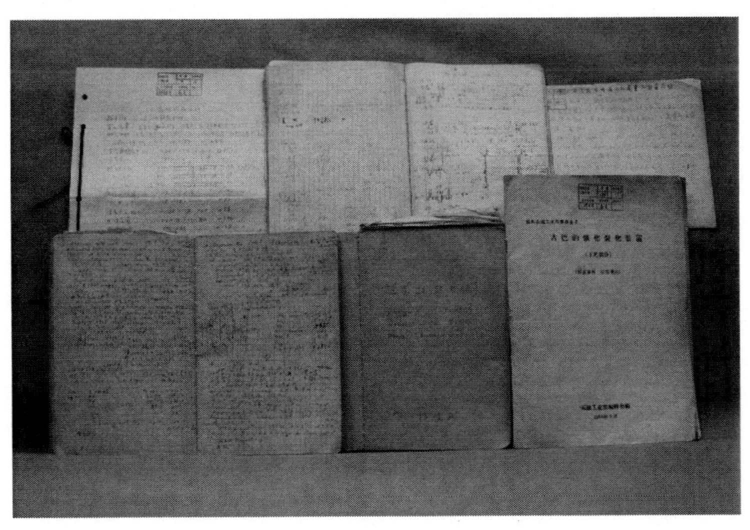

1962 年 9 月至 1963 年 2 月陳俊武赴古巴考察流化催化裂化的部分筆記本

當陳俊武登上飛機舷梯，在機艙門口向送行的朋友揮手告別的時候，他倏然想發揮了凱撒大帝的名言——

我來了。我看見了。我戰勝了。

4 攻堅之戰

陳俊武一行回國後，立即向石油部李人俊、孫敬文和劉放三位副部長匯報。石油部領導對他們這次考察學習的成果非常滿意，高度重視，決定立即組織力量，重點從兩個方面向世界煉油先進技術高地衝擊。一是在撫順石油二廠建設我國第一套具有世界先進水平的年加工規模為60萬噸的流化催化裂化裝置，當時名為新型催化裂化裝置，撫順設計院要儘快完成施工圖的設計；二是配合裝置的設計建設抓緊研製特殊設備材料。

1963年春節剛過，東北大地上還是冰封雪飄，新技術組的部分成員就奉命移師撫順石油設計院。

工藝室安排在一個大房間裡，工藝專業人員在外間，配管專業人員在內間。作為正、副裝置設計師，陳俊武和張福詒在一張桌子兩邊相對而坐，以便對重大問題及時商議溝通和「拍板」。配管設計是由龍廈才和董健民把關，其他各專業室也都配備了精兵強將。北京設計院的何宇、李樹鈞和戴家齊也常來撫順參與商討。與此同時，袁宗虞和杜克勤在蘭州開展滑閥和小尺寸儀表的研製，戴家齊負責襯裡和龜甲網的研製，一場多人多地多部門參與的攻堅戰全面展開。

陳俊武帶回的資料使大家如獲至寶，歡呼雀躍。有人翻看著陳俊武的筆記本，不禁笑著說：「哎呀，陳工，你這簡直是一部天書嘛！」這確實是一部天書，不僅是因為得來的不易，也不僅是因為內容的珍貴，還因為他潦草的「陳體字」中間還夾雜著英文、俄文、德文以及簡寫、縮寫和代號。如此文字，除了他的這些熟悉的同事們，誰也不會認得的。

國外的資料只可作為參考，很多設計還要靠我們自己來完成。特別是大部分設備必須由我國自己研製。例如關於大噸位流化床和大口徑 U 形管在正常生產和事故處理狀態下的振動力數據，對鋼筋混凝土框架設計非常重要。又比如，氣體壓縮機軸封設計國內沒有經驗。這些，只有透過專業間交流和專業內學術活動才能解決。

就像隱約在對岸看見了目標，而要到達目的地，他們還必須摸著石頭涉水過河。僅僅為了解決高靈敏度雙動滑閥的設計，他們面對國外資料中一張簡單的圖紙，至少還要設計出幾十張詳圖。這不過是成千上萬個問題中的一個。這套裝置有幾十臺設備、上百套儀表，數千個大小閥門，近兩萬米粗細管線。這些，都要在設計中做到準確無誤，萬無一失。

這時顧敬心院長已調往瀋陽工作，石油部領導親自指揮著這場攻堅之戰。已擔任石油部副部長的張定一來到撫順，他在刺骨的寒風中光著腦袋，頻繁出入各個設計室。

「你們放心大膽干，有問題，我們承擔責任！」他的大嗓門使設計人員們的心頭滾過陣陣暖流。

信任也是一種壓力。陳俊武身上重擔千鈞。

作為龍頭的工藝專業連繫著眾多的專業和部門，猶如一條條無形的軌道從這裡向四面八方輻射延伸，交織成巨大的網路。各條軌道運動中的交叉糾結需求他去協調疏通，沿著各自軌道彙總上來的疑難問題需求他組織解決，千頭萬緒，困難重重！

陳俊武像是一個艱難的跋涉者。他撥開荊棘，跨過溝澗，躍上高地，攀上高峰。

那時候，饑餓的陰影還沒有散去。設計人員頓頓吃的是包穀面，還常常餓肚子。雙腿浮腫，兩眼發黑，卻常常一天伏案工作十幾個小時。院黨委組織人上山采橡子，用橡子面給大家補充伙食。橡子面雖然苦澀，聊可哄騙轆轆饑腸。偶爾能吃上一頓豆腐渣，那更如珍饈佳餚般津津有味。

沒有星期天，只有天天到深夜的加班。那時候，坐落在高爾山下、新華街上的撫順設計院大樓裡夜夜燈火輝煌，成了當時撫順市名聞遐邇的一大景觀。沒人叫苦，沒人退卻，人人心頭閃耀著理想的火花。為了從原油中煉取更多的優質汽油，煉油設計人員首先榨取的是自己的心血。

1963 年秋，1000 多張設計圖紙終於全部完成，年底，透過了石油部組織的嚴格審查。

施工圖設計完成以後，新設備的研製又是一次規模空前的大會戰，涉及科學研究、院校及機械、冶金、化工等行業的 180 多個部門和單位。在石油部統籌安排下，北京、上海、蘭州、杭州、哈爾濱，處處都有鏖兵的戰場。家家獻策，人人出力，實驗室裡燈火搖曳，工廠工廠機聲轟鳴，縱橫數千里的戰線上，是成千上萬個日夜奮戰的身影。

1964 年初，撫順設計院黨委副書記孫鳳臣帶領設計人員進入現場，石油二廠新型催化裂化裝置的施工拉開序幕。陳俊武的任務是著力協助煉油廠做生產準備，給工廠的技術人員講課，詳細介紹新型裝置的特點和工藝要點。為了節省時間，他們就住在干餾爐旁的簡易房裡，陳俊武和學員們一發揮，都是睡的大通鋪。

陳俊武在古巴考察學習期間，哈瓦那洛佩茲煉油廠的催化裂化裝置因為壓縮機葉片損壞而停運，改為常壓蒸餾方式運行。1964 年 7 月，石油部了解到古巴煉油廠的催化裂化裝置已恢復正常生產，決定派一批生產骨幹去學習。從蘭州、大慶、撫順等地的煉油廠挑選了孫玉寶、王貫之、張俊德等 11 人，這些人將來擬擔任工廠主任、生產操作和機械、儀表維護等職責。為了利於學習和溝通，石油部領導又點名讓陳俊武再赴古巴。

這批人去北京報到後，被安排在石油部大樓五樓的一個房間集中學習西班牙語，請北京外語學院的一個老師授課。陳俊武有英語、俄語等西方語言的基礎，觸類旁通，學習發揮來並不費勁，其他人則明顯感到困難吃力。

正是盛夏酷暑時節，房間裡悶熱難耐，一個個都是渾身大汗，卻還都在一遍遍地背單詞，練會話。陳俊武知道，沒有外語基礎，單憑兩個月的突擊學習是不行的。到古巴以後，正式和對方人員的溝通的任務大部分就靠自己了。

臨行之前，石油部領導再次囑咐他們，要學好技術，維護友誼，搞好團結。9 月 4 日，陳俊武一行出發，在機場巧遇為外國友人送行的陳毅外長，得知他們是去古巴學習，主動走過來與他們一一握手，並祝他們順利完成任務。

他們飛抵哈瓦那以後，中國新任駐古巴大使王幼平接見了大家，並給以熱情的勉勵。

住宿是在距離工廠較近的一個外國人居住區的兩套住房裡，每人一個房間，設施齊全。還可以在區內的自助商店購買多種食品，生活條件不錯。

具體的生產學習內容按照生產操作和設備、儀表維護修理分為幾個組。陳俊武和孫玉寶等人跟隨生產人員倒班，便於語言溝通。他們進廠的時候，正好趕上煉油廠為時一個月的大檢修，反應器和再生器內部結構都基本能夠看到。旋風分離器的內部磨損情況，錐體插入深度均清晰可見，還看到了一些檢修的專用工具和機械等等，這都使他們增加了現代煉油廠的感性知識。

古巴煉油廠工廠的操作人員配備十分精幹，值班班長名為操作員，下面有三名助手，分別為一操作、二操作和三操作，各有分工。不單設泵操作工和壓縮機、風機操作工。機泵由操作員巡迴檢查。三名助手負責記錄操作數據，特別是那些關鍵的壓力、溫度、流量、雙動滑閥等參數數據。陳俊武全神貫注，眼不離操作盤，手不釋筆，不時把同時間的關聯參數記錄下來，回到宿舍後再加以分析整理。

陳俊武處處留意，處處用心，他注意到催化劑的裝卸操作過程，在現場的裝卸工拆卸麻袋，倒入漏鬥，然後開動新鮮催化劑罐頂的蒸汽抽空器，催化劑就從地下管線氣動輸送到新鮮催化劑儲罐。他還注意到來自化驗室報告的待生催化劑和再生催化劑的分析數據，再生劑碳含量一般高達 0.6%-0.7%，待生劑在 1%以上，外觀都是黑色。

雖然現在看來，那時的催化裂化總體技術水平不高，但確屬 20 世紀 60 年代世界先進水平。在蘭州煉油廠移動床催化裂化裝置當過工廠主任的孫玉寶也感到這是一項全新的工藝，應該努力掌握其生產和檢修技術。

在緊張的跟班學習間隙，陳俊武還把工廠的西班牙文操作說明書譯為中文，便於大家閱讀掌握。

1965 年 2 月，陳俊武一行圓滿完成在古巴的生產實習任務回國。陳俊武帶回的，還有經過他精心整理的厚厚五大本現場記錄筆記，內容按催化裂化操作數據、開工停工、檢修、儀表控制以及催化裂化以外的工藝裝置等分門別類，各成一冊。

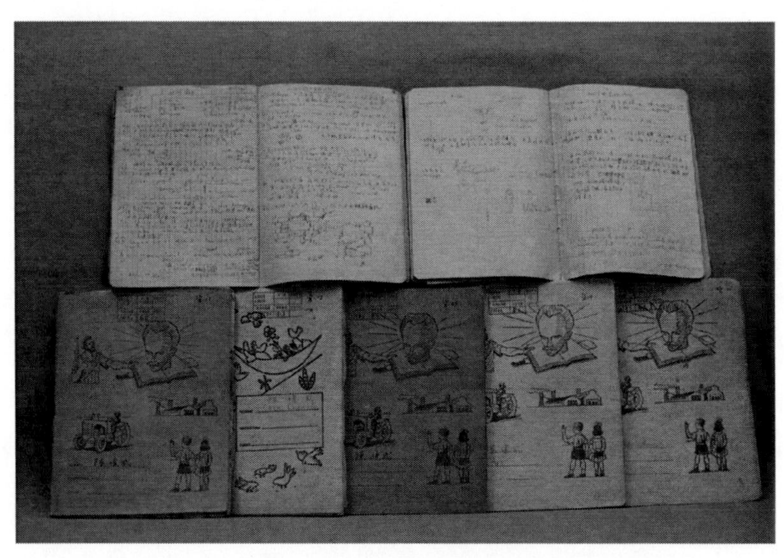

1964 年 9 月至 1965 年 2 月陳俊武赴古巴煉油廠
催化裂化實習期間的部分筆記本

陳俊武回到了久違的家，見到了妻子和女兒。

屈指算來，陳俊武結婚以後真正在家裡的日子不足五分之一。大部分時間在外地，在國外。即使在撫順，也是早出晚歸。「家裡真的成了旅店」，這是妻子調侃他的話。調侃歸調侃，結婚後的吳凝芳的確是一位「賢妻良母」。她理解丈夫的工作和事業，默默承擔了全部家務和撫養孩子的責任。她自己也要上班，並且上班的地方是遠離市區的結核病防治所，需求坐 6 站公共汽車。早出晚歸，還要到幼兒園接送孩子，其中的辛苦可想而知。常年的辛苦勞累和營養不良，有一度她還得了浮腫病。更為難得的是，在陳俊武面前，她不嘮叨，也不抱怨，使身心疲憊的丈夫在家裡能享受到短暫的寧靜和溫馨。

5　歷史時刻

1965 年春節過後，撫順石油二廠外來人員驟增，人來人往，緊張忙碌，一片熱氣騰騰的景象，我國第一套流化催化裂化裝置正在進行開工前周密細緻的準備。

石油部孫曉風和張定一兩位副部長，任向文司長，敖明模和朱吉人兩位總工，組成了開工指揮部；下設生產操作和維修部，由石油二廠具體負責；技術參謀部人員由北京和撫順兩個設計院、北京石油科學研究院、北京石油學院等部門的專家和技術人員組成，多達 200 多人，以郭雨東副總工程師為首，負責技術分析、出謀劃策。這是中國，估計也是世界煉油廠開工歷史上陣容最強大的隊伍。

作為這套新型裝置的設計師，兩度赴古巴考察學習的陳俊武，當然成了這次開工的關鍵人物。他在家裡停留的時間不足三天，就匆匆趕赴現場。

已經升任撫順設計院副總工程師的陳俊武在現場受到大家特別熱烈的「歡迎」，這個找，那個叫，這邊開會，那邊答疑，他忙得像個旋轉的「陀螺」。

開工用的矽鋁微球催化劑是從英國買來的，價格比稻米還貴。有的領導擔心首先裝入這種催化劑出現「跑損」，又專門準備了上百桶移動床催化裂化小球催化劑經過磨粉和過篩制得的粉劑用於開工前裝置的試用。討論會上，陳俊武和出國實習人員慎重分析後覺得無此必要，反而浪費時間和精力，堅決主張直接使用進口的新鮮催化劑，他們的意見最終得到領導的採納。

畢竟是第一套裝置，很多人出於對某些工程品質和操作方法的擔心，提出了很多建議，彙總發揮來有 200 多條。參謀部討論會上，大家對這些意見逐一研究處理，陳俊武參加了這個討論的全過程。

試運方案由生產部門參照操作規程寫出初稿，經班組工人反覆討論，參謀部刻印成冊，然後再抄成大字報。內容包括單機試運方案、水聯運方案、油聯運方案和開工方案，大家把這一方式命名為「大合唱」。「大合唱」的「總譜」多達 60 多頁，掛在儀表室裡，執行完一頁就翻一頁；又有人將此稱為「拉洋片」。

直接用新鮮催化劑開工存在活性過高的問題，北京石油科學研究院武實琛提出用蒸汽老化的方法，在工業裝置上先用蒸汽老化 48 小時，把催化劑活性降低 10–15 個單位，使其接近平衡催化劑水平。這是一項創舉，保證了第一套裝置開工的順利進行。

從 4 月初開始倒班，陳俊武擔任最重要的值班工程師，曾在蘭州煉油廠工作過後來又到大慶的王可駒副總和他交替倒班。單機試運、水聯運和油聯運順利完成，4 月下旬開始主風機送風，加熱和烘反應器、再生器兩器襯裡，進油前，第一步是先過催化劑流化輸送關。當再生器料面上升後，在 300℃ 高溫下噴入燃燒油繼續升溫，確認流化床和旋風分離器處於良好狀態，接著再開再生單動滑閥將催化劑引入反應器，開待生滑閥將催化劑輸送到再生器，反應和再生兩器流化由此建立。第二步是催化劑老化48小時。第三步是反應器進油。

1965年5月5日，是中國煉油工業史上一個劃時代的日子。我國第一套自行設計、自造設備、自行施工安裝的流化催化裂化裝置就要投料試車運行了。

反應器和再生器巨大的筒體在五月的陽光下銀光燦燦，整個裝置如同一個盤旋的巨龍般雄偉壯觀。

燦爛開放的第一朵金花——撫順二廠
年加工能力60萬噸流化催化裂化裝置

按照額定處理量投料，裝置順利運行，在持續生產過程中，緊張的三晝夜過去，清冽芳香的高品質汽油從管道汩汩湧出。經測定，產品全部合格，達到最高的輕質油收率。

成功了！石油二廠和撫順設計院裡一片歡呼。這是劃時代的一瞬，這是應該載入史冊的歷史時刻。流化催化裂化，這項中國煉油工業的重要技術一大步跨過二十年，飛身躍過標誌著世界先進水平的橫桿！

1965 年陳俊武（右三）和戰友們在撫順石油二廠催化裂化裝置前

為了慶賀，石油部和石油二廠招待全體參戰人員吃了一頓餃子，算是犒勞三軍。為這套新型裝置立下大功的陳俊武不知有什麼事，沒吃上這頓具有歷史意義的餃子。

幾乎與撫順石油二廠第一套裝置建設施工的同時，按照同樣的圖紙和方案在大慶煉油廠也建了一套同樣的裝置。1965 年 9 月，大慶煉油廠的催化裂化裝置準備投產，陳俊武和謝泰嵩根據石油部的指示去參加開工。當時廠裡的條件很差，晚上陳俊武他們只能在儀表工廠席地而臥。

9 月，大慶的晚上已有寒意。陳俊武著涼患了感冒，日夜咳嗽不止。但他沒有休息，仍然堅持去工廠參加開工。由於有撫順石油二廠的裝置開工運行的經驗在先，大慶的裝置開工基本順利。陳俊武發現，這兩套裝置使用的都是基本相同的原料油，但大慶裝置採用的是低流速反應器，與石油二廠的高流速對比，看不出什麼優劣，他又根據國外資料對兩套裝置進行了認真的分析和比較，最後確定放棄低流速設計方案，這也算大慶之行的一個收穫。

第八章

混沌歲月 艱難向前

1 使命：勝利煉油廠風波

1966年夏天，「文化大革命」如狂飆突發揮，席捲中國大地。像突然走進了夢魘，魔鬼從潘多拉的盒子裡跑出來，在大地上游蕩嘶叫。理智的大堤潰決了，狂熱和迷亂攫住了數以億計的中國人的靈魂，打著「革命」旗幟的各種荒唐、愚昧、野蠻的鬧劇如滔滔濁浪，漶漫神州……

與此同時，絕大多數有信仰良知的工人、農民、知識分子和領導幹部，仍然堅守在自己的工作崗位上，使社會主義中國這艘巨輪依然在狂風惡浪中堅定地破浪前進。

1966年初，就在撫順石油二廠和大慶煉油廠的兩套流化催化裂化裝置先後投產不久，石油部領導決定，把原裝置規模放大一倍，在山東勝利煉油廠建設一套年加工規模為120萬噸的流化催化裂化裝置。

這是一個凝聚著熱情和魄力的大膽決策。這個方案不僅僅是數據的機械放大，而是一次涉及一系列複雜的工藝和設備問題的重大技術創新和改造。這套裝置的設計以北京設計院為主，由撫順設計院派出以焦連陞為首的設計人員共同承擔這個任務，陳俊武為技術指導。

為了中國煉油工業更快地發展，他們將要跨出充滿困難和風險的一步。

石油部領導形象地說，我們第一套裝置是「照貓畫貓」，這一套裝置就是「照貓畫虎」。為了解除大家的後顧之憂，還明確表態：你們放心干，出了問題我們承擔。

在「五朵金花」大會戰中形成的吃苦耐勞、團結協作的精神和認真負責的科學態度，已經形成巨大的「慣性」，無形中影響著廣大設計人員。「文革」初期，撫順設計院還相對平靜。當停工、停產、大串聯像瘟疫一樣四處蔓延的時候，他們仍然堅守崗位，日夜苦戰。1967 年上半年，我國第一套年加工規模為 120 萬噸的流化催化裂化裝置終於在勝利煉油廠艱難建成。

此時撫順正陷入一片「紅色的漩渦」。旗幟紛紜的群眾組織已分別歸於互相對立的兩大組織麾下，由「文攻」變為「武衛」。槍炮轟鳴，硝煙瀰漫，這座東北工業重鎮，此時正以投入重武器的高規格武鬥而聞名全國。曾經夜夜燈火輝煌的撫順設計院也失去了昔日的莊嚴，被捲入了激烈的派性紛爭之中。

文革之初，設計院成立五人領導小組，陳俊武也是成員之一。領導小組的任務是維持正常生產，「抓革命，促生產」是各派都接受的口號。實際上「抓革命」一出來吆喝，「促生產」就得靠邊站。領導小組逐漸成了被群眾組織控制左右的傀儡。陳俊武是多年的勞動模範、先進工作者、模範黨員，被譽為又紅又專的典型。這是一塊金字招牌，兩派組織都想爭取他，利用他。豈知陳俊武並不買帳，對各方的遊說引誘均漠然置之。這種漠然被認為是對革命群眾的不恭，天平很快傾斜。

這時，勝利煉油廠新建裝置的試運開車在即，石油部領導派人向他轉達了意向：讓他到勝利煉油廠參與組織裝置開工。

陳俊武找到群眾組織負責人，向他要求，要到山東勝利煉油廠參加試運開車。但這個要求被明確拒絕，並且強調：「你不能走，不能離開撫順」。

陳俊武心急如焚。

院裡另一派以某室主任為首，帶領一部分設計人員跑到北京設計院，名義是搞項目，促生產。他們也專門派人來撫順請陳俊武去北京。陳俊武決定首先離開撫順再說。

1967 年 8 月的一個星期天。一個奉命來接應陳俊武的年輕人幫他拿上行裝先走，陳俊武佯裝上街買菜的樣子，故意拉開距離，像地下工作者一樣，東繞西轉走了大約三公里，來到撫順西邊的瓢兒屯火車站，乘車南下。

陳俊武來到北京，把一場紛紛揚揚對他的「批判」「聲討」的嚣鬧留在了撫順設計院。大標語大字報鋪天蓋地，措辭嚴厲的通知、通告、勒令急馳如飛。當月，陳俊武的工資就被扣發。

石油部和北京設計院也是天下大亂。石油部的部長們大都成了「走資派」，自我檢查，接受批判，五次三番，無法過關。六鋪炕石油部大樓裡的工作機器艱難地運轉著。

仍然兼著名存實亡的新技術組組長的張定一副部長，派人帶口信給陳俊武，希望他能去山東參加勝利煉油廠的新裝置開工。

1967 年 9 月，陳俊武以石油部委派的開工組成員的身分來到勝利煉油廠。

「文化大革命」的浪潮也衝擊著剛剛建成的勝利煉油廠。京、撫兩院的技術人員有的回原單位「鬧革命」，有的人外出串連，有的被揪回去批鬥。現場只剩下少數幾個人。

北京設計院的沙展世副總工程師是工廠設計師，郭志雄是聯合裝置設計師，催化裂化裝置的設計師是楊啟業和趙偉凡，撫順院的焦連陞在設計施工過程中全程參與討論諮詢。何振鵬任開工現場的總指揮。10 月，裝置在人手不足、困難重重的條件下開車試運，如一艘逆風的船。

勝利煉油廠這套新型裝置，不僅規模大，設計上也採用了常減壓蒸餾、催化裂化、延遲焦化和焦化餾出油催化精製的四個裝置相關部分組合成聯合工藝。這也是在部領導支持下大膽創新的結果。實際上由於管式反應器轉化率過低，焦化油精製流程不太匹配，這聯合工藝仍然以兩個裝置為主。

從秋至冬，他們三次試運，一口一口啃掉了許多技術難題，最後剩下一根硬骨頭：催化劑跑損。

在流化催化裂化裝置裡，原料油和催化劑被送入反應器，形成均勻連續流動的氣、液、固三相混合物流，這樣原料油分子就可以與催化劑充分接觸而產生裂化反應。催化劑是一種白色粉末，一噸要數千元，比稻米要貴得多。因此要在再生器裡將結焦失活的催化劑分離再生，繼續投入使用，一般在這個過程中只會造成極少量的損失。

可勝利煉油廠的催化裂化裝置成了一頭怪獸，每天約 30 噸催化劑從再生器煙囪跑損。那些白色粉末變成了詭祕的幽靈，它們忘記了自己的使命，藉著風勢煙塵，溜出正常軌道，自由串連，散落於大地蒼穹。這意味著，每天將造成數十萬元人民幣的巨大損失。

陳俊武穿一件臃腫的棉大衣，嘴唇乾裂，面頰消瘦，布滿血絲的雙眼盯著那高大的塔體和縱橫交錯的管道。一股凜冽的寒風掃來，黃色塵灰中，殘破的大字報嘩嘩響著扶搖而上。

跑損！跑損！

到處是停工，停產，串連，武鬥，大辯論，大批判……神州震盪，天下大亂。工農業生產、科學研究教育在跑損，國民經濟在跑損，黨的優良傳統和作風在跑損，革命精神道德觀念也在跑損……這是我們共和國一次空前的大跑損啊！

1968 年初，在極為艱難的情況下，石油部決定抽調石油化工科學研究院、北京設計院、撫順設計院和勝利煉油廠的工程技術人員徐宗詩、焦連陞、楊啟業、趙偉凡、陳俊武等人成立攻關小組，承擔解決催化劑跑損的攻關任務。陳俊武被委任為組長。

其實，這位被石油部領導委任的攻關組長，現在是一位流浪漢。因為被扣發了工資，他在山東勝利煉油廠的這些日子，全靠借同事們的錢維持生活。撫順設計院不時傳來對他批判和勒令返回的消息，因為擔心回去後失去自由，他沒敢回去。在萬家團圓的日子裡，他一個人在勝利煉油廠孤寂地度過了 1968 年的春節。

春節剛過，陳俊武就帶隊出發，第一站是大慶煉油廠。這真是一次難忘的旅行。火車超員晚點，擁擠不堪，無餐無飲，深夜到達哈爾濱，冰天雪地的大街上漆黑一團。他們三步一滑、五步一跤，跌跌撞撞摸到大慶油田辦事處，豈料辦事處已被紅衛兵「查封」，費盡千辛萬苦才住進了一個小浴室。

二月的大慶，氣溫下降到零下 30℃，寒風刺骨，滴水成冰。陳俊武帶領大家爬上近 30 米高的兩器平台，用玻璃 U 形管、膠帶製成的簡陋的測量儀器對未連上儀表的測壓點進行水銀柱壓力測試。手凍僵了，臉頰在尖利的寒風中逐漸麻木，鋼筆、圓珠筆也凍得寫不出字。膠管時不時被罐體內強大的壓力沖開，水銀飛濺滿地……

在極艱苦的條件下，攻關組在大慶和撫順石油二廠兩個煉油廠取得了大量珍貴的數據和資料，其中有非常重要的再生器內的一批流態化數據。這樣的測試使陳俊武和他的同事們受到啟發，他們覺得在勝利煉油廠裝置的再生器上也需求同樣的甚至更充實的數據，以資分析對比。在此基礎上，陳俊武又進一步提出了在再生器做單器熱態流態化測試的想法，並得到了廠方和上級的支持。

1968 年 4 月，陳俊武帶領他的小組開始在勝利煉油廠的工業裝置上做大型流態化測試。這是一次大膽的嘗試，這樣的大型測試，不僅國內從來沒有，世界上也屬首次。

流態化試驗一般在實驗室裡進行，模擬的反應器、再生器不過幾十釐米高，而工業裝置中的反應器卻要大上百倍，直徑近 10 米，高 20 多米，像矗立著的五層樓。沒有先例，沒有經驗。陳俊武憑著他的知識、智慧和勇氣，終於和他的同事們一發揮，取得了許多珍貴的數據，完成了這次在中國煉油工業史上具有重大意義的工業試驗。

透過幾天的試驗，他們觀察到勝利煉油廠再生器流化床中間部位的密相和稀相密度分布紊亂，和撫順、大慶的裝置很不一致。再生器中間設有兩組旋風分離器可能是誘因。如果將它們堵死，再生

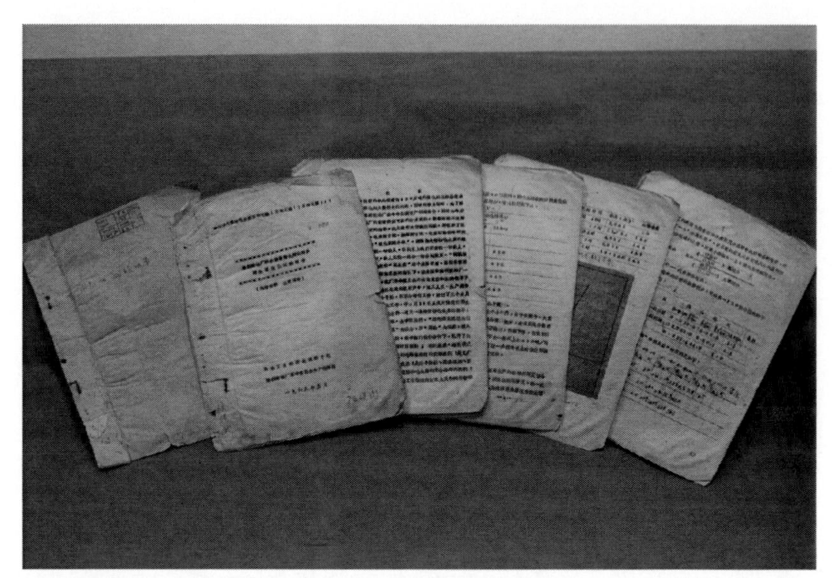

陳俊武編寫的勝利煉油廠120萬噸/年催化裂化裝置流態化測試總結

器流化就能正常。管式反應器只能將直餾蠟油部分轉化，焦化汽油和柴油進筒式反應器。原先設計的三個反應器實際上變為一個半反應器，即筒式加管式反應器。按照這個思路又進行了簡單的設備改造，勝利煉油廠年加工能力120萬噸催化裂化裝置終於可以正常生產了。

催化劑被陳俊武手中智慧的魔杖制服了，它們迷途知返，在兩器的循環中馴順運行，跑損量下降到每天3噸左右的正常值。

這是一個重要的節點，至此，標誌著我國煉油工業流化催化裂化產業化的技術難關已經全部被攻克。五朵金花中最碩大豔麗的一朵燦然開放，光彩奪目。

1968年10月，陳俊武回到撫順。

踏著秋天的陽光，他來不及洗掉身上的灰塵汗漬，就趕往院革委會匯報。但是他遭遇的卻是陰沉沉的臉色。院革委會通知他，馬上去第二政治學習班報到。

從勝利煉油廠勝利歸來的陳俊武於是挾著鋪蓋捲進了學習班。他和十幾位中層幹部一發揮，集中在一個房間裡，清晨在樓外跑步，白天開會，晚上就打地鋪睡覺。檢查書寫了一份又一份，批判會開了一場又一場。不僅要檢查批判自己的錯誤，還要揭發批判原院黨委領導這些「走資派」的罪行。「技術掛帥」「白專道路」「權威思想」「重用壞人」「裡通外國」，等等等等，大帽子一頂頂飛旋而至，慷慨激昂，唾沫亂飛，沒有是非黑白，沒有概念邏輯，天地間一片混沌。

陷於混沌中的陳俊武常常也感到困惑。但他的大腦中始終保持了一個清晰明亮的光點：中國煉油工業技術發展到今天來之不易，絕對不能由於我們的懈怠疏誤再拉大和世界先進水平的差距！

陳俊武沒有像行吟澤畔的屈子那樣低唱「世人皆醉，唯我獨醒」的鬱鬱哀歌，他抗爭著，也行動著。在學習班那板硬的地鋪上，在農場繁重的體力勞動中，在回到設計院被撂到一邊坐冷板凳的時候，他都盯著技術，想著技術。一聽說有項目，他就設想方案，悄悄計算，陳述看法，提出建議，不管面對的是呵責還是冷落。

2　搬遷：竹園溝歲月

20 世紀 60 年代，我國在發現開發大慶油田之後，又相繼在山東、河南等地發現了新的油田。為了改善石油工業的布局，加快三線建設，石油部決定在豫西建設一座年加工規模 250 萬噸的煉油廠和總容量 15 萬立方米的儲備油庫。1967 年 2 月，石油部下達文件，確定廠址選在豫西宜陽縣竹園溝，定名為紅旗煉油廠。

1967 年 8 月，「石油工業部紅旗煉油廠籌建處」正式成立，1969 年 1 月，石油部又將山東勝利煉油廠的基建隊伍調來豫西，和紅旗煉油廠籌建處合併，組建「石油工業部工程建設紅旗總隊」，承建紅旗煉油廠和紅旗儲備庫等工程項目。

1969 年 10 月，根據我國東北邊境嚴峻的軍事形勢和國務院業務組關於科學研究、設計單位搬遷工作的指示，石油部軍管會決定並通知撫順設計院革委會，將撫順設計院由撫順搬遷到河南省宜陽縣紅旗煉油廠所在的山溝。同時還要組建一支具有獨立設計能力的 300 人的設計連隊，搬遷到湖南臨湘長嶺煉油廠承擔設計任務。12 月，石油部軍管會正式下發了《關於撫順設計院搬遷河南、湖南的通知》，緊張的搬遷工作全面展開。

竹園溝位於洛陽西南的宜陽縣張塢鄉，熊耳山北麓，是一個大約 7 公里長的偏僻的山溝，一條小河從溝中流過，向南匯入洛河，當地人叫龍窩河。為了貫徹「靠山、分散、隱蔽」的戰備方針，紅旗煉油廠的廠址就選在這個山溝裡。先期進駐的基建人員已經在龍窩河兩岸建成了一些簡陋的生產和生活設施。這裡距撫順數千公里之遙，還要經過火車和卡車運輸的中轉，作為部屬的設計院，文件資料、辦公家具、上千名拖家帶口的職工和家屬，搬遷任務十分緊張與繁重。

1969 年底，洛陽市宜陽縣竹園溝一覽

此時陳俊武被分在生產組打雜，而搬家正是打雜人的用武之地。陳俊武受命先行，他作為首批人員於 1969 年底來到竹園溝。他的任務是與同在生產組的趙守壁負責中轉接送。

設計院在洛陽火車站附近西工的一處凹地旁邊設了中轉辦事處，這裡距宜陽竹園溝有 80 公里，卡車還要跑兩個半小時。陳俊武的工作是收拾臨時住房，去火車站接送人員，搬運行李。他扛著沉重的大箱子，在坎坷不平的黃土路上踉蹌行走，把搬運工的角色形象完成得淋漓盡致。雖是寒風砭人肌膚的嚴冬，他的棉襖卻一次次被汗水浸濕。

陳俊武的雜工干了幾個月，已經「靠邊站」的原院黨委書記莊潤霖忍不住了，他找到革委會負責人說：「陳俊武沒多大問題吧？讓他幹些事吧，這樣的人才整天讓他打雜太可惜了嘛！」

1970 年下半年，搬遷安置基本完成，陳俊武也被批准可以進入設計室了。其實設計室不過是臨時搭建的簡陋板房，但只要有圖紙、有資料、有讓人日夜牽掛的項目和有讓人寢食不安的方案，這板房就像神聖的宮殿般讓陳俊武感到愉悅和振奮。

撫順設計院來到竹園溝的這部分人員，番號被叫做紅旗總隊設計大隊，1971 年 11 月更名為紅旗總隊設計研究所。這時技術職稱、職務一律都被當作「修正主義貨色」被「革命」掉了，設計人員統稱「服務員」。陳俊武也是個普通的服務員。可大多設計人員還是像文革前那樣把他當副總工程師對待，一遇到難題就找他請教探討。實際上，陳俊武又在發揮著技術帶頭人的作用。

其實，就在他們大張旗鼓進行搬遷的時候，石油部已通知紅旗煉油廠停建。原來只考慮戰備的因素，但在這個偏遠的大山溝裡建大型煉油廠，存在諸多無法解決的難題，比如鐵路、水、電以及廢氣排放等等。因此，煉油廠要另行選址。後來，紅旗總隊的機關部門和施工隊伍逐步撤出竹園溝，遷往洛陽市郊區的關林鎮，1972 年 4 月改名為「燃料化學工業部第一石油化工建設公司」。而留駐竹園溝的設計研究所的一個新的任務，就是為煉油廠選新的廠址。

原計劃中的紅旗煉油廠年加工原油能力已要求增加到 500 萬噸，

是當時全國最大規模的煉油廠，其中對很多裝置也有創新的任務。這樣的煉油廠對地理環境、交通條件和水電資源都有較高的要求。為了選定理想的廠址，由各個專業人員組成的小分隊向北、向南兩個方向勘察選址，定期開會彙總情況，研究討論。

陳俊武參與了北線的勘察。這是陳俊武和他的同事們與河洛大地的第一次親密接觸。他們上邙山，過黃河，帶一張五萬分之一的地形圖，在太行山南麓的山地和平原上調查尋覓。

從遙遠的東北撫順來到豫西山地的工程師們似乎對河洛地區一見鍾情，大家認為，新的廠址應以洛陽為中心，在新建成的焦枝鐵路沿線為好。曾經也有省市領導提出在邙山建廠的建議，但最後還是被否定了。幾經波折和反覆，最後新廠址選定在黃河北岸濟源縣坡頭和孟縣吉利兩個公社之間一片較為平緩的丘陵地帶上。最初定名為濟源煉油廠，1976 年國家計委正式批准建設，並列為國家重點建設項目。1977 年審查初步設計時，改名為「河南煉油廠」，1983 年初又改名為「洛陽煉油廠」。

一次次出發，又一次次歸來，竹園溝成了撫順設計院 1000 多名幹部職工和家屬新的家園。

從城市到山溝，從樓房到窯洞和板房，有一個巨大的落差，也需求一個適應的過程。但撫順設計院的人們面對突然而至的搬遷和變故，把這個適應過程大大地壓縮了，大家坦然面對，接受，改變，並沒有什麼牢騷和怨言。

窯洞陰冷潮濕，昏暗無光，板房四面透風，不擋寒暑。在撫順時，設計院家家使用煤氣和暖氣，竹園溝裡卻只能砌爐子燒乾柴和自己打的煤坯。於是這些曾為祖國設計了第一流煉油廠的工程師們，拿發揮了瓦刀和鐵鍬，開始研究爐子怎樣砌，煤和黃土如何和……陳俊武也在這個行列中。但是他幹這活兒遠不如他在工程設計中那樣得心應手。他動作笨拙，姿勢彆扭，打的煤坯也不整齊，砌的爐子還漏煙。

家，妻子兒女，柴米油鹽。家是避風的港灣，家是棲息的窠巢，家是溫馨，家是甜蜜。可陳俊武在竹園溝這裡的，是個什麼樣的家啊！

一間 15 平方米的板房，牆上透風，屋頂漏雨，雨天進泥漿，晴日坑坑窪窪。吳凝芳是個醫生，她上班的地方遠在十多公里以外地名叫院東的一個油庫工地上。吳凝芳多年來為支持陳俊武的工作，默默挑發揮了沉重的家務重擔。但吳醫生也是黨員，也是先進工作者，也是事業心很強的人。她早上天不亮就要搭車走，滿天星鬥才能回來，有時太緊張還要住在工地。陳俊武也要經常出差到現場。按吳凝芳的話說，他只要說出差，馬上就得走，什麼也攔不住他，家裡塌下來他也不會管的。

爸爸媽媽都走了，家裡只剩下剛剛 12 歲的大女兒陳玲帶著 5 歲的妹妹陳欣。玲玲脖子上掛著鑰匙，看家、做飯，呵護著妹妹，儼然一個小大人。大凡單位裡領票證分東西，陳俊武家的代表多是玲玲。下雨了，她還會爬上房頂，壓上防漏的油氈。

但是，畢竟玲玲也還是個孩子。有時候，她只顧自己和夥伴們玩要，卻忘掉了照顧妹妹。著急的時候，她也會行使當姐姐的權威。

不知是什麼原因，陳欣小時候就是不去幼兒園。爸爸媽媽上班去了，她就一個人蹲在板房門口，一邊哭，一邊叫著：「季奶，季奶……」季奶是她在撫順時對家裡一個姓季的保姆的稱呼。一個幼小稚嫩的心靈，最需求愛撫的時候，她只能憑著記憶發出遙遠的呼喚。

竹園溝的生活苦澀而又單調。

洛河北岸的三鄉，就是唐朝著名詩人李賀的故里。當年，這位才華橫溢但又鬱鬱不得志的年輕人，常常騎著一頭瘦骨伶仃的毛驢，背著那個流芳千古的破舊錦囊，在河畔的山道上彳亍徘徊，尋覓著詩意。他的母親在後邊心疼地吆喝他：「是兒要嘔心乃已爾！」

李賀詩中有南園十三首，多詠竹句，不知與竹園溝是否有干係。但這時的竹園溝卻找不到幾分詩意。黃土高坡上一孔孔潮濕的窯洞和幾排簡陋的板房，就是堂堂設計院的住宅區和辦公室。買生活用品要到19公里外的張塢鎮，三鄉近一些，不過來往要乘船渡過洛河。去一趟洛陽要坐卡車風塵僕僕奔波一天。下雨天人人都須在鞋上綁上草繩以防滑倒，深夜裡還常常會被野狼的嚎叫悚然驚發揮。偶爾上山砍柴下河摸魚，竟也自視為漁樵之樂。但就在這偏僻閉塞的竹園溝，就在這簡陋寒伧的窯洞板房裡，一張張藍圖畫出來了，一項項新工藝設計誕生了，映著春天裡山坡上鮮豔的杜鵑花。

3 「一頂二」和「701」

上世紀60年代末、70年代初，中國原油產量劇增，煉油廠的加工能力不足，難以全部消化，有些電廠就直接燒原油發電，造成很大浪費。國家受「文革」動亂影響，鋼材匱乏，資金緊張，新建煉油裝置十分困難。那麼，能不能設計一種投資少，上馬快，對原油只需中等程度加工的煉油裝置呢？

受到一則簡單的國外資料的啟發，陳俊武和彭世浩、曹世經、徐順福、廖家祺等幾位同事反覆討論後，大膽提出了蒸餾-催化裂化聯合裝置的方案，實際上這是將原油蒸餾和催化裂化兩個裝置合而為一，直接用高溫反應油氣在分餾塔把蠟油拔出，省去常減壓蒸餾裝置，簡稱「一頂二」。

石油部基建司王德瑛同志，親臨竹園溝，領導和支持著這次在特殊背景下的技術革新。方案很快被石油部批准實施，決定將石油六廠作為「一頂二」裝置試點廠，並將這種革新型的裝置命名為「大慶 701 裝置」。

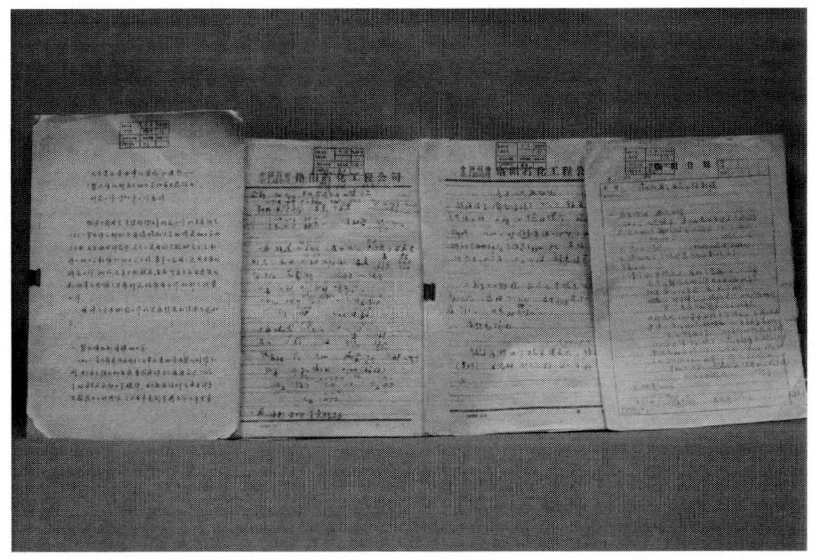

陳俊武編制的大慶油催化裂化-蒸餾一頂二設計計算總結

技術複雜，資料缺乏，沒有大型實驗設備，只能結合理論計算和局部觀測的工業數據來判斷設計參數。

當時關於石油的物理性質的數據很不完善，美國石油學會 1964 年組織編寫的《石油煉製技術手冊》第一版雖然收集了不少數據，但關聯式不夠充分，並且當時也沒有看到。他們只好選用 1971 年初美國《油氣》雜誌介紹的恩氏蒸餾和實沸點蒸餾數據的關聯式。陳俊武和曹世經做了大量繁瑣的計算，目標是得到期望的「蠟油拔出率」，儘量降低渣油產率，符合既定的經濟指標。

1973 年，年加工 200 萬噸原油的「一頂二」裝置建成，8 月開始試運行。由於是創新型的裝置，沒有經驗可以借鑑，操作參數掌握不準。有時催化裂化產氣過多，有時加熱爐出口溫度過低，等等。經設計方和生產方多次研討，認為有些部位應在更苛刻的條件下運行。從 8 月 9 日開始，操作漸趨平穩，經測定，蠟油拔出率達到 90%。

「一頂二」工藝技術取得了成功，當時也被幾個煉油廠採用。由於是在特殊背景下開發的，這項革新的成果後來並沒有大規模推廣應用。

雖然如此，陳俊武仍把這項工藝創新作為自己人生之路上的一個重要節點，因為它誕生於文化大革命這個特殊的時期，誕生於竹園溝這個荒僻的地方，他說：「這項創新活動得到了石油部的大力支持，給設計人員創造了大膽從事工程開發的機會，在文革期間能得到如此有益的鍛煉，機遇難得！」

第九章

跟蹤先進
改革創新

1　移師洛陽

1971年底，石油部基建司的王德瑛處長又一次來到竹園溝。這位處長雖然職務不高，當時卻提出了一個關係石油工業大局的策略思考，他的想法得到余秋裡部長的肯定。部領導認為，國外煉油工業技術在飛速發展，我們必須在「五朵金花」的基礎上繼續前進，才能跟上世界先進技術的步伐。要想在重大技術領域有所創新和突破，應該建設一個煉油實驗廠，可以對新工藝和新設備進行半工業化試驗。否則，由於文化大革命的影響，將貽誤我國煉油工業技術的發展。

2016年4月陳俊武(右二)邀請老領導王德瑛(右一)來洛陽與老同志交流

這個想法當然得到蟄伏在竹園溝中的「紅旗設計大隊」的工程技術人員們的熱烈擁護和支持，設計方案上報之後，很快也得到石油部的批准。

因為實驗廠年原油加工能力為15萬噸，必須靠鐵路運輸，並且最好是由建設中的河南煉油廠鐵路專用線轉運；而實驗廠的運作模式是設計、研究和半工業試驗三結合。符合這些條件的只能在洛陽附近的郊區選址為好。經河南省和洛陽市同意批准，煉油實驗廠的廠址最後確定建在洛陽市郊區的李屯。1973 年初開始動工建設，10 月設計大樓和部分住宅樓竣工，這支在竹園溝度過了 4 年艱難歲月的設計隊伍，開始向李屯搬遷，移師洛陽。

在這幾年時間裡，這支隊伍的番號也幾經變換。1971 年 11 月，名稱變為燃料化學工業部工程建設紅旗總隊設計研究所；1972 年 4 月，改為燃料化學工業部第一石油化工建設公司設計研究所。後來在 1975 年，又改為石油化學工業部第一石油化工建設公司煉油設計研究院。

1972 年，燃化部任命陳俊武為設計研究所革委會副主任。

雖然走出山溝，來到洛陽，但駐地遠離市區，住房簡陋，交通不便，幹部職工的生活條件仍然十分艱苦。年輕職工暫時只能住在活動板房，資歷較老的職工可以住在簡易的樓房。樓房有下水，卻無給水，二、三層四戶人家只能共用一個既陡又窄的樓梯。上級單位油建一公司的總部遠在關林，距李屯也有 5 公里之遙。

這些暫時的困難對經歷了竹園溝艱難歲月的人們來說，實在算不了什麼。實驗廠的建設熱火朝天，一批批與實驗廠工藝有關的職工和技術人員從各地的煉油廠和正在精簡職工的第二汽車製造廠調來，隊伍逐漸壯大。李屯基地洋溢著蓬蓬勃勃的氣象，就像四周田野裡正在成長的莊稼一樣鬱鬱蔥蔥。

2　跟蹤、改革和創新

上世紀 60 年代末、70 年代初，正是世界煉油工業技術迅速發展的時期。

當時我國投產的兩種加工規模的催化裂化裝置實際上仍屬於國外 60 年代的技術水平，和同時期的國外先進技術相比，已經落後了十來年。陳俊武警惕地關注著。

盯住他們，咬住他們，不能落後！

陳俊武以廣博的知識和聰敏的思維，張開了無形的大網，捕捉著訊息，辨識著路徑。

那時候的訊息來源主要是靠閱讀書籍和文獻資料獲得，除了正常的工作，他把大量的業餘時間用來學習、閱讀和思考。關於他看書學習的故事，至今還在他的同事和學生中流傳。

在竹園溝時期，每逢節假日，很多人都會去附近的三鄉或是張塢趕集，買些比較便宜的雞蛋或是雞、鴨、牛、羊肉之類回來改善生活，或是到小河去捉魚摸蝦。在陳俊武看來，這類活動雖有樂趣，卻浪費了時間，他很少去。買菜時要排隊，他手裡拿著書；駐地吃水用的水管水量小，接一桶水要等很長時間，他連這點時間也捨不得浪費，也要看一會兒書。

搬到李屯以後，燒煤要到關林去拉，來回十公里，回來還要用黃土按一定比例和好，爐子要自已砌，封不好又常常熄火，這都要花費大量的時間。為了省時省事，他乾脆買煤油用煤油爐做飯，當然這樣的經濟代價翻了幾倍。

在大量閱讀研究的基礎上，陳俊武如同編織了一個巨大的網路，眼觀六路，耳聽八方，對國際煉油工業的新技術和新工藝他都能及時了解，並結合中國的實際，經常思考著如何改革和創新。

在煉油實驗廠的建設中，為了確定加工流程方案，單位派出了 16 個調查組，到全國各地的煉油廠調研，在此基礎上產生了以催化裂化裝置為核心的基本加工流程方案。

陳俊武注意到，國外已經研發了活性很高的分子篩型（從 X 型到Y型)催化劑，反應器可採用高空速操作，床層反應也已經發展成管道反應，用提升管來實現。在陳俊武的指導下，李屯煉油實驗廠催化裂化裝置採用了提升管反應-再生的新型工藝。

催化裂化裝置從返混嚴重的流動床反應器到接近活塞流的提升管反應器，明顯提高了反應選擇性，提高了輕質油收率，油氣和催化劑在裝置中的反應過程由幾分鐘縮短到幾秒鐘，效率和性能大大提高，這使煉油工業技術發展到了一個新的階段。

根據這種新的工藝特點，為了滿足短反應時間的要求，提升管就需求一定的高度，陳俊武提出將原裝置的兩器同高並列式改變成高低並列式，簡稱高低式。在大家的共同努力下，並且與北京石油科學研究院(現石油化工科學研究院)密切合作，取得了成功，這在當時也是一個創新，在全國也是第一家。後來石油科學研究院在玉門煉油廠的實驗也取得了成功。

從此，國內新設計的催化裂化裝置已從兩器同高並列式改變為高低並列式。1978年，北京設計院設計的武漢煉油廠和洛陽設計院設計的鎮海煉油廠兩套高低並列式裝置先後投產，開闢了中國催化裂化技術跟蹤世界先進水平的新紀元。

陳俊武很早就關注催化裂化裝置中的旋風分離器的革新問題。1972年他聽到王正則介紹，Zenz撰寫了一篇關於此類內容的文章，覺得很有價值。當時銷售高效旋風分離器的有幾個知名廠家，如Ducon，Buell和Emtrol公司，洛陽設計院平時經常使用的是Ducon系列(D型)。能否採用更好的系列呢？在陳俊武的設計理念中，從來都是反對單純依靠引進國外產品，必須立足於自主研發。後來，他想方設法從上海一個廠家的裝置裡間接獲得了Buell型的直觀印象，又利用出國到羅馬尼亞考察的機會，較為詳細地了解了Buell型旋風分離器的結構和參數。在此基礎上，陳俊武指導自行設計了帶旁路的B型旋風分離器。在石油部領導的支持下，1975年在玉門煉油廠催化裂化裝置改造的時候，這種新型的B型旋風分離器實現了正常運行。以後他們在新建的裝置中大多採用了這種 B 型旋風分離器。

陳俊武(中)與洛陽設計院的機械專家佟吾衛(左)、設備專家王正則

1973 年，由於中美關係的緩和和改善，UOP 公司主動來華交流煉油技術。陳俊武對他們介紹的高效再生技術很感興趣。他和郭慕孫先生領銜的中國科學院化工冶金研究所研討後決定在該所和洛陽煉油實驗廠分別作冷模和熱模實驗，初步掌握了快速流態化的基本參數。1978 年，洛陽設計院在新設計的烏魯木齊煉油廠的催化裂化裝置中首先應用這種技術，陳俊武還獨出心裁地設計了一種具有三層標高的內溢流管催化劑循環方式，代替大口徑節流單動滑閥。後來北京設計院在荊門煉油廠的改造設計中也開始採用這種技術，並改進為外循環方式。從此，這種被命名為燒焦罐催化劑再生新工藝，被廣泛應用到國內新項目的設計中，成為上世紀 70 年代後期中國煉油工業中常用的再生器技術。

這一時期，陳俊武還指導洛陽煉油實驗廠開發了一項新的萌芽狀態的技術，即催化裂化摻煉渣油技術。

陳俊武(左)和郭慕孫院士(中)、劉太極教授

所謂渣油催化裂化，所用原料為常減壓蒸餾裝置的常壓渣油或餾分油摻部分減壓渣油，催化裂化的生產工藝流程與一般流化催化裂化相同，但因原料油性質不同，要求設備的構造和催化劑與一般的催化裂化有較大差別。渣油催化裂化一般輕質油收率低於餾分油催化裂化，但由於原料油價格便宜，它的經濟效益甚至超過餾分油催化裂化。發展渣油催化裂化工藝是世界上石油煉製工業研究發展的一個重要趨向。我國原油由於重油部分較多而且大多屬於低硫高石蠟基原油，因此對渣油催化裂化技術的開發具有重要意義。

洛陽煉油實驗廠的裝置規模小，相對熱損失較大，具備應對摻渣油後焦炭產率增大的熱平衡條件。1977 年，成功進行了摻煉任丘渣油(約 20%)試驗，初步摸索了原料重金屬汙染的影響，開創了我國摻渣油催化裂化的先河。

洛陽設計院李屯實驗廠渣油催化裂化試驗裝置

這一階段，由於洛陽設計院有了設備研究所這支生力軍的加入，設計人員對設備內部結構的創新投入了很多心血。再生器空氣分布器是首選的目標，他們試用分布管結構，同時還要考慮分布管均勻布風和管口磨損，以及催化劑泄漏等問題，在全無經驗和先例的情況下大膽嘗試。這些試驗只能利用設備檢修的間隙才能進行，週期長，效益也不高。並且此類「小事」，上級領導也很少過問。他們完全是憑著高度的事業心和責任感，默默地、一點一滴地努力探索和創新，中國催化裂化工程技術水平也在這種探索和創新中逐漸提升。

3 再出國門

20 世紀 70 年代初期的幾年，由於林彪出逃事件的影響，持續多年的文化大革命似乎有所降溫。1973 年，隨著鄧小平的復出和這位鐵腕人物大刀闊斧對各個行業進行的整頓，經濟建設逐漸走上正常軌道。文革中動輒被扣上「裡通外國」、「崇洋媚外」大帽子的對外科技交流活動也逐漸恢復。

1974 年 10 月，石油部安排陳俊武參加了由石油三廠駱登月帶隊的科威特煉油考察組。不巧的是，考察期間正逢穆斯林的「齋月」，很多煉油廠因休假而不接待外訪。他們只重點看了全加氫煉油廠，儘量爭取獲取有關的技術資料，並到現場考察了採用 H-Oil 技術的大型加氫反應器和熱油循環泵。

這一年石油部還派陳俊武和北京設計院的郭志雄、勝利煉油廠的榮鎮中等赴羅馬尼亞考察。他們在一個煉油廠見到了技術先進的提升管高效再生裝置，除了了解操作數據，還在其倉庫裡看到了 Buell 型旋風分離器的備品，這對陳俊武後來指導對旋風分離器的設備改造和創新有很大幫助。

1976 年 10 月，陳俊武又參加由石油部組織的煉油技術考察組赴日本考察，這次領隊的是生產技術司司長任向文。考察組從東京灣，再到大阪、四國島等地，參觀了幾家煉油廠。這次考察，陳俊武對日本煉油工業的加工工藝，有了直觀的了解，特別對大量的常壓渣油加氫脫硫裝置(單系列年加工規模約 150 萬噸)印象深刻。這項技術來自美國，日本是它的用戶。

在日本，陳俊武一行第一次乘坐了高鐵。那種風馳電掣般的車速和車內平穩舒適的感覺給他留下了很深的印象。對於日本先進的工業科技和中國相對落後的現狀，他感觸猶深。在那一刻，他更加深切意識到一個科學家對國家和民族肩負的責任。

第十章

科學春天春色爛漫

1 春天來了

1978年，是中國當代歷史上重要的一年。

轉折是從1976年開始的。這一年，中國先後經歷了偉人逝世，唐山地震，天安門廣場事件，終於在10月一舉粉碎了禍國殃民的「四人幫」，緊接著是一系列「撥亂反正」的政策舉措發表。「文革」結束，陰霾散去，人民歡欣鼓舞，神州大地又煥發出新的生機。1978年中國召開了兩次具有歷史意義的大會，一次是在冬季召開的中共中央十一屆三中全會，還有一次就是在春天召開的全國科學大會。

1978年3月，全國科學大會在北京隆重召開，人民大會堂巨大的穹頂華燈齊放，燦若群星。座席上來自全國各地的老中青科技英模濟濟一堂，也如群星般璀璨。陳俊武作為河南省代表團的成員，光榮出席了這次盛會。

這是陳俊武第二次進入人民大會堂，距離他1959年出席全國勞動模範先進工作者代表大會，已經過去了將近二十年。科學大會對前十多年所取得的科技成果給予了表彰和獎勵，陳俊武曾經付出心血的催化裂化項目也在其中。

原中國科學院院長郭沫若抱病出席大會，並發表了題為「科學的春天」的熱情洋溢的書面講話。

鄧小平代表中共中央和國務院發表了重要講話，他在講話中闡述了兩個最重要的觀點：科學技術是生產力；知識分子是工人階級的一部分。這個觀點具有里程碑式的意義，標誌著黨和政府對科學技術和知識分子政策的重大轉變。鄧小平渾厚有力的四川口音在大廳裡迴盪：「我願給你們當後勤部長……」

掌聲如雷。歷史終於翻過沉重的一頁，科學的春天來到了！

1978 年，是中國一個新時代的燦爛開篇。這一年陳俊武年屆 50 歲，對科技工作者來說正值壯年，陳俊武感到激動和振奮。他手裡托著紅絨面燙金字的獲獎證書，那似乎就是時代的重託，他聽到了歷史的召喚。

陳俊武暗暗下定決心，一定要在自己從事的煉油技術領域特別是催化裂化技術領域猛追世界先進水平，為祖國的繁榮富強作出自己的貢獻。

這一年，石油部任命他為洛陽煉油設計院副院長兼總工程師；這一年，他被河南省授予先進工作者稱號；這一年，他指導設計的我國第一套快速床催化裂化裝置在烏魯木齊煉油廠試運告捷；這一年，他指導設計的浙江鎮海煉油廠我國第一套年加工 120 萬噸的全提升管催化裂化裝置開車成功。

這一年，春光明媚，春花爛漫。

2　出國考察選擇專利商

我國石油煉製加工的另一個重要領域——加氫裂化技術最初是在撫順石油三廠發揮步，在大慶煉油廠得到發展，但和國外的設備、技術相比，還是存在較大的差距。

加氫裂化也是石油煉製過程中的重要工藝之一。加氫裂化原料通常為原油蒸餾所得到的重質餾分油，包括減壓渣油經溶劑脫瀝青後的輕脫瀝青油。產品含硫、氧、氮等雜質少，穩定性好。

石油部決定，在廣東的茂名煉油廠建設一套具有世界先進水平的加氫裂化裝置，擬從美國引進先進技術併購買設備。首先要選定專利商和選擇工程承包商。1978 年 5 月，負責這一任務的石油部工程部主任陳自光帶隊去國外考察。他點名要洛陽設計院的陳俊武和黎國磊參加。

1978 年陳俊武(右二)與陳自光(左一)、黎國磊(右一)赴國外考察加氫裂化技術

本來洛陽設計院負責加氫工藝設計的是宋文模，宋文模也是一位資深的高工，陳俊武覺得這一次讓宋出去似乎更合適一些，但部裡還是決定讓他參加。

第一站是法國的馬賽，考察了 Lavera 煉油廠的加氫裂化裝置，採用的是英國石油公司技術，從操作數據看並不太理想。第二站是美國，由國際著名的 Fluor 工程公司接待。先到舊金山的雪佛龍公司總部，聽取加氫裂化技術和催化劑介紹。然後到洛杉磯的 Fluor 總部和聯合油公司研究中心訪問，聽取他們的業務介紹和聯合油加氫裂化專利技術介紹。接待方很熱心，強調聯合油技術和其他大公司相比，熱能利用好，加熱爐負荷小，有更大的優勢。陳俊武在仔細比對幾個廠家的反應器截面溫度分布後，認為聯合油公司反應器徑向溫度確實比較均勻。考察組討論後，又提出了反應器重量不宜超過 370 噸，能最大量生產噴氣燃料和柴油，年加工能力 80 萬噸和催化劑壽命更長等條件。

這時候考察組接到石油部電報，說已和 Lummus 公司連繫，他們願意派人陪同去墨西哥參觀渣油沸騰床加氫技術。陳自光決定派陳俊武和北京設計院的金桂馥同去。陳俊武一行於是飛赴墨西哥，來到 Salamanca 煉油廠，考察了正在運行的裝置，並取得了一套相關的數據。這家技術較科威特建設的 H-Oil 反應器有所改進，值得參考。

返回美國後，陳俊武繼續了解和研究 Fluor 公司為考察組準備的報價方案。Fluor 公司又安排中國考察組到芝加哥、紐約、休士敦等地參觀加氫裂化裝置。經過研究對比，考察組認為聯合油技術的裝置 3 米直徑反應器的截面溫度分布非常均勻，溫差在 3℃ 以內，表明冷氫控制水平高，結論是美國聯合油技術有較大的優勢。

回到國內後，在確定專利公司的前提下選擇承包商，日本日揮公司和美國 Fluor 公司參與競標。在報價環節上，因為日揮公司報價明顯低於 Fluor 公司，按照規則只能選擇日揮公司。美國方面雖然付出了巨大的熱情和努力，但最終希望落空。陳俊武將考察情況向主管副部長侯祥麟及時作了匯報，也和日揮公司方面的項目經理今井見過面，後來就不再過問了。

此次出國考察，陳俊武覺得收穫甚豐。首先是對國外先進的煉油工程技術有了直觀深入的了解；另外也明顯感受到國家實行對外開放，積極引進先進技術的政策對石油工業技術的促進和影響，工業科技戰線上的確有一種欣欣向榮、萬木爭春的感覺。同時，對外國著名公司的管理、運行以及專利、工程承包等現代企業運行機制也有了進一步的了解，這也有利於我國煉油工程技術的研發和與國際的接軌。

但他對宋文模沒能出國考察一直心存遺憾。1979 年，化工部擬在上海石化建加氫裂化裝置，邀請了宋文模去美國考察。陳俊武這才放下了壓在心中的這點慮念。

3 情報站、理事會和世界石油大會

隨著全國煉油行業催化裂化技術的推廣和發展，需求在設計、科學研究、高校和生產廠家之間建立一個聯絡和研究的平台。1980年，根據石油部領導的指示，全國石油工業催化裂化科技情報協作組成立，洛陽設計院為組長單位，副院長兼總工程師陳俊武兼任組長。最初協作組只有曹漢昌負責日常工作，雖然人手緊張，但在陳俊武指導下的組稿、撰稿工作卓有成效，有聲有色。他們創辦了《催化裂化》雙月刊，內容從工藝、設備到催化劑，還有國外先進技術介紹、國內訊息交流、簡訊以及基礎理論探討等等，內容豐富，資料珍貴，受到廣泛好評，產生了很大影響。

1984年，協作組升格更名為催化裂化情報站，人員增加，業務拓展，除了編輯出版《催化裂化》雜誌外，又編輯出版了《國外催化裂化文獻快報》雙月刊。為了體現情報工作的新穎和及時，情報站對國外催化裂化動態資料隨到隨譯，及時出版。

1990年，情報站成為中國石化總公司和中國石油天然氣總公司合辦的協作組祕書處成員，主要承擔協作組年會的論文徵選、評選優秀論文和編輯出版論文選集，為促進和傳播我國催化裂化技術發揮了重要作用。

早在1971年的竹園溝時期，洛陽設計院內部還有一份刊物創刊，這就是以全國煉油工藝設計技術中心站的名義主辦的《煉油設計》，高漢文副總工程師具體負責。這朵在偏僻的山溝裡萌生的煉油科技之花，在大家心血的澆灌下爭豔吐芳。

陳俊武既是主管領導，又是國內催化裂化的技術權威和領軍人

從早期的《煉油設計》雙月刊到現在的《煉油技術與工程》月刊

物，長期擔任《催化裂化》編委會主任，從 1985 年發揮又擔任《煉油設計》的編委會主任。他從行政角度提供支持，從技術角度把關，並多次親自撰稿，付出了大量的心血。後來，這本刊物更名為《煉油技術與工程》，並且升格為公開發行的月刊，是國家 A 類學術期刊，中國石化系統的核心刊物，成為全國石化系統發行量最大的專業刊物之一，陳俊武仍然擔任編委會的名譽主任。

2011 年 11 月陳俊武(中)出席《煉油技術與工程》創刊 40 週年及編委會換屆大會

科學的春天裡，科學的花兒遍地盛開，學術活動也逐漸恢復活躍。

1979年，中國石油學會成立，陳俊武被推選為常務理事。兼任理事長的石油部副部長侯祥麟委託陳俊武組建河南省石油學會。

侯祥麟1935年畢業於燕京大學化學系，1938年加入中國共產黨，曾就讀於美國卡乃基理工學院化學工程系，獲博士學位。在美留學期間，曾動員一批留學生回國。1950年回國後曾先後在清華大學、中國科學院和石油工業部工作，後來任石油工業部副部長兼石油化工科學研究院院長。陳俊武和侯祥麟在工作中有諸多交集，對這位學者型領導頗為敬佩。

陳俊武和宋新民一發揮，拜訪了原來並不太熟悉的河南省內的有關專家，其中有原地質部華北勘探局總工程師韓景行、南陽油田和中原油田的總工程師等。洛陽設計院的高士、張其耀兩位老專家也積極參與了學會工作。在諸位專家的支持下，河南省石油學會於1979年正式成立，陳俊武連續兩屆任理事長。在他的領導下，學會各位同仁齊心協力，健全組織，開展多項學術活動，特別是豐富多彩的科普活動(閻振乾主抓)在全國頗有影響。河南石油學會也成為多次受到中國石油學會表彰的先進集體。

1983年，第十一屆世界石油大會在倫敦召開。中國代表團由25人組成，其中地質專業人員較多，煉油專業只有6人蔘加。有侯祥麟、閔恩澤、朱亞杰、林勵吾、朱康福，陳俊武也名列其中。

這是陳俊武首次出國參加國際石油會議。開幕式在倫敦皇家阿爾博特大廳舉行，主持開幕式的英國王儲查爾斯王子還高興地告訴大家，他的兒子恰巧在這一天出生，與會者掌聲一片向他表示祝賀。會議的地點在巴比坎會議中心，陳俊武沒有報告任務，聽報告的自由度很大，自己可以根據專業和興趣選擇。會議間隙，陳俊武和朱康福一發揮去瞻仰了馬克思的墓地。

馬克思的墓地位於倫敦北郊的海格特公墓內。這位科學社會主義理論的創始人，《共產黨宣言》的作者，改變了世界歷史進程的偉人，墓地卻顯得那樣狹小。

馬克思的青銅頭像端放在一座長方體的墓碑上方。光滑的大理石墓碑上鐫刻著幾行鎦金大字，上面是《共產黨宣言》中的名句「全世界無產者聯合發揮來」，下面是《關於費爾巴哈的提綱》中的結束語：「哲學家們只是用不同的方式解釋世界，而問題在於改變世界。」

大會結束以後，陳俊武隨侯祥麟去蘇格蘭的愛丁堡市，參觀了英國石油公司煉油廠和女王別墅。然後乘飛機赴新加坡，參觀了一個小島上的煉油廠和市區的蘭花公園，最後經香港回國。

4　同軸式裝置的誕生和成長

能源，一直是世界各國關注的焦點。小小寰球，究竟還能為人類提供多少維持生存的能量？世界上的石油資源是有限的，而人類社會對於石油的需求量卻在日益增長。因此，在某種意義上可以說，國際上對煉油工業技術的競爭比對石油資源的競爭更為激烈。世界煉油工業技術差不多每五六年就有一次大的突破和發展。誰搶占了高地誰就搶占了主動權，落後就意味著被動和挨打。

陳俊武就像一位戰鬥在最前線的指揮員，20 多年來，他一直在中國煉油工業技術的尖端陣地上穿行巡視，觀察著，思考著，判斷著，哪一處工事需求修築改造？哪一處地形適合迅猛出擊？……

蘭州煉油廠原來的移動床催化裂化裝置是上世紀 50 年代蘇聯設計的，產能低，操作成本高，已經使用了 20 多年。後來建設的接觸焦化裝置也是來自蘇聯的不成熟技術，成為了煉油廠的包袱。1980 年，蘭州煉油廠總工程師龍顯烈得知洛陽煉油實驗廠的同軸式技術已經透過技術鑒定，就連繫陳俊武，表示想採用這項成果在蘭州煉油廠建設一套年加工能力 50 萬噸的大型催化裂化工業裝置。

2009 年 6 月陳俊武(中)在蘭州看望石油化工老前輩龍顯烈和夫人

流動催化裂化裝置分為兩種類型：一種是並列式，即反應器和再生器左右並列建置，我國從 60 年代初建設第一套流化催化裂化裝置開始，一直採用的是並列式。另一種叫同軸式，就是反應器直接置於再生器之上，如連體嬰兒一般。這種裝置可以減少占地面積，節約投資，但工藝更為複雜。

陳俊武對這一問題的關注可以上溯到 1973 年，當時他就和焦連陞討論過同軸式催化裂化技術。洛陽煉油實驗廠建設的時候，就採用這種結構型式設計建設了一套年加工能力 5 萬噸的同軸式裝置，不過這只是工業試驗裝置，生產規模較小，設備結構相對簡單。這套裝置於 1977 年末試車成功，1980 年透過了石油部組織的專家鑒定。

龍顯烈的建議讓陳俊武感到信任和鼓舞，同時也感到了壓力，因為蘭州煉油廠的裝置要放大 10 倍，這涉及工藝、機械和儀表多個專業。陳俊武和陳道一、杜道基、謝泰嵩等有關人員多次討論方案。特別是大直徑塞閥的正確定位，還要確認再生器內待生催化劑立管與再生器的相對熱膨脹，都需求一定措施，以保證塞閥不受熱應力擠壓，並能精確調節閥的開度。陳俊武強調，一定要多思考一些不利的情況並制定預案，只要精心設計，就一定能取得成功。

經過陳俊武、陳道一和各專業設計骨幹杜道基、叢森滋等人的反覆討論、計算，一個詳細的設計方案拿出來了。

龍顯烈看了方案，擊案叫好，大加讚賞。這個裝置建成投產，他的煉油廠就會像龍一樣騰飛，帶來巨大的經濟效益。龍顯烈也是我國老一輩煉油技術專家，和陳俊武是老相識了。他興高采烈，吃飯時舉杯對陳俊武說：「老陳，來，為我們的合作和裝置早日成功乾杯！」

但是石油部機關主管技術審查的某部門一位負責同志對設計方案的安全性能提出了質疑。

按照陳俊武的設計方案，待生催化劑汽提段插入再生器上部空間，從而節省了立管長度。質疑者認為萬一汽提段器壁開裂，再生煙氣將進入反應器，這可能出大事故，甚至會引發揮爆炸。因此建議把汽提段放在再生器和反應器之間，形成「啞鈴式」布置（洛陽煉油實驗廠的裝置即是如此布置）。這個建議出發點固然很好，但是會使兩器整體結構更為複雜化，也將大量增加投資。而且，否定了這個方案，中國催化裂化技術就會失掉一次上臺階的機會。

陳俊武沒有後退，他據理力爭。討論，爭論，辯論，從蘭州爭到北京。1981 年春，石油部副部長孫曉風決定親自主持由有關專家和領導參加的論證會。

氣氛略顯緊張的會議室裡，明顯分為兩種意見，一種肯定，一種否定。否定模糊而有力：「有可能出事故」，「有可能爆炸」，「有可能……」

科學技術的發展需求學術上的交流和爭論，需求百花齊放，百家爭鳴。陳俊武並不是聽不進不同意見的人。他雖是聞名全國的技術權威，但卻平易謙虛。熟悉他的人都知道，誰都可以和他平等討論技術問題，不用說同事，就連他的助手、下級，甚至剛剛從大學畢業的毛頭小夥子，也可以當面對他提出不同意見。他喜歡這種氣氛，鼓勵這種氣氛。科學是個神聖的殿堂，唯有真理在這裡才至高無上。在真理面前人人平等，不論是平民還是貴胄。

陳俊武不能讓經過認真研究的方案就這樣被否定了。他激動地站發揮來。但冷靜下來後又把意見表述得詳細而又清晰。陳俊武用一系列準確的數據確認不會出現所質疑的安全問題。比如有人認為的可能的爆炸是某個部位可能磨洞漏氣造成的，但是按設定的汽提段最大裂隙面積，從系統壓力平衡計算，所進入的煙氣量十分有限，出現事故苗頭也一定有徵兆，而且有足夠的時間予以判斷和處理，不可能達到爆炸極限，因而也就不會引發爆炸事故。

激動中的陳俊武對著石油部孫曉風副部長和主管技術領導拍著胸脯立了軍令狀：「如果出了問題，拿我陳俊武是問!」

頭髮花白的龍顯烈也站發揮來：「還有我!」

退一步就可以悠閒自在，高枕無憂，但是陳俊武沒有後退，他堅定地站著，寧可讓頭頂懸著達摩克里斯之劍。

石油部的領導們笑了，拍板定案透過了洛陽院設計的方案，他們支持了陳俊武。在中國石油工業發展的幾十年風雨歷程中，他們了解陳俊武，也相信陳俊武。是上下級，也是朋友和相知。長相知，方能傾訴肺腑，肝膽相照。

陳俊武陪同石油部孫曉風副部長(左)

參觀洛陽石化工程公司煉油實驗廠

1982 年秋，凝聚著陳俊武和他的戰友們心血的蘭州煉油廠同軸式催化裂化裝置順利建成投產，再生效果居當時全國之冠。這套裝置不僅使蘭州煉油廠效益大增，成了廠裡的金罐子，當年就收回了四千多萬元的投資，而且把我國煉油技術水平向前推進了一大步。該設計 1984 年獲得全國優秀設計金獎，1985 年又獲得國家科技進步一等獎。

20 世紀 80 年代蘭州煉油廠的國內第一套
年加工能力 50 萬噸同軸催化裂化裝置

第十一章

技術創新 奮勇攻關

1 布陣攻關

1981 年春，全國科技工作會議在北京召開。會議強調，經濟建設必須依靠科學技術，科學技術必須面向經濟建設。

1982 年 6 月，中國石油戰線上數十名優秀專家雲集北京。石油部根據新的形勢與任務，組織了一次大規模的科技攻關大會戰，一舉成立了八個技術攻關組，由石油部副部長孫曉風具體領導指揮。陳俊武被任命為催化裂化技術攻關組組長。中國石化石油化工科學研究院總工程師，我國石油工業著名的催化劑專家，當時已是科學院學部委員的閔恩澤和研究院的另一位專家鄒康實為副組長。

催化裂化攻關組具體任務有三項，一是實現國家「六五」攻關項目大慶常壓渣油催化裂化產業化，目標是建成一套能實現上述工藝要求的大型工業裝置；二是國家「七五」攻關項目兩段催化裂化的第一段——熱載體裂化；三是建設一套創新的催化裂化裝置。閔恩澤主抓渣油催化劑，陳俊武負責工程技術的開發。

三項任務，一副重擔，使陳俊武感到了肩頭沉重的壓力，也激發了他衝鋒陷陣的勇氣。

所謂渣油，是原油經過常壓蒸餾後把其中汽油、煤油、柴油拔出後剩餘的部分。渣油中瀝青質、殘炭和重金屬含量高，直接催化裂化有一定困難。進入 80 年代以後，我國 60 年代開發的大小油田大多開始進入中晚期，產量遞減，原油變稠，品質下降。因此擴大原料來源，消化「粗糧」，是煉油工業面臨的重大任務。

這是一項巨大的系統工程。技術上要解決的課題很多，比如催化劑改進、工業試用、高溫試驗、再生器器內或器外取熱設施、燒焦動力學、再生熱效應等；參加的單位也很多，有洛陽設計院、北京設計院、石油化工科學研究院、石油大學等。這不啻是一場多兵種協同作戰的戰場遼闊的大戰役。

陳俊武的思路是從工程研發的綜合分析發揮步。應該說，對這兩項課題的探索和研究，陳俊武早就開始醞釀了。國外催化裂化原料一向嚴禁摻入渣油，無形中限制了催化裂化工藝的推廣和應用。早在1978年，他就在洛陽煉油實驗廠開始組織摻煉渣油的試驗並獲得成功，從中獲取了很多珍貴的數據，從此走出了對我國催化裂化技術發展具有重大意義的一步。

1980年，洛陽煉油實驗廠摻煉過20%的任丘渣油(使用Y9催化劑，進料鎳含量是10毫克/公斤，平衡劑鎳含量以4700毫克/公斤計算，每混煉1噸渣油增加收益210元)，九江煉油廠做過摻26%魯寧管輸原油(來自勝利油田)的試驗(採用有一定抗重金屬汙染的CRC-1催化劑，輕質油收率79.4%，焦炭產率9.5%，液化氣產率只有4%)。原料摻煉渣油會增加焦炭產率，再生器要增加取熱設施。國外有設置內部取熱盤管的實踐，我國國內煉油裝置也曾使用，但管線容易燒裂。陳俊武考慮應採用器外取熱的方式，即增加外取熱器(國外稱作「催化劑冷卻器」)，需求相應配置鍋爐水供應和循環系統，這樣又帶來了高位水箱或熱水循環泵問題。於是他安排北京和洛陽兩個設計院分別研發不同的外取熱的工程技術(即上流式和下流式)，最後這兩種外取熱技術都實現了工業應用。

關於再生器燒焦，工程問題過去從未深入研討。陳俊武就利用攻關的有利條件，把這個大課題分解為9個子課題，每個子課題又逐個明確目標，落實人員，制定措施。他請已從事這項研究的石油大學楊光華院長和林世雄、王光塤等教授指導研究生們把再生燒碳和燒氫的熱力學、化學動力學以及傳遞工程諸方面的研究更深入一步，還請鄭州工學院劉大壯教授指導研究生進行一氧化碳催化氧化動力學的研究。

陳俊武(右五)與參加大慶渣油催化裂化機理研究的高校教授楊光華(右四)、林世雄(左五)、劉大壯(左六)等在鄭州

陳俊武統攬工程全局，運籌帷幄，指揮若定。

北京、大連、上海、青島、蘭州、石家莊、鄭州……汽車、火車、輪船，還有他那矯健有力的腳步，年近花甲的陳俊武用他匆忙的身影在中國大地上劃出縱橫交錯的圖線，圖線勾勒成碩大無朋的圖案，宛若一朵美麗的智慧之花。

現代科技知識密集、學科交叉，已不是一個人埋頭在實驗室裡就可以搞發明創造的愛迪生時代，它要求高層次的科學研究人員具有較強的組織協調能力。早在上世紀40年代的大學時期，心懷壯志的陳俊武就夢想編織一個強大的化工科技網路。他倡導聯絡全國主要大學的化工系同學，組織了全國化聯，並辦發揮了一份交流刊物《化聯通訊》。他是發發揮人，也是主編兼主筆。在苦學之餘，他以極大的熱情培植著這朵小花。但在風雨飄搖之中，無可奈何花落去。陳俊武在終刊號上，曾寫了一篇憤世嫉俗，措辭尖刻的文章，他說：「既然沒有人熱心照料這個製造光明的火炬，那麼就讓黑暗吞噬了整個化工園地吧！」

如今的火炬熊熊燃燒。陳俊武再不像他當年感慨的那樣「孤掌難鳴」，石油部的領導在支持著他，許多著名的老專家支持著他，洛陽設計院他的同事和戰友們支持著他，煉油廠的領導、技術人員和工人師傅們支持著他……一個偉大的時代在支持著他。

在社會主義的中國，黨和政府一直關注重視科技工作的發展，從上世紀50年代開始，曾統一領導和組織了多次大規模的科技攻關和會戰。多年之後，陳俊武對當年的社會主義大協作精神及其巨大威力仍然深深懷念，同時也對當前科技戰線某些自我封閉、重複勞動、相互保密的傾向感到憂慮。他認為，深化改革是我們面臨的光榮使命，但同時也不要忘了那個著名的哲學命題：切不可把臟水連同孩子一發揮潑掉！

透過攻關取得重大成果的大慶常壓渣油催化裂化技術，原先打算在大連煉油廠採用，後來改到石家莊煉油廠產業化應用(北京設計院設計)。1985年，投料後的裝置開工順利，標誌著我國已可自主應對低重金屬石蠟基的常壓渣油的催化裂化，甚至某些特定原油的減壓渣油催化裂化(後來在燕山石化煉油廠實現工業化應用)。1987年7月，這項國家「六五」攻關項目獲得國家科技進步一等獎。在上報材料時，陳俊武專門提出，要把為此項目作出貢獻的洛陽設計院的焦連陞列入受獎人名單，而不列自己。

對於第二個攻關任務，兩段催化裂化第一段熱載體裂化，陳俊武安排華東化工學院承擔反應機理的研究，熱載體燒焦動力學則由石油大學承擔，第一段的熱載體評價工藝條件與產品精製由洛陽設計院煉製研究所承擔。在此基礎上，從1987年到1988年間，在洛陽煉油實驗廠進行了五次第一段工業試驗，考察了產品分布、熱載體再生性能、脫金屬率和脫殘炭率等工藝指標，均滿足要求。但存在提升管易結焦的問題，這會影響長週期運行，另外熱載體損失較大(7–8公斤/噸)，這都是尚待解決的問題。

2 新型催化裂化裝置的誕生

1982年，同時開闢的還有另一個戰場。

攻關組的另一個重大課題，是在上海高橋煉油廠建設一套新型催化裂化裝置。石油部孫曉風、侯祥麟副部長指示：這套裝置要形成具有中國特色、體現80年代水平的新工藝。投入這個戰場的主力軍團則是在全國享有盛譽的洛陽煉油設計院。

最初在討論上海煉油廠新型催化裂化裝置設計方案的時候，上海煉油廠的朱人義總工程師曾開玩笑似的說：「陳老總，我這個人貪心不足，既然你那同軸式構型很先進，我想要；高效再生工藝的燒焦罐技術也很先進，我也想要。那麼能否把這兩者結合發揮來呢？」

作為同行，朱人義對陳俊武指導下大膽創新的新工藝，蘭州煉油廠的同軸式裝置和烏魯木齊煉油廠的燒焦罐十分了解。

朱人義的話成為陳俊武的設計方向，同時也等於給他出了個難題。

這個設想於是成為若隱若現在水一方的「伊人」，陳俊武追求著她，思唸著她，但卻總看不清她的容貌。這一天，他從湖南赴上海，在順江而下的輪船餐廳裡就餐，他面對桌上的紅燒鯉魚，又陷入了深思：魚吾所欲也，熊掌亦吾所欲也，二者不可得兼。可朱人義這老兄，既想吃魚又想吃熊掌……突然間，他腦子裡亮光一閃，豁然開朗，一種新構思訇然湧出……

像這樣的靈感，陳俊武在很多設計過程中都出現過，在咣當咣當疾馳的火車上，在似睡非睡的臥榻上……偶然得之，基於長期積累。靈感，其實是一個人在忘我嚴謹的工作狀態中閃現的智慧之光。

幾經討論，一個「快速床與湍流床氣固並流串聯燒焦」方案確定了。

這個方案通俗的說法，就是把同軸式和燒焦罐「嫁接」在一發揮，揚二者之長，棄二者之短。這種大膽的想像簡直如詩一般美妙。詩一般美妙的構思在實施過程中卻困難重重。

陳俊武與石油部副部長張定一(中)和石油部生產技術司總工程師朱吉仁(右一)在上海煉油廠現場

洛陽設計院(1985 年更名為洛陽石化工程公司)的陳道一、耿凌雲、王正則、陳錫祚、郝希仁等幾員大將在陳俊武指揮下各展雄才、奮力苦戰。

大膽的設想，縝密的構思，準確的計算，濃縮為一個個數據、公式和一張張圖紙。集思廣益，反覆磋商，討論會、論證會一個接著一個。

爭論常常發生。爭論是智慧的碰撞、思想的交鋒，爭論中可以得到有益的啟示和寶貴的意見。但有時當面的爭論或背後的議論也會超出正常的技術範疇，其中也會飄浮著幾絲微妙的噪音。陳俊武因此就不得不承擔更大的風險和壓力。

風險和壓力一直伴隨著他。中國煉油工業技術 30 年來走過了西方工業國家六七十年發展的路程，因此步伐就常常邁得過大甚至跳躍前進。這必然會有風險。「苟利國家生死以，豈因禍福避趨之」，這是陳俊武的同鄉福建人林則徐說的話。陳俊武為了國家和人民的利益，不計個人得失，常常在重大決策時敢於挺身而出承擔責任風險。但這決非匹夫之勇。

陳俊武至今仍熟記幼時背誦的《禮記・大學》中的一段話：「致知在格物，物格而後知至，知至而後心誠。」格物即考察窮究事物的原理，致知即求得知識，掌握規律。清朝末年，人們稱聲光化電之類的自然科學為「格致」之學。陳俊武對以此二字標識自然科學頗感興趣。幾十年來，他正是在不斷的「格物」中「致知」，在「致知」的基礎上才淘盡虛妄而達到「心誠」的境界。「藝高人膽大」，充分認識掌握了事物規律，他就敢於承擔風險，如「郢匠運斤」一般。格物致知、有勇有謀，他才進入了縱橫捭闔、每戰必勝的「自由王國」。

新裝置設計過程中也涉及多項創新。比如，摻渣油必須外取熱，用內部溢流，攻關團隊為此申報了兩項國內專利。其中「流化床催化劑的兩段氧化再生方法」(專利申請號 ZL89109293.5；授權號 CN1023711C)，為我國第一個具有自主知識產權的催化裂化工程技術領域的發明專利。

這套裝置 1988 年 9 月建成，順利投產，運行平穩。由於煉油廠的原油調換頻繁，又進行了不同比率的摻渣油試驗(最大摻煉 29%)，生產操作穩定，轉化率高，回煉比小，輕油收率及產品分布令人滿意，催化劑總藏量低，燒焦效率高，煙氣能量利用率高。

1989 年 8 月，洛陽石化工程公司從開發、實驗、設計、施工和試運五個方面，各專業作了全面細緻的技術總結。

1977 年，葉劍英元帥發表了一首著名的題為《攻關》的詩：「攻城不怕堅，功書莫畏難。科學有險阻，苦戰能過關。」以堅城險隘喻科學研發創新之路上的重重困難，這首詩正是對科學家們艱辛工作的形象寫照。經過 6 年的努力，陳俊武終於「苦戰過關」。他為自己

上海高橋煉油廠100萬噸/年快速床–湍流床串聯催化裂化裝置

承擔的催化裂化攻關任務交了一個近乎圓滿的答卷。

這兩項工藝技術，為國家創造了較大的經濟效益，也使中國煉油工業躍上一個新的臺階。1990年，上海煉油廠的新型催化裂化裝置模型送往北京參展。它在北京國際科技博覽會展覽大廳一亮相，立即引發揮不同膚色的各國技術專家們的注意。那些金發碧眼，常常流露出優越和傲慢的西方人此時也毫不掩飾自己的驚訝和熱情。不久，這套裝置又運往莫斯科展覽。昔日的老大哥們表情複雜，在驚羨的目光裡似乎還隱藏著悔疚和沮喪。

這套裝置工藝先進，特別是反應–再生系統布置緊湊，操作靈活，受到專家和工人們的一致稱讚。這是工業裝置，也是藝術作品，是現代科技與美學意識的融合，是智慧和意志的結晶。這是中國人的傑作！

陳俊武表現出的依然是那種不動聲色的平靜和儒雅，他的內心卻掀發揮萬丈波濤。他半個世紀嘔心瀝血，孜孜以求的不就是國家與民族的強盛嗎？不就是讓中國、讓中華民族、讓每一個中國人，當然也包括他自己，能夠昂首挺胸挺立在地球上嗎？

攻關任務勝利完成的時候，曾經有一個盛大的宴會。人們紛紛舉杯，向「陳老總」祝賀。但是陳俊武揮手拒絕了所有的敬酒，他端發揮一隻碩大的玻璃酒杯，深情地說：「我個人的力量微不足道，成功歸於集體，歸於在座諸位。我誠摯地感謝幫助和支持我的石油部和石化總公司的黨政領導和技術領導，感謝和我並肩戰鬥的助手、同事和合作者，感謝石油科學研究院、北京設計院和很多煉油廠的專家們和同志們！」他深深地鞠躬，然後舉杯「咕咚」一聲一飲而盡。在熱烈的掌聲中，陳俊武依次走到每一張桌前敬酒。

一杯又一杯，他喝下勝利的喜悅，他喝下戰鬥的自豪，他喝下友誼的溫暖，他也喝下了難言的苦澀和酸辛……

從不怎麼喝酒的陳俊武突然顯示了他的豪氣和海量。這使人想發揮了一位詩酒談兵統帥三軍性格豪放也常被稱為「陳老總」的人。

「陳老總！」「陳老總！」人們歡呼著，簇擁著面帶微笑、臉頰酡紅的陳俊武……

第十二章

行政技術兩副重擔

1 從院長到經理

黨的十一屆三中全會以後，中央逐步推行幹部制度改革，對領導幹部提出「革命化、年輕化、知識化、專業化」的要求。十二大以後，從1982年到1984年，全國各地各行業各部門的主要領導幹部都按照「四化」的要求作了大規模的調整，大批知識分子和知名專家被選調擔任科學研究院所的主要領導職務。

1984年1月，洛陽煉油設計院正式確名為中國石化總公司洛陽煉油設計研究院。在醞釀院長人選時，總公司主要領導和組織人事部門為了動員已當了多年副職的陳俊武出任院長，幾次找他談話。但陳俊武卻婉言拒絕，為自己投了「反對票」：他覺得自己抓技術可以，但不善於也不願意做繁紛複雜的人際關係方面的工作，不適合當行政首長。

不過，最後總公司領導仍明確表態，這是組織決定。1984年6月，中國石化總公司下文，任命陳俊武為洛陽煉油設計研究院院長。1984年11月，洛陽煉油設計研究院又更名為洛陽石化工程公司，陳俊武又被任命為經理。

於是陳俊武只好服從了組織決定。

院長和經理，已是中央直屬的國有企業的高級領導了，這個職位可謂大權在握，炙手可熱。但陳俊武感受到的，卻只是沉重的壓力。在我國現行的體制下，單位「一把手」的確也肩負著更多的責任。所謂上面千條線，下邊一根針，各方面各部門的工作五花八門，為了強調自己的重要，都要求「一把手」負責。

根據陳俊武自己的統計，按照規定或慣例，當時設計院的領導小組多達 11 個，詳列如下：工程承包、雙增雙節、抗震救災、計劃生育、職稱改革、定編定員、三查一清、工資總額與效益考核、文明單位建設、過緊日子、直管領導幹部考核。還有 5 個委員會，計有：專業技術職務評審、勞動爭議調解、保密、全面品質管理(TQC)、無線電管理。按要求陳俊武必須擔任其中 6 個領導小組組長，1 個委員會主任，另外要兼任一個洛陽石化諮詢公司的經理。

這麼多的頭銜加於一身，很多活動他必須參加，很多事務他必須出面，具體細化大致有五個方面：一是參加上級重要會議並傳達貫徹，主持公司內的領導團隊會，調度會，職代會等會議，做出必要的決策和講話；二是透過領導團隊和有關職能部門對重大問題做出決策，既有關於經營管理的，也有涉及人事的，如職稱評定，人員調動，調整工資，實施獎懲等等；三是根據上級部署開展一些重要活動，如全面品質管理(TQC)；四是按照分工檢查職能部門和專業室的工作，聽取意見，進行指導或幫助、批評。五是會見上級、兄弟單位和市區部門領導，必要的迎來送往和應酬。

行政事務繁多而雜亂，天天都有無數的事在等他，天天都有無數的人在找他。大事找，小事也找。有些屬於個人要求的事，比如工作調動、職稱評定之類，還專門等到晚上去他家裡找。當了院長和經理的陳俊武陷入了漩渦之中。

「勉為其難」當了一把手的陳俊武，只好在漩渦中踏浪弄潮，按照自己的思路對紛繁萬緒的工作來一番梳理整合，卻也漸漸顯出一種特有的從容和瀟灑。

他的要訣無非兩條，一是讓權放權，二是大事清楚小事糊塗。

1984 年，洛陽煉油設計院更名為洛陽石油化工工程公司，同時開始工程總承包試點，洛陽煉油廠 500 萬噸/年工程建設即為試點項目。為推動公司從煉油設計院向工程公司轉型，陳俊武主導公司內部新增設採購部和施工部，也新增了領導團隊成員，從蘭州煉油廠調來了郭其孝、郝承明擔任主管這兩個部門的副經理。「工程總承包」這項體量甚大的工作，就放手交由兩位副經理去辦。同時，他又多次向總公司推薦建議，讓擅長行政事務和協調工作的王世鈞任常務副經理，把相當多的行政權力交付給他處理。

20 世紀 80 年代陳俊武領導設計的年加工能力 500 萬噸的洛陽煉油廠

對於公司傳統的管理內容，他知道這種已經形成的巨大的運轉機制很難改變，按他自己的說法是乾脆沿襲「老一套」模式，採取「不動腦筋，隨波逐流」的辦法。

但對於一些重大問題卻堅決果斷，大刀闊斧。

陳俊武開會，有三種模式。第一種是嚴密細緻，洞若觀火。涉及一些重大問題，他親自過問，親自把關，誰也別想在他面前糊弄過去。比如 1988 年開始推行目標管理，陳俊武組織考核，親自掛帥，一條一條落實。洛陽工程公司成為石化總公司系統的第一批達標單位。第二種是事先準備，簡明扼要，他開會時將有關內容先寫成紙條，分發給各有關領導，有問題討論解疑，沒問題分頭執行。第三種則最有特色也最為有趣。曾經有這樣的軼事：人們發現陳俊武在參加某些會議時，有時低頭閉目，好像睡著了一樣。看到一把手這種形象，有人禁不住暗自好笑，可冷不防他會冒出一句話，正敲在要害處！會議結束，他發言總結，條條縷縷，析辟撲要，總是清楚俐落。人們甚為驚疑，不知道他到底是真睡還是假睡。

陳俊武在任職期間，辦了許多大事：公司從郊區李屯遷往繁華的市區，新的辦公樓、住宅樓先後建成使用；公司改革機制，活力增加，形象提升，影響擴大，各項指標勝利完成。1986 年，他還主持舉辦了公司成立 30 週年的慶典活動，編輯出版紀念文集，邀請石油部老領導和設計院的多位老領導和老專家，以及洛陽市的主要領導與會，高朋滿座，盛況空前，談歷史，講傳統，敘友誼，成為一次弘揚傳統，激勵青年的盛會。

參加公司成立 30 週年慶典活動的老領導有顧敬心、錢思潮、楊潔、李占標、金元漢、李子凡、徐震、莊潤霖、顧漢貴、張明學等，石油部老幹部任向文、劉少男等，技術骨幹黎煜明、金駒等；中層幹部魏瑞宏、詹俊哲等，總公司規劃院藍田方、工程部梅成村、發展部邱護國、國際事業公司陳愈等，以及洛陽市委書記王德忱、常委範金澄等。

在任職期間，陳俊武曾調進了兩位年齡較大的老專家——劉太極和劉年敬，引發揮一些職工的議論，說他利用職權照顧熟人。其實職工們不太了解，劉太極在流態化理論方面很有造詣，而洛陽石化工程公司缺乏這方面人才。以後的事實，證明劉太極在配合開發連續再生催化重整技術中發揮了很大作用。劉年敬在石油三廠工作多年，是撫順公司在高壓設備領域的老專家。當時公司設備研究所的發展處於上升時期，他來時正逢研究所領導因故缺位，他接手領導設備研究正逢其時。兩位老專家的貢獻和表現，最終得到了大家理解。

他還辦了很多自己認為不足掛齒，卻是滋潤和溫暖人心的事。比如，有一位高工的兒媳在農村，因身體有病生活難以自理。他了解情況後，親自督促為這個兒媳辦理了農轉非手續，不過此事他卻從不在這位高工面前提發揮。

從 1984 年到 1990 年，從院長到經理，陳俊武擔任了長達 6 年的行政「一把手」，對於他這一段工作，上級領導和公司的廣大幹部職工都給予了肯定的評價。

1985 年陳俊武主持經理辦公會

時隔 26 年以後，2016 年 3 月在慶賀陳俊武院士 90 歲生日暨公司技術發展座談會上，說及陳俊武當年的行政工作，現任公司總經理周正平仍然充滿了敬佩和感激：「陳俊武院士不僅是我國著名的煉油工程技術專家，而且是一位優秀的管理專家。公司前期由煉油設計院向工程公司的發展轉型過程中，老院長做了大量有益的探索，做了大量艱苦的思想工作，也做了很多由設計院的管理變革到工程公司管理的銜接工作，開拓了集設計、採購、施工為一體的工程公司的發展定位，為我們今天創建世界一流工程公司奠定了良好的、堅實的基礎。」

但當年，陳俊武給自己的打分是「勉強及格」。他說：「我當經理算勉強及格，我不是這方面的人才。中國的企業是個小社會，吃喝拉撒什麼都要管。特別是對外部需求各種應付。其中很多問題很多矛盾概念模糊，無規章也無規律，是一組不可解的方程式，或是任意解的方程式。對付這些，我不擅長的。」

他三番五次給總公司打報告要辭去經理的職務，直到 1990 年，他 62 歲的時候，中國石化總公司才同意他從經理的位置上退下來。

2 清風小記

陳俊武的正直清廉和近乎嚴苛的律己在洛陽石化工程公司可謂有口皆碑。

在他任職期間，對於自己的親屬家人，他從來沒有利用職權給予過任何特殊的照顧。同在公司工作的妻子、女兒和親友，從來沒有在他的權力那裡得到過什麼好處。凡是涉關公務的活動，他不接受任何形式的饋贈，或是別人認為情通理順的酬謝。他往往幾句話就使不少廠家的技術難題迎刃而解，從而物化為經濟效益。這真可謂「金口玉言」。可是，他從不因此取得任何報酬。

他自覺心底坦然，他從心底喜歡這種恬淡的生活狀態。

他不僅不伸手謀取私利和特權，就連一般人認為他應該享受到的他也儘量揮手推開。

關於陳俊武的坐車，似乎已成為這位作為一把手的院長和經理的標誌性符號，洛陽石化工程公司流傳著很多關於他坐車的故事。

洛陽石化工程公司原駐地在郊區李屯，距市區尚有十多公里，來往交通不便。他是公司一把手，公司大小汽車數十輛，他如果外出，單位派車是順理成章的事。但是，他不，他將公私分得如涇渭之水。工作必需，他才要車，如果不外出，他上下班大多是坐工作班車。班車上人多，上去晚了就沒有座位。陳俊武總是在發車前趕到，有時候沒有座位，他就和其他人一樣站著，擠著。

凡自己辦事，他從不坐公司的小車，也不坐公司的班車，而是擠公共汽車。他，還有他的家人星期天在公共汽車站等車，是大家經常看到的情景。到郊區的車少，一個小時一趟，他就等一個小時；車上人多擁擠，他就在擁擠中那麼搖搖晃晃地站著。

陳俊武當院長和經理的時候，車隊的調度，辦公室的主任，常常蒙受「委屈」。有人看到這位德高望重的老領導外出，卻總是等公車，去外地出差，也常常是自個背個挎包就走了，沒人陪同，就忍不住質問他們，怎麼不管不問？調度和主任卻是滿臉委屈：我們派車，派人，他都不要啊，說多了，還挨批評。

1987 年 11 月上旬，陳俊武、曹漢昌二人到石家莊煉油廠出差，任務完成，晚上就要走了，兩人結伴到街上蹓躂，卻不小心弄丟了車票。曹漢昌心裡著急，說咱們趕快坐計程車去補票吧。身為公司經理的陳俊武卻嫌坐計程車太貴，說，時間還來得及，還是坐公共汽車。1988 年秋，有一天公司辦公室接到一位老高工怒氣衝衝的電話：「陳院長(公司的人都習慣稱陳俊武為院長)這樣的大專家，還那麼大年紀，卻在家裡幹那樣的活，你們忍心嗎？怎麼也不派人幫一幫？」原來是公司新建的麗春路住宅樓落成，各家各戶都忙著清理裝修，陳俊武雖然繁忙，也擠出了半天時間親自帶領全家上陣清理。那位高工有事找他，剛好看到陳俊武正趴在地上用小鏟子清理水泥塊，夫人和女兒也都在擦洗忙碌。其實，辦公室的人哪敢啊，陳俊武交代過，凡是他的私事一律不準動用公家的人力物力。

有一個星期天，他到市區廣州市場理髮，不小心摔了一跤，扭傷了腳踝，當時疼得他臉色發白冷汗直流，跌坐在馬路邊上。附近就有電話，只要他在電話裡說一聲，馬上就會有車來接他，但是他不打。他堅持站發揮來，一瘸一拐走到公共汽車站。車來了，他忍著劇烈的疼痛，抓住公共汽車的扶手，艱難踏進車門……

這時候，中國的大地上正有成千上萬輛鋥鋥閃亮的小轎車在奔馳，這些車來去匆匆，不知孰為公孰為私，但發動機裡燃燒的是這位正擠在公共汽車裡忍受著疼痛的年過花甲的老專家用自己的心血和智慧過濾出來的高品質汽油。

有這樣一個鏡頭：1985 年，陳俊武和王正則、郝希仁同赴撫順，在北京轉車，需停留一天。陳俊武是經理，在北京熟人親戚也多，無論是要車還是找休息地方都是很方便的。可是王、郝二人商量去北海公園消磨時間的時候，陳俊武卻也要跟他們一塊去(他到北海公園的次數已不計其數)。到了中午，他們找了個涼亭休息。陳俊武實在太乏了，就躺在一個長椅上休息。此時北海公園遊人如織，紅男綠女穿梭般從他身旁經過。他們大概誰也不會想到，這個躺長椅上的人竟然是中國煉油工業的一個功臣。

3　痴情煉油工程技術

陳俊武在擔任院長和經理期間，他的肩上還有另外一副重擔，就是對煉油工程技術的開發和關注研究。

1982 年開始，他擔任石油部成立的催化裂化攻關組組長，其中有三項任務一直延續到 1989 年才全部完成，基本上貫穿於他擔任行政一把手的全部任期。

他主導在公司內部機構中專門設置成立了技術開發中心，下設 7 個技術開發組，分別是催化裂化、加氫、電腦實用優化程式、新設備、環保、節能、儲運，基本覆蓋了公司全部業務範圍。後來的實踐證明，這個機構有力促進了公司的技術進步，也成為陳俊武了解掌握全國煉油工程技術訊息的重要渠道。

需求注意的是，他對諸多技術問題的關注、研究和開發大多是在繁重的行政工作的間隙或「業餘」進行的，其中的辛苦和勞累可想而知！

陳俊武整天忙得團團轉，晚上還常常有人找到家裡說事。夜深了，人靜了，送走了客人，他才又拿發揮了資料，拿發揮了圖紙……

有一次，高級工程師劉德烈晚上去找陳俊武，撞見了這情形，驚呼：「院長，這麼晚了還加班？」

陳俊武平靜地笑了：「這不是加班，這是我的休息。」

在經歷了一天頭昏腦脹的紛亂之後，他在這種閱讀和研究中也許才能得到半畝方塘、天光雲影的平靜和愉悅。

對催化裂化，對煉油工程技術，對國家石油煉製工業的發展全身心的關注和投入，已經融化進陳俊武的全部人生，成為他生命的一部分。這種對事業的熱情，甚至痴情，在行動上就表現為執著。執著，就不容易放手。

從 20 世紀 60 年代開始，陳俊武公認是我國石油煉製催化裂化工程技術的主要奠基人和帶頭人。但是隨著國內建成的催化裂化裝置不斷增加，分布在企業、設計院、研究院和高校的人才越來越多。他們面對生產實踐中的各類問題，及時研究並設法解決。從專業角度說，除了工藝以外，還有設備、機械、配管、熱工、土建、電工等多個領域。

陳俊武以欣喜的心情觀察和體會著這種客觀情勢的變化，陳俊武很執著，卻也很達觀，他覺得自己應該及時調整以適應這種變化。一是自己擔任行政職務用於新技術研發的時間相對少了；二是後繼有人，人才多了，該放手時就應該及時放手。後來除了具體的攻關任務，他雖然也過問重大技術問題，在催化裂化方面人們仍習慣於主動向他請示匯報，但他非常尊重其他研發人員的工作，很少按照個人的意見做重大決策。與此同時，他也熱切關注著國內煉油工程技術和設備的各種創新。比如，兩器襯裡結構和材料的更新，滑閥結構和驅動方式的更新，外取熱器形式和管子結構的創新，等等。對各種創新的過程和成果，他了如指掌，如數家珍。

煙氣能量回收技術很早就引發揮他的注意。九江煉油廠曾引進國外價格昂貴的知名品牌，國內機械專家們摩拳擦掌，都想在這個領域一顯身手。北京設計院的袁宗虞是一位先行者，他和蘭州煉油廠機械廠一發揮，設計製造成功了我國第一臺3000千瓦的煙機。以後從結構和材質上不斷改進，功率相應增加，基本趕上國外名牌。

提升管的進料噴嘴結構在使用餾分油時要求不高，摻渣油良好的原料霧化則至關重要。洛陽石化工程公司的高工陳遒北敏感地注意到這一課題。她設計了新的噴嘴結構，在一定水蒸氣比率下進料油得到充分的霧化，液滴大小分布和催化劑接近，兩者混合均勻，液體油品迅速蒸發，降低了干氣和焦產率。LPEC型噴嘴問世並推廣後，國內其他單位紛紛跟進，BDI、KH等型號相繼推出，令人眼花繚亂。此時創新者們又提出預提升段的改進方案，呈現萬眾創新的形勢。

石油大學時銘顯教授的新型旋風分離器系列化研究開發最令人矚目。他和學校及設計院的同事們首先從氣固分離的理論入手，探討顆粒在離心力場內的運動和顆粒料的粒度分布、具體的採樣方法和分離設備的評價指標，在實驗室內建立0.4米直徑的分離器冷模，繼而在無錫建設了一套1.2米直徑的冷模。採用滑石粉為顆粒介質，進行冷模實驗。他參照國外Emtrol分離器外形，推出PV系列的高效新型旋風分離器。PV型採用最簡單的平頂、蝸殼入口結構，結構尺寸採用新開發的分類優化設計方法。在1990-2000年的十年工業應用中，1000多臺被採用，直觀效果是催化劑單位消耗明顯下降。PV型與D型、B型對比在高入口流速下催化劑分離效率更高。

在取得再生器旋風分離器創新的顯著成效後，時銘顯轉戰再生器下游立管式第三級旋風分離器領域，開發了解決排塵口反混的高性能旋風管(PDC型和PSC型)，粒級效率領先於國外水平。1986-1994年間已推廣5套。關於臥管式三級旋風分離器，推出了PT-Ⅱ型和PT-Ⅲ型旋風管，1994-1999年分別用於規模不等的兩套裝置，運行良好。

鑒於渣油催化裂化和高活性催化劑的應用，要求反應油氣進入沉降器後與催化劑快速分離，減少高溫油氣在沉降器內的停留時間，避免較多的熱裂化反應，於是提升管出口快速分離技術應運而生。國外三家公司報導了有關技術專利。石油大學奮發揮直追，開發成功擋板汽提式初旋 FSC 系統和旋流式快分 VQS 系統。不僅達到國外同類先進技術水平，還有獨創之處。

陳俊武雖沒有具體參與以上三項重大技術創新，但從中看到了催化裂化技術的持續發展和國內催化裂化產學研人才隊伍的壯大，他為中國煉油工程技術的進步和發展感到歡欣鼓舞，對同行們的成果也都給予熱情由衷的肯定和讚譽。

1990 年 8 月，就在陳俊武從公司經理位置上退下來不久，他被國家建設部評為中國工程勘察設計大師。這個稱號是國家對他的才華成就和業績貢獻的準確評價，實至名歸，也是一個巨大的榮譽。但在陳俊武這裡，卻平靜如初，好像什麼都沒有發生。對名利的淡泊，是他一貫的人生態度。

第十三章

當選院士 增輝中原

1 當選學部委員——院士

1992年1月4日，新華社和中國各主要媒體發布了一條重要消息——新年伊始，從科技界傳來喜訊：經一年零一個月嚴格、公正、客觀的評審，報經國務院審查批准，210名成就卓著、品德優良的科技專家當選為新的學部委員。

當日，《人民日報》公布了新學部委員的名單。陳俊武名列其中，他當選為中國科學院化學部學部委員。

學部委員(三年後改稱院士)是我們共和國的最高學術稱號。中國科學院學部是中國最高水平的科學集體，具有崇高的榮譽和學術上的權威性。這裡聚集著中國科技界的精華。

陳俊武當選學部委員，成為一條讓很多人感到喜悅和振奮的新聞，在洛陽石化工程公司，在中國石化系統，在古都洛陽，在中原大地引發揮巨大反響。

河南數十年來無此殊榮。河南乃泱泱大省，當時人口居全國第二，但過去40年間尚無人在中國科學院自然科學學部中覓得一個席位。這一次，陳俊武和洛陽另一位科學家攜手登堂入室，實現了河南省零的突破。

中國科學院自然科學學部建立以來，學部委員多屬在自然科學基礎理論研究方面成就卓著、影響巨大的科學家，從工程技術界入選者可謂鳳毛麟角。此次新當選的210人中，工程技術界只有3人，其中1人還屬於高科技領域。真正屬於工程技術領域的，又來自企業界的只有陳俊武一人。

中國自從有院士和學部委員的稱號以來，以年齡和年代大致可分為四代。即以地質學家李四光、橋樑專家茅以升等為代表的第一代，以生物學家童第周、數學家蘇步青等為代表的第二代，以物理學家錢學森、化學家盧嘉錫等為代表的第三代，還有以物理學家周光召、鄧稼先等為代表的第四代。陳俊武應該列為第四代。這四代院士有個共同的特徵，就是基本上都有出國留學經歷並且獲得博士學位，或歐美、日本，或前蘇聯。而陳俊武僅在國內完成大學學業，並且也沒有獲得什麼博士之類的頭銜，在這個群體中，他幾乎是個孤例。

陳俊武對自己能夠當選，步入這個神聖的科學殿堂，似乎也沒有足夠的心理準備，甚至感到有些意外。

1990 年下半年，中國科學院學部啟動新任學部委員的申報遴選工作，中國石化總公司經慎重研究，決定推薦陳俊武。但當人事部通知他準備申報材料時，陳俊武卻自覺條件不夠，先是推辭，再是拖延，最後人事部門竟要登門動員他申報。

學部委員的評選工作嚴格細緻，客觀公正，陳俊武的當選，表明了科學界對陳俊武在中國煉油工程技術，特別是催化裂化方面的巨大貢獻的肯定認可，也表明了對在自己的土地上成長髮揮來的新中國第一代工程技術專家的肯定認可，同時也釋放出科學界開始重視工程技術類專家業績成就的信號。三年後，中國工程院成立，正式開始評選工程院院士。

陳俊武的當選，也使許多曾和他並肩奮鬥的老同事、老朋友們歡欣鼓舞。那幾天，電話賀喜的鈴聲不斷，登門祝賀的人絡繹不絕。

還有一封表達特殊祝賀的北京來信。這是大姐陳舜瑤寄來的，是一張登載新學部委員當選消息和個人簡介的《人民日報》，上面用紅筆在陳俊武的名字和簡介文字上做了記號。看得出，這位上世紀 50 年代就出任清華大學黨委副書記的老革命大姐，對弟弟取得的成就感到由衷的喜悅和自豪。

2 話說院士

陳俊武最初榮膺的是中國科學院學部委員稱號，後改稱中國科學院院士。其實，中國最早有院士的稱號是在 1948 年。從院士到學部委員，再到院士，這個稱號變化的背後包含著中國現代科技發展的歷史。

1666 年，法國國王路易十四批准成立了法國皇家科學院，國王親自聘請著名科學家到科學院從事科學研究，授予這些科學家們的稱號就叫院士。

後來，英國皇家學會、普魯士皇家科學院、彼得堡皇家科學院，都紛紛效仿，把自己國家最傑出的科學家命名為「院士」。

院士是科學界的精英，是科學森林中的參天大樹。院士不會從天而降，他的成長需求土壤、環境和條件，需求一條基本的道路，這條道路就是現代教育。但是這條路中國人走得太久太長。

中國古代對精英人物的選拔，主要靠科舉制度。科舉制度發揮源於隋，盛行於唐、宋及明、清，延續了 1300 多年。科舉考試的知識體系是四書五經、經史子集，雖然也考察對治國理政的見解對策，但整體仍在文史哲的範疇。西方國家經歷文藝復興和工業革命之後，對自然科學的研究和發明創造進入蓬勃成長時期，中國顯然已經落後陳腐的科舉制度卻仍然延續了 300 多年。許多資質聰慧的青年為博取功名，在科考的路上年復一年地苦讀，雖皓首窮經，卻不知現代科學為何物。

從 1840 年鴉片戰爭開始，外國列強多次用「堅船利炮」為中國人詮釋了現代科學的威力，許多有識之士開始覺醒並付諸行動。

1866 年，福建巡撫陳寶琛在福建馬尾創辦福建船政學堂，這是中國官辦的第一所具有現代教育特徵的學堂，新學之路由此發端。陳俊武的祖父陳琦曾在這所學校教授國文。

在此後的幾十年裡，新學和科舉在中國教育體系中並存，直至 1905 年，徹底廢除科舉制度。

20 世紀初，大批中國優秀學子留學國外，其中相當多數是庚子賠款中退款資助的學生。這些留學生面對祖國的積貧積弱，懷著科學救國之夢，刻苦攻讀，大都學成歸來報效祖國，成為中國現代教育和現代科技事業的拓荒者、開路人。

1913 年，地質學家丁文江創辦了中國第一個正規的科學研究機構——地質研究所，形成了中國第一個小規模的政府科學研究機構。

1928 年，國民黨政府在南京成立了中央研究院，成為中國科學最高學術機關。1929 年，北伐軍攻入北京，又成立了國立北平研究院。從此，形成了一南一北，遙相呼應的中國自己的科學研究體制。

但是，一直到 1948 年，才產生第一批院士。其中的原因很多，有人說是因為翻譯問題而致「院士」難產，其實最主要的還是因為戰爭和政局的動盪。

「院士」一詞的詞源來自西方，源頭是希臘語 Academy（阿卡德米），阿卡德米是古希臘智勇雙全的英雄。但中國的翻譯家們卻總找不到一個合適的漢語詞彙來表達其中包含的智慧、深邃和高雅。

1948 年初，一些大學者們又是番議論，據說是傅斯年提議用「院士」一詞，最終獲得透過，同時啟動對院士的遴選。經過對全國科學家的層層選拔，初擬了一個 450 人的名單，再由評議會審定其中的 150 人為院士候選人。1948 年 3 月，經評議會最後選舉，81 人當選為第一屆中國院士。

這批院士，體現了中國 20 世紀上半葉的最高科學水平。

1948 年 9 月，在南京的北極閣召開第一次院士大會。不過這時國民黨政權已處於風雨飄搖之中，81 名院士，到會的只有 48 人。

1949 年 10 月，新中國成立後，早期科學院的領導人，除了陳伯達外，院長郭沫若和副院長李四光、竺可楨、吳有訓、陶孟和，都在上述院士的名單中。1955 年，上述 81 名院士中，有 46 人成為新中國科學院的學部委員。

至於為什麼對這些科學精英叫學部委員，在新中國成立之初，也有過一番議論。是否沿用原國民黨政府中央研究院「院士」的稱謂呢？對此毛澤東曾召集科學家們討論，也許是氣勢磅礴的革命大潮使他身邊的科學家們覺得應扔掉「院士」這頂舊帽子，但應用什麼稱號，儘管也有許多建議，大家都不滿意。

總之，在新中國建立之初那段百廢待興的歲月裡，從黨和國家的高層領導到許多科學家，對科學院的體制進行了長時期的醞釀討論，最後決定成立科學院下屬的學部。最初分為自然科學學部和哲學社會科學學部。

1955 年 6 月 1 日，中國科學院學部成立大會召開，第一批學部委員 199 人，當時中國科學界的主要精英人物大都成為學部委員。需求說明的是，哲學社會科學學部委員 1957 年後列入中宣部系統，以後再也沒有評選過新的委員。

中國的學部委員，實際上就是科學院院士，這無論是從他們的學術成就聲望，還是國際輿論和評價來看，一開始就獲得普遍的公認。

1981 年 5 月，中國科學院第四次學部委員大會召開，此時距 1960 年第三次學部委員大會，間隔達 21 年之久，其中包括對科學家和科學事業造成嚴重傷害的十年「文革」。

這次大會增選學部委員 283 人，更加明確了中國科學院的領導體制，確定學部委員大會是中國科學院各學部的最高決策機構，各學部的職能為學術領導機構。化學家盧嘉錫當選為中國科學院院長。

3　漸為人知的「燦爛人生」

陳俊武當選院士(為敘述方便和前後稱謂的一致，此處開始統稱為院士)後，自然引發揮社會特別是媒體的關注，但是除了幾條簡單的新聞消息外，媒體上鮮見對他事跡的報導介紹。

在洛陽石化工程公司內部，在中國石化系統特別在煉油工程技術領域，陳俊武可謂大名鼎鼎，但在社會上，人們幾乎對他一無所知。

陳俊武的業績成就和社會知名度是個不等式，這個不等式是他自己造成的。

儘管他成就卓著，事跡感人，但很少在新聞媒介中出現，見諸報刊的文字作品寥若晨星。當榮譽來臨的時候，當鏡頭對著他，話筒對著他，記者作家們採訪他的時候，他推開了，他拒絕了，他逃避了。國內外多家出版機構先後向他發函，要將他收入各種各樣的名人「辭典」「列傳」，但是他基本不予理睬。

這位令古都洛陽增色，讓中原人民驕傲的科學家是如何登上科學的高峰的？他走過的是一條什麼樣的道路？人們熱切的目光在尋找著他。

這一年的 8 月，受河南省委組織部和省文聯主辦的大型文學刊物《莽原》雜誌社的約請和委託，洛陽市文聯作家，時任洛陽市作家協會祕書長的張文欣開始到洛陽石化工程公司採訪陳俊武的事跡。

對陳俊武有了初步了解之後，張文欣知道，自己面對的是一道難題。他傾聽著，感受著，也學習著。隨著採訪的深入，張文欣被陳俊武的事跡和品格深深地感動了。陳俊武的優秀品格是多方面的，他的人生經歷和業績創造了一種堪稱聖潔的境界，這種境界不是每個人都能達到的，但卻鮮明地顯示了一種方向，一種理想，一種追求。他是一座高峰，也是一方淨土和綠洲。陳俊武正是當下社會需求的極為珍貴的精神資源，應該讓更多的人了解這位科學家的人生道路和感人事跡。一個月後，張文欣和外出講學歸來的陳俊武見面。也許是機緣相投，也許是靈犀相通，一向對採訪心理排斥的陳俊武熱情接待了張文欣，幾次深談之後，他們之間理解和共鳴的漣漪在一波一波地擴大。

從盛夏到初秋，從採訪到寫作，張文欣尋找著陳俊武的足跡，也探尋著他心靈的歷程。儘管如尋找雪泥鴻爪，儘管如揀取斷線遺珠，但張文欣一直興味盎然，就像一頁頁翻讀著一部深深吸引自己的書。

這是一部風雲跌宕、意蘊深遠的書，這是一部才華橫溢、光彩照人的書，這是一部啟迪心智、激盪熱血的書。

這部書有個煌煌耀人的名字：燦爛人生。

後來，就有了發表在《莽原》1993 年第 1 期頭條，題為《燦爛人生》的長篇報告文學。

這篇報告文學是第一次全面展示描寫陳俊武的人生經歷和主要成就業績的文字作品。這篇報告文學在洛陽石化工程公司內部，在最熟悉陳俊武的這個群體裡首先引發揮了強烈的反響。最先送到的幾十本《莽原》雜誌被爭相傳閱，公司黨委當即決定，把這篇報告文學作為內部學習材料加印 4000 冊，幹部職工人手一冊。後來，還是不夠，再加上石化系統兄弟單位索要，又加印了 500 冊。以此為契機，公司黨委決定在全公司開展向陳俊武學習活動。這種群體性的閱讀熱情和讚譽，是公司廣大幹部職工對「陳老總」發自內心的愛戴和敬仰，還有就是作品中披露了陳俊武以前許多罕為人知的事跡給大家帶來的感動和激勵。

公司主辦的《洛陽石化報》開闢了閱讀學習《燦爛人生》的徵文專欄，數十人先後發表了熱情洋溢的讀後感和評論文章。

就在《燦爛人生》初稿剛剛完成的時候，1992 年 10 月，陳俊武作為河南省的代表，光榮出席了中國共產黨第十四次全國代表大會。

陳俊武出席中國共產黨第十四次全國代表大會的代表證

1993 年 5 月，河南省文聯、《莽原》雜誌社與洛陽石化工程公司聯合在洛陽召開「學習科學家陳俊武暨《燦爛人生》作品討論會」。

河南省委組織部副部長黃晴宜，省委宣傳部副部長、省文聯主席、文學評論家劉清惠，省文聯副主席、作家王嶺群，《莽原》主編、省作協副主席王綬青，中國石化總公司人教部宣教處長李同頤，洛陽市委副書記申景仁，祕書長張書田，組織部長劉典立及有關部門領導、作家、評論家、新聞記者、科技人員共五十餘人參加了座談會。

陳俊武的大姐、原中共中央書記處研究室顧問陳舜瑤也專程從北京趕來參加了座談。

座談會氣氛熱烈，激情洋溢。與會者的發言高度評價陳俊武的成就業績和高尚品格，對《燦爛人生》這部作品也給予了很多的讚譽。陳舜瑤大姐的發言讓在座的人深為感動也深受教育，同時也從一個側面印證了陳俊武一貫低調不事張揚的作風。

她說：「聽了大家的發言我很受感染，也很激動，的確是上了生動的一課，很受教育。其實，我對俊武了解並不多。我離家參加革命的時候，他才十歲。他的很多事跡是我看了報告文學、聽了大家的發言以後才知道的。我今天是透過大家的眼睛，又進一步看一看俊武。《燦爛人生》這篇報告文學，得到大家的承認，這是最高的評價。我作為親屬，代表俊武向大家表示感謝！也向作者文欣同志表示感謝！」接著她對陳俊武走過的道路的豐富內涵作了分析，希望在這樣的道路上湧現出更多優秀的青年知識分子。

座談會後不久，《河南日報》、《洛陽日報》和《莽原》雜誌都刊登了這次座談會紀要，《洛陽日報》則是以整版篇幅全文刊登，這種形式在當地報紙歷史上屬首次。

陳俊武的事跡和影響不斷擴大，很快在社會上引發揮廣泛反響。

《作家報》等多家媒體刊登了座談會的消息。中國石化總公司主辦的《中國石化報》轉載了《燦爛人生》，另外轉載和選載這篇作品的還有《人民日報》、《洛陽知識分子》、福建海峽出版社出版的《院士風采》等報刊和書籍。

1993 年，河南省委組織部和洛陽市委先後發出向科學家陳俊武學習的號召。

河南省科學技術協會負責人專程從鄭州來拜訪陳俊武，鄭重聘請他擔任名譽主席。最初，陳俊武是婉言拒絕。但對方態度誠懇，三顧茅廬，他最後只好答應。

共青團河南省委在南陽組織了一次大型活動，也邀請陳俊武去作報告，雖然很忙，他最後如約赴會，那一天和他同臺講演的是著名作家二月河。

1994 年 3 月 2 日，在中國石化總公司第六次科技進步工作會議上，中國石化總公司總經理盛華仁宣布黨組的決定，在全國石化科技系統和職工中開展向閔恩澤、陳俊武學習的活動，並親自向閔恩澤、陳俊武兩位院士頒獎。同時《中國石化報》再次轉載了《燦爛人生》，並在下發的文件中摘要附上了這篇作品。

1995 年 10 月，陳俊武獲香港何梁何利基金科學與技術進步獎。

在古都洛陽，在中原大地，陳俊武的名字和事跡被越來越多的人了解和傳頌。陳俊武的名字成為一個閃光的標誌，一個勤奮刻苦攀登科學高峰的標誌，一個追求卓越創造輝煌業績的標誌，一個默默奉獻淡泊名利的標誌。一個傑出優秀的人，一個品格高尚的人，一個不想「出名」的人，就這樣成了「名人」。

但成了「名人「的陳俊武仍然堅持著他的「低調」，後來對很多採訪和高規格的宣傳活動，他都推辭或婉言謝絕。河南省委組織部曾擬組織拍攝反映陳俊武事跡的電視劇，河南省委宣傳部和洛陽市委宣傳部，也曾先後擬組織對陳俊武的宣傳活動，除了媒體的系列報導，還有其他多種形式的配合和跟進。但陳俊武對此表示異議，認為對自己沒有必要再進行這樣大規模的宣傳，應宣傳那些有成就的年輕人。筆者曾就這個話題和陳俊武有過數次交談，他坦陳了自己的心聲：擔心這些活動會耗費他寶貴的時間和精力固然是一個因素，但最主要的，還是他基本的人生態度。他說：「我認為人的一生只是歷史長河中短暫的一瞬，應該活得有價值、有意義。對社會的奉獻應該永無止境，從社會的獲取只能適可而止。我努力這樣做了，有了一些貢獻，社會也給了我一定的評價，這就足夠了。」

他非常喜愛蘇東坡的一首詩：

人生到處知何似，應似飛鴻踏雪泥。
泥上偶爾留指爪，鴻飛那復計東西？

飛鴻志在翱翔藍天的「飛」，而絕不著意於雪泥鴻爪，這也許就是他自己對人生之「名」的詩意的詮釋。

第十四章

著書育人
春風桃李

1 在實踐和理論之間架設橋樑

作為一個煉油工程專家，陳俊武似乎已經功成名就，那些經他指導設計的矗立在祖國各地的煉油廠和煉油裝置，就是記載著他成就業績的豐碑。他對工廠、工廠、施工現場感情深篤，在他近半個世紀的工作經歷中，一年中差不多總有一半時間出差或在現場。人們看到的是他到現場、到工地走過的路，但在另一條人們看不見的路上，他也從來就沒有停下自己的腳步，這就是更為艱難的科學求索之路。

現場的設備雖然很複雜，但按工程技術界的習慣做法，工程師只要按照公式計算，按照資料畫圖，按照圖紙施工就可以了。但陳俊武不，從一開始他就是一個「不安分的工程師」。他有句名言：「從實踐中求知，從理論中求解」。他把自己活躍的思維延伸到廣袤而深邃的理論聖地，他對在實踐中遇到的形形色色的問題非要用理論闡釋清楚不可，他提出一個又一個「為什麼」，知其然，還要知其所以然。這簡直成了他的「癖好」。當然，為了解答這些「為什麼」，他付出了大量的時間和精力。

1948 年，21 歲的北京大學化工系學生陳俊武在日記中寫道：「科學真理把我誘惑得太苦了。我把如錦的年華投進了無底的深淵，痴心的求知使我成為與人群隔絕的孤獨者。生命的意義全寄託在沒有生命的分子、原子上了！」

1993 年，已經成為中國科學院院士的 65 歲的陳俊武說：「作為一個工程技術和科學研究人員，在大學學的東西只是建立些基本的概念，打了些基礎，還遠遠不夠。科技發展日新月異，必須永遠堅持繼續學習!」

這兩段話中間連接了一條近半個世紀苦學不輟和艱難求索的道路。

陳俊武不管再忙再累，無日不讀。讀專著，也看文獻。他面對浩繁的資料海洋，以驚人的速度瀏覽翻檢，並且能敏銳發現捕捉其中有價值的訊息。他作筆記，仍是大學時養成的習慣，不用筆記本，全是散紙零頁，隔一段再整理分類成冊。幾十年來，陳俊武仍像個學生似的帶著一個常年不離身的包。帆布書包，手提包，人造革包，質地樣式隨時代變遷，但永遠永遠帶在身邊，就如天才詩人李賀那個「遇有所得，即書投其中」的錦囊。「錦囊」中有他要看的書和資料，有他正在設計計算的圖紙方案和論文手稿，也有他隨時採擷的智慧之果。

在他的同事和學生中，曾流傳關於陳俊武苦學的「軼事」。比如，他在家蒸饃時讀外語忘了把饃放進籠裡；比如，他在北京圖書館看書入迷而誤了吃飯時間，等等。但是，這些不無動人的細節在陳俊武的成功之路上似乎顯得微不足道。當人類進入訊息時代以後，對於一個科學家來說，勤奮刻苦固然重要，或者說是必備的素質，但掌握科學哲學的鑰匙顯然具有更為重要的意義。

陳俊武的聰敏智慧和淵博的學識，廣為人道。他通曉五種外語，他心算的速度驚人，加減乘除、乘方開方，數學公式一長串，他看一眼，手指比劃幾下，就可以報出答案。當年不少人曾拉計算尺和他比，但無一能超過他。有一次，一位高工將一份計算過的數據給他審閱，他略一瀏覽，馬上指出其中兩項：「這兩個數位錯了，回去再算。」回去再算，果然錯了。此類事例甚多。

他不僅是國內公認的催化裂化工程技術權威，而且在很多領域和專業都顯示出廣博的知識和高深的造詣。煉油設計涉及工藝、安裝、設備、機械、儀表等十多個專業，其中既有化學過程，又有物理過程，有很多還牽涉反應工程學、電腦應用等新興學科的理論和實踐。同時，設計還要考慮工廠裝置布局、施工維修，環境保護、安全衛生、生產管理和企業管理等等，這就又關係到經濟學、社會學、環境科學甚至工業美學的內容……百川灌河，簡直令人望洋而興嘆！

於是，有人說，他的頭腦是一臺「高效電腦」；有人說，他的頭腦是一座「萬能資料庫」……

陳俊武學富五車，但並不甘於做一個優悠然坐擁書城的「知識富翁」。他自覺把豐富的理論知識引入實踐，指導實踐。

陳俊武發現，生產實踐中各種現象頭緒紛繁，混沌朦朧，微妙複雜，遠不是現有的經過抽象簡化的理論所能全部闡釋的。在某些領域，理論上尚是空白。其實，理論也正是在對事實和現象的研究中產生的。比如流態化是化學工程中的一門很複雜深奧的新興學科，此項技術在 20 世紀 20 年代就開始在工業上應用，可一直到 40 年代才產生了初步的理論。陳俊武很早就注意對實踐中的各種現象觀測研究，後來就逐漸在這些研究的基礎上形成自己的觀點，並上升總結為系統化的理論。

1982 年以後，他有多篇論文在《石油學報》等國內石油學術權威刊物上發表，還有兩篇論文在國際石油科技學術會議上宣讀並被收入大會文集。早在 70 年代末期，在他指導下張立新等編寫了我國第一部催化裂化工藝設計的專著。他還主編了《中國流化催化裂化二十年》一書，其中已經包含很多理論性的內容。

在我國科技領域，科學研究院所注重對自然科學的基礎理論研究而往往與生產實際疏離，而工程技術界則偏重具體產品技術的開發設計而忽視高層次的理論學術研究。對於發展社會生產力而言，前者是一種長期投資，後者是一種短期投資，都同樣在發揮作用。但是，介於二者之間的應用基礎理論研究，對於一個國家經濟的發展似乎有著更為巨大的意義。楊振寧博士曾就此向我國高層領導人提出過建議。上世紀 80 年代後，我國開始重視應用基礎理論的研究。

應用基礎理論研究是一座橋樑，是溝通基礎理論與生產實踐、溝通學術界與產業界的橋樑。這是陳俊武早就想建造的一座橋。陳俊武終於架發揮了一座橋。

在橋的那一端，是人才薈萃瑞光閃耀的科苑學府。

經陳俊武的積極推進，協調安排，一批與國家重大科技攻關項目有關的課題，比如「催化劑燒焦動力學研究」「改善提升管氣固接觸的基礎理論研究」「一氧化碳催化氧化的動力學研究」等等分別交給中科院化工冶金研究所、石油大學、華東化工學院、鄭州工學院等單位進行。一大批著名的化工專家、教授和大學的研究生們參與了這些意義重大而又充滿活力的課題研究，科學殿堂裡吹進一股新鮮的風。

美如長虹的科技之橋上來來往往，連接著紛繁熱烈的交流和探討。古都洛陽燦爛的歷史和現代科技之光交相輝映，吸引著人們的目光。中國科學院院士、化工冶金研究所名譽所長、流態化理論的創始人郭慕孫，早年曾和顧敬心一發揮留學德國獲得博士學位的華東化工學院老教授、國內著名化工專家劉馥英等科技界巨擘名流相繼來洛陽合作攻關……

陳俊武集工程師、科學家於一身，他在工程技術上的卓越成就和學術理論上的高深造詣贏得了國內著名的石油化工專家們的高度評價和同行們的熱情讚譽。

陳俊武先後被華東化工學院、鄭州工學院、撫順石油學院、鄭州大學、河南大學、河南科技大學等多所高等院校聘為兼職教授。他多次到這些學校作學術報告，先後指導過數十名研究生和參加博士研究生答辯任答辯委員會主席。

中國石油大學是全國培養石油工業專門人才最具權威的高等學府，曾任校長的楊光華先生更是石油界的著名學者。他早年留學國外，年紀輕輕就獲得了博士學位，他的妻子也是清華大學教授。楊光華才華出眾，絕不輕易授人以溢美之辭。但是，他對陳俊武卻多次大加讚揚。在石油大學的師生中，陳俊武的名字無人不曉，陳俊武的論文也被列為學生們的重要參考文獻。

有一次，陳俊武應邀來石油大學作學術報告，楊光華親自陪同，儘管報告廳的黑板上早已寫上了陳俊武的姓名職務和主要業績，楊光華還是又做了熱情洋溢的介紹：「陳先生學識淵博，建樹甚多，他是我國傑出的煉油工程技術專家，又是從事科學研究和培養人才的優秀的科學家和教授，難得啊！」楊光華顯得有些激動，他大聲說：「做人要做這樣的人，走路要走這樣的路，同學們，你們要學習他！」

2010 年 3 月陳俊武在鄭州大學作低碳策略及氣候變化學術報告

2 著書立說，採擷智慧之果

1990 年初，陳俊武經過多次申請，終於從洛陽石化工程公司經理的行政領導崗位上退下來，僅擔任公司技術委員會主任的職務。這個職務實際上包含了顧問或諮詢的性質，這意味著他有了更多自己可以支配的時間。

這一年他63歲，雖然年過花甲，看上去卻比同齡人都要顯得年輕，自己也感到仍然精力充沛。對今後的工作方向，經過一番思考梳理，他說：「我今後主要干三件事：著書、立說、育人。」

他以前儘管發表了一批學術論文，並受到國內外同行較高的評價。但這遠遠沒有把他的廣闊而深邃的思考全部表述出來，他大腦中還儲存著許許多多的研究課題。比如僅從大的方面講，就有：重質油在煉油過程中的基團化學反應理論；快速床再生器的反應工程理論；催化劑應用工程理論；反應–再生系統綜合化學反應工程軟體開發，等等。

這是一棵奇異的智慧之樹。樹上枝葉繁茂，鬱鬱蔥蔥，雖然枝頭上仍綴滿鮮豔芳香的花蕾，但很多果實纍纍垂垂已經成熟，是到該採擷的時候了。

早在兩年前的1988年，在參加一次催化裂化技術交流會的時候，中國石化總公司總工程師侯芙生曾建議他寫一本關於催化裂化的專著，其實這也正是陳俊武的一個心願，但苦於行政事務的繁忙，實在無暇顧及。

從1990年開始，陳俊武著手醞釀這本專著的內容，書名擬為《催化裂化工藝與工程》。

催化裂化是一項重要的煉油工藝，催化裂化裝置在煉油工業中占有舉足輕重的地位，國內透過催化裂化工藝生產的車用汽油占70?? 以上。但在當時，國內外公開出版的關於催化裂化工藝和工程的專著卻寥若晨星，美國和法國雖有這方面的著作，但缺乏細緻系統的工程數據，與實際運行中的工業裝置相差太大，難以滿足從事催化裂化專業的技術人員的需求。

陳俊武認為，這本專著應具備系統性、實用性、新穎性和學術性這幾個基本特點，在系統介紹理論的同時要突出工程應用，旨在為從事催化裂化科學研究開發、工程設計和工業生產的中、高級科技人員在加工工藝和化學工程方面提供有益的資料，給予正確的引導，幫助樹立明確的概念和掌握系統的知識。

除了本公司的曹漢昌、劉太極和沙穎遜，陳俊武還與閔恩澤、楊光華多次商討，又從石油化工科學研究院和石油大學選擇確定了陳祖庇、李再婷、朱唯雄、賈寬和等專家學者，組成寫作團隊。

閔恩澤是中國科學院和中國工程院兩院院士，2007 年度國家最高科學技術獎獲得者，1951 年獲美國俄亥俄州州立大學博士學位，1955 年回國後進入石油工業部北京石油煉製研究所工作。閔恩澤在石油煉製催化劑研製領域卓有成就，為中國煉油工業實現催化劑自給作出了巨大貢獻。陳俊武很早就與閔恩澤建立了工作連繫和學術往來，陳俊武的第一篇用英文寫的論文，就是在閔恩澤的建議和指導下完成的。

曹漢昌 1953 年畢業於華南工學院，1957 年到撫順工作。早期以脫硫工藝設計為主，1978 年擔任過鎮海煉油廠催化裂化裝置設計師，進行了旋轉床燒焦的技術創新研究。1980 年以後，主要從事訊息工作，為催化裂化技術交流和刊物出版開闢了先河。曹漢昌學養深厚，嚴謹敬業，陳俊武請他作為自己的主要助手。

這樣一本意義重大、體量巨大的科技專著，按照通行的做法，一般都要先申請立項，再成立編委會，編委會一般也需求有關領導掛名，還要層層批示，開座談會，搞各種活動，當然也會得到一筆經費。

陳俊武平時就對這一套做法頗有牴觸，這次他擔任主編，乾脆按照自己的思路，採用民間寫作的方式，一不成立編委會，二不向上面要經費。寫作團隊之間主要靠書信和電話交換意見。這種集體寫作方式看似原始簡陋，但在這些專注於學術的專家們看來，卻省卻了許多的煩擾，在彼此默契的氛圍中，潛心寫作，效果良好。

陳俊武與曹漢昌教授(右一)、石化管理幹部學院
主管高研班的樊啟明老師

1992 年,《催化裂化工藝與工程》初稿完成，陳俊武請中國石化總公司從事繼續工程教育的柳芬資助出版。當時柳芬正考慮籌辦催化裂化高級研修班，而這本書也正是最好的教材，可謂雪中送炭，她痛快答應了陳俊武的請求。1992 年，這本凝聚著陳俊武和一批專家智慧和心血的珍貴著作，先期只能以簡易分冊的形式印了一部分油印本。

這本油印的著作不僅受到高研班學員的歡迎，在石化系統也迅速傳播，很多人聞訊索求。

1994 年,《催化裂化工藝與工程》一書由中國石化出版社正式出版發行。

全書內容豐厚，論述嚴謹，材料數據完善詳實。其中對石油化學、煉製工藝、反應工程、流態化工程、催化劑研製和應用工程等方面，從歷史發展到今後的展望進行了全面的闡述；從大量文獻中篩選了許多最新的訊息並展示工藝、工程、催化劑、原料和產品的發展趨勢；對不同工藝的優缺點和不同學者的學術觀點及成果客觀介紹對比，進行必要的評論，指出有待解決的問題；理論與實踐並重，列舉代表性的工業數據和適用的關聯式，對工業實踐中的諸多問題進行理論闡釋，併力求體現技術與經濟的結合，對重要課題也作出技術經濟評價。另外，該書一方面充分反映國外的技術發展，另一方面也注意展示我國的工業實踐和我國學者的貢獻。

可以說，這樣一本催化裂化領域的專著，不僅在國內，而且在國際上也具有獨創意義。該書出版後受到石化行業廣大讀者的熱烈歡迎，在學術界也產生了廣泛的影響，並先後榮獲中國石化集團公司科技進步一等獎、第八屆全國優秀科技圖書二等獎。

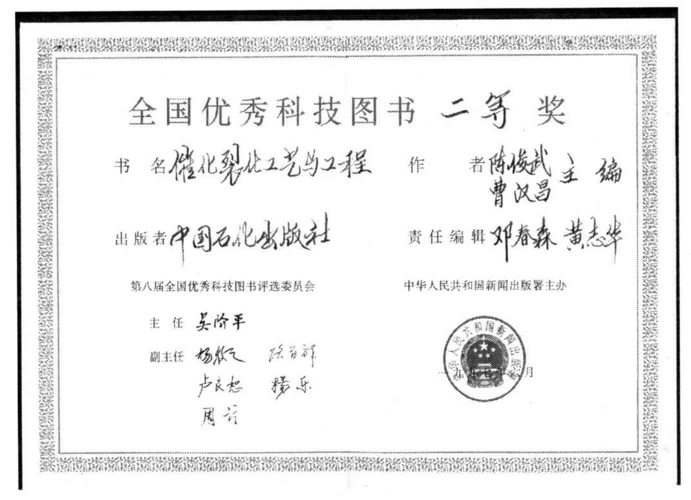
全国优秀科技图书 二等奖

书　名 催化裂化工艺与工程　　作　者 陈俊武 曹汉昌 主编

出版者 中国石化出版社　　责任编辑 邓春森 黄志华

第八届全国优秀科技图书评选委员会　　中华人民共和国新闻出版署主办

主　任 吴阶平

副主任 卢良恕 杨乐 周谊

《催化裂化工藝與工程》獲第八屆全國優秀科技圖書二等獎證書

陳俊武的理論研究從來都是和工業實踐緊密連繫，這可以說是他的一個重要的學術理念。他的寫作是為了研究和解決問題，而發表和出版都在其次。1995 年，他和曹漢昌結合近些年來催化裂化技術研究及其在反應工程中的應用，從大量現場數據中歸納出反應和再生過程的定量規律，合作撰寫了一篇文章，題為《催化裂化反應工程的工業實踐》，作為洛陽石化工程公司設計人員內部參考資料。

在《催化裂化工藝與工程》第一版出版發行後，中國石化繼續工程教育中心柳芬建議由陳俊武、曹漢昌牽頭，再編寫一本面向催化裂化中級設計人員、催化裂化工廠工程師和技術員的培訓教材。陳俊武請曹漢昌做主編，並將書名定為《催化裂化工藝計算與技術分析》。曹漢昌又邀請郝希仁、張韓共同出任主編，並邀請催化裂化高研班的部分學員白耀華、邢穎春、吳青、杜平、侯曉明、徐惠、魏述俊和洛陽石化工程公司張廣林、蕭鳳芝共10名作者，一發揮參與此書的編寫，陳俊武擔任主審。從1996年開始，歷經兩次專家審查，三次集中修改，於1999年3月完成第四稿交付石油工業出版社，2000年10月正式出版發行。此書出版後，在從事催化裂化設計和操作的中級及以下技術人員群體中有較大的影響。

2004年，中國石化出版社建議《催化裂化工藝與工程》再版。陳俊武認為，10年來催化裂化技術不斷進步，原有內容已不能滿足新形勢的要求，有些需求充實和更新。因此，在保持原框架結構基本不變的前提下，根據10年來技術進步的具體情況，對各章節內容酌量增刪。

年近八旬的陳俊武寶刀不老，繼續擔任主編，除了自己的寫作，還有許多組織協調和統稿的工作。正值修訂工作的緊張時刻，作為陳俊武得力助手的曹漢昌先生不幸因病去世。曹先生負責改編的書稿只能由陳俊武自己完成，時間緊迫，他受到很大壓力。作者之一的鄧先梁先生及時給予他很大幫助，終於按時完成書稿。2005年，《催化裂化工藝與工程》第二版出版發行。

2009年陳俊武與鄧先梁(左)在洛陽

2013 年，中國石化出版社黃志華向陳俊武建議，為了迎接中國催化裂化產業化 50 週年，這本廣受歡迎和讚譽的書最好能再出第三版。

這一年陳俊武已是 86 歲高齡，雖然仍然耳聰目明，頭腦敏捷，還在正常工作，但他自覺已到耄耋之年，此時也正可作為新老交接的契機。經和汪燮卿、徐承恩等有關領導協商之後，在他們的支持下，陳俊武挑選中國石化石油化工科學研究院副總工程師許友好為接班人，讓他和自己一發揮擔任本書第三版的主編，另請劉昱、吳雷和孫國剛為副主編。

這一次修訂工作參與人員陣容強大，共有十二位作者，還有一些參與校核協調的人員。許友好負責全書的統稿及審核，陳俊武最後對各章節的內容進行了原則性的審定。此次修訂是在保持第二版基本結構的前提下，力圖全面、系統地總結國內外催化裂化技術發展水平，主要增補油品清潔化技術、催化裂化生產過程清潔化技術、加氫處理技術在催化裂化技術中的應用、過程反應化學等內容。除了新內容的注入，很明顯，這次參與修訂的作者也都相對年輕，有一種薪火相傳的意味，而這也正是陳俊武的初衷。

2013 年 10 月陳俊武（前左三）主持《催化裂化工藝與工程》第三版主編工作會

2013 年 10 月陳俊武與共同主編許友好討論書稿

從 2013 年 7 月啟動，經過寫作修訂團隊的共同努力，在近兩年的時間裡多次討論和修改，《催化裂化工藝與工程》第三版終於在 2015 年 5 月紀念第一套流化催化裂化裝置投產 50 週年大慶之時出版發行。全書共 252 萬字、1606 頁，真正成為一部名副其實的「巨著」。

2015 年 5 月 20 日，中國石化出版社專門召開了《催化裂化工藝與工程》第三版發行暨第一套流化催化裂化裝置投產 50 週年座談會。中國石化高級副總裁戴厚良和陳俊武、徐承恩、汪燮卿、何鳴元、楊啟業 5 位院士參加了座談會。

《催化裂化工藝與工程》第三版發行暨第一套流化催化裂化裝置投產 50 週年座談會(2015 年 5 月)

座談會上，除了祝賀、讚譽這一類內容，還有一個引發揮很多與會者共鳴的話題是：一本書，一個主編，在 30 年間出版再版三次，這不僅在中國，就是在出版史上也屬少見！

1992 年，郭慕孫先生接受國外知名出版社 Academic Press 約稿，主編《化學工程的進展》這套書的第 20 卷，名為《Advances in Chemical Engineering——Fast Fluidization》。他建議陳俊武撰寫該書第 8 章——催化裂化催化劑的再生。陳俊武對這部分內容雖然非常熟悉，可謂胸有成竹，但第一次為這部世界著名的學術巨著撰文，心中仍覺忐忑。鑒於需求直接用英文寫作。陳俊武只能自己上陣，經過大半年的辛苦耕耘，最後終於按時交稿。

郭慕孫 1943 年畢業於上海滬江大學化學系，1946 年在美國普林斯頓大學化工係獲碩士學位。歷任中國科學院化工冶金研究所研究員、所長、名譽所長，是中國流態化學科學研究究的開拓者。

陳俊武對郭慕孫仰慕已久。當年催化裂化快速床實驗曾在化工冶金研究所進行，王正則曾參與實驗，並和郭慕孫相識。「文化大革命」期間，陳俊武由王正則陪同登門拜訪，在一個簡陋的房間首次見到了郭慕孫，從此兩人建立了連繫。後來，郭慕孫幾次邀請陳俊武參加在國內舉辦的國際流態化學術研討會。郭慕孫側重基礎理論研究，創新地提出了 EMMS 理論；陳俊武則側重於應用，從勝利煉油廠開創的流態化工業測試到一系列裝置生產中的流態化技術核算，儘量做到理論結合實際。郭慕孫對陳俊武的想法頗為支持和讚賞。1992 年陳俊武當選為院士後，郭慕孫親自率隊到洛陽作學術交流。郭慕孫晚年時不辭辛勞，擔任國內編輯出版的國際性學術刊物 Particuology 主編。

侯祥麟先生於 1991 年 7 月出版了《中國煉油技術》，前兩版都是侯祥麟先生擔任主編，他去世後由侯芙生主編第三版(2011 年)，這本書的三個版次，陳俊武均為編委會成員，並親自撰寫了第五章——催化裂化，第三版修訂再版時，由劉昱協助陳俊武編寫。

從 2001 年開始，陳俊武還參與主持了一項長達 10 年之久的理論學術活動，即全國石油煉製技術大會學術委員會的工作。

自從以原石油工業部為基礎的大石油集團分家成為中國石油、中國石化和中國海油三大公司之後，原來素有密切連繫和協作的科技專家們分屬各個單位，連繫和合作的渠道和以前有了很大區別。陳俊武和一些老專家認為，儘管體制有了變化，但各大公司間加強煉油技術交流活動對於推動我們國家整體煉油技術水平十分重要。

2001 年，經金陵石化公司總工胡堯良建議，由訊息學會石油煉製分會組織，在三大石油石化企業的支持下，每兩年召開一次全國性的石油煉製技術大會。這個建議得到同行們的響應支持，立即組織實施。石油煉製技術大會下設組織委員會和學術委員會，學術委員會邀請陳俊武和徐承恩擔任主任。具體會務則由組織委員會負責，輪流由中國石油天然氣股份有限公司(大連安全研究院)和中國石油化工股份有限公司(茂名石化公司)具體安排，提供會議服務。作為學術委員會主任，陳俊武在每次大會之前，要約定十多位評委參會，並對全國石油石化系統徵集的幾百篇論文閱讀甄別，從中評

陳俊武(左二)與石油煉製技術大會領導胡堯良(右一)、王永杰(左一)、周天驥(右二)

選出會議報告(分為大會和分組報告)、張貼論文、出版物刊登論文和未選中論文幾類，選中的文章如需修改的還要及時和作者連繫溝通。這項活動在 2001-2011 年間共舉辦六次，每次大會論文集一般都厚達一千多頁。

訊息交流能夠提高企業和技術人員的技術水平，因此很受歡迎。除了這種由三大公司支持的活動外，還有以中國石油學會組織的活動，一般由掛靠在中國石化石油化工科學研究院的中國石油學會石油煉製分會主辦，四年一次，出版論文集。陳俊武因參加前者花費較多精力，對後者組織的活動相對參加較少。

大石油企業的科技委員會每年也有學術活動，一般是規定委員每年應交一篇文章，彙總後出版專輯。

陳俊武在這些活動中付出了大量的時間和精力，並且大多還都是為他人做嫁衣式、園丁式的工作，但他一直無怨無悔，甘之如飴。他認為，作技術領導工作，開展科技創新，參與並主持不同類型的技術活動是必修課，應該持久認真地對待。

3 育人工程：序曲與發揮點

1990 年，陳俊武從經理崗位上退下來的時候，已是 63 歲。1992 年選為中國科學院院士的時候已是 65 歲。

隨著年齡的增大，也隨著他大腦中儲存的知識寶庫的存量越來越多，他心中的一個願望也越來越強烈：傳授知識和技能，培養接班人。

其實，從科技發展歷史來看，科學研究和教學育人密不可分，大科學家無一不是教授和導師。他們都希望把自己創建的學說和理論毫無保留地傳授給學生。這種慾望強烈而執著，幾乎是一種本能。他們知道，自己是人類攀登科學高峰階梯中的一級，是科學發展長鏈中的一環，他們必須承上啟下代代相傳才能使科學事業如滾滾長河奔流不息。在中外科學巨星中，都可以找到他們身前身後的師承關係，無一例外。

陳俊武對教學育人認真而熱情。學術報告、講課、指導研究生……使本來就繁忙的陳俊武更加繁忙。忙在其中，卻也樂在其中。他說，孟子曾說過，得天下英才而教育之，是人生一大樂事嘛。

但他仍意猶未盡，他還繼續攬著更多「麻煩」。他為解決洛陽石化工程公司科技隊伍青黃不接、中間斷層和整體素質的繼續提高問題而焦慮不安，大聲疾呼。

他說：「將來市場的競爭實質上是科技實力的競爭，我們必須首先提高科技人員的整體基礎理論水平和科技素質，這是最重要的，我們一定要煉好內功！」

在陳俊武任經理期間，曾提出採用「學分制」進行繼續工程教育，主持編制並實施《繼續工程教育學習內容和考核辦法》，實行學分制。全公司有 60 多個技術專業，其中設計 15 個，每個專業設 40~60 門課程。學習和考核內容分為外語類、電腦應用類、基本功類、工作實踐類和論文類等，對中高級人才提出更高的標準。1989 年考核考試約一千人次，合計取得 4 千多學分。這個辦法受到中國石化總公司的獎勵並在全公司推廣。1992 年 4 月，介紹闡述這個辦法的論文還在赫爾辛基第五屆世界繼續工程教育大會上宣讀並收入大會文集。

從 1991 年開始，他首先在公司內部組織舉辦了為期一週的高工研修班。對象都是公司的技術骨幹，並且都是高級工程師，共有七人，其中有陳道一、郭振庭、李占寶、郝希仁等。除了陳俊武自己，他還請了已任總工程師的張立新以及老專家劉太極和沙穎遜教課。

他把自己數十年積累探索的經驗理論整理濃縮，像是握著一根接力棒，他焦灼地要把這根智慧之棒傳給後來者。他呼籲老專家們都要帶「徒弟」，培養業務尖子，以形成「尖刀隊形」。

1992 年初，陳俊武提出從青年工程師中培養催化裂化設計高層次人才的培訓方案。他親自為這個方案擬定了具體詳細的內容，對受培訓者要求樹立兩個目標：提高技術素質，增進創新能力；運用四種本領：調研方法、訊息渠道、外文工具、電算手段；具備六個條件：扎實的理論基礎、豐富的實踐經驗、勤奮的思考習慣、精闢的分析技巧、熟練的指導能力、明智的決策水平。

他請培訓部的曹世經和趙志良協助，對初步挑選出來的優秀青年工程師劉昱、張韓、馬宏、蕭鳳芝等 12 人，先以 61 道試題的巨大題量書面測試，及格者 6 人。按嚴格錄取原則，兼顧每個人的具體情況，最後確定了劉昱、馬宏和張韓三人為正式學員。在培訓部和工藝室領導見證下，陳俊武作為導師和三名學員正式簽署了培訓合約。他自我保證在規定時間內給他們講課，沒有時間寫講義，就以口述和黑板為主，目標是提高分析思考能力，把催化裂化工程經驗轉化為規律性知識。

在以後三年的時間裡，陳俊武基本上每週都要給學員們講一次課，一個月平均有十多個學時，另外還有批改作業、答疑、帶領學員到現場實踐教學，等等。這期間他還有許多工作要做，但這個高研班「導師」的職責他總是認認真真、一絲不苟地去履行。學生們甚至還發現，每次上課，老師總是按時準點，儀容端肅，若穿西裝，必打領帶。

20 多年後，已成為洛陽石化工程公司副總工程師和首席專家的劉昱在一次座談會上，回憶發揮當年學習的情景，動情地說：「透過那三年的學習，提高了我們的專業技術素質，使我們不僅在催化裂化基礎理論及專業知識方面有了很大的收穫，而且在思維方法、分析能力、實踐經驗等方面也有了較大的提高。這次學習對我們這些初涉催化裂化領域的年輕人來說是極為難得的機會。陳院士淵博的知識、嚴謹的治學態度和求真務實的精神也深深地影響著我們，感染著我們。」

4 育人工程：中國石化高研班

陳俊武在洛陽石化工程公司推行他倡導的繼續工程教育和高層次人才培訓計劃期間，從 1987 年到 1995 年，中國石化總公司培訓部門在柳芬的具體組織下，以石油化工科學研究院為主先後舉辦了 7 次催化裂化中級骨幹學習班。一般都是由中國石化總公司繼續工程教育中心發文，通知有關企業派人參加。事先將學習任務分解為幾項內容，請不同的導師授課，授課者來自研究院、設計院和總公司機關。

陳俊武也多次被邀請來授課，每次時間只有一兩天，他講的大都屬於結業前總結性質的內容。學習班先後在北京、石家莊、濟南和天津舉辦，除此之外，還有以總公司的名義和人事部、技術中心等多個部門邀請陳俊武去作報告、搞講座之類，對於這些活動，陳俊武儘管十分繁忙，但都要儘量擠出時間參加。

從洛陽石化工程公司到總公司，從他自己推行的學分制繼續工程教育、高層次人才培訓到總公司的骨幹學習班，陳俊武在實踐中也不斷地總結著、思考著。他逐漸意識到，為了真正能為中國石油化工事業培養出高層次的精英人才，應該辦一個有創新理念的有獨特教學方式的高研班。他的想法得到了總公司領導的全力支持。

1992 年，中國石化總公司舉辦的第一期催化裂化高級研修班正式開班。柳芬是班主任，陳俊武為導師，曹漢昌作為他的助手當輔導老師。正式學員只有 10 人，對學員的挑選極為嚴苛。比如，必須在工廠一線催化裂化裝置至少有 4 年以上的工作經歷，已是高工或接近高工的工藝技術人員，還要在以前的中級班學習過，等等。

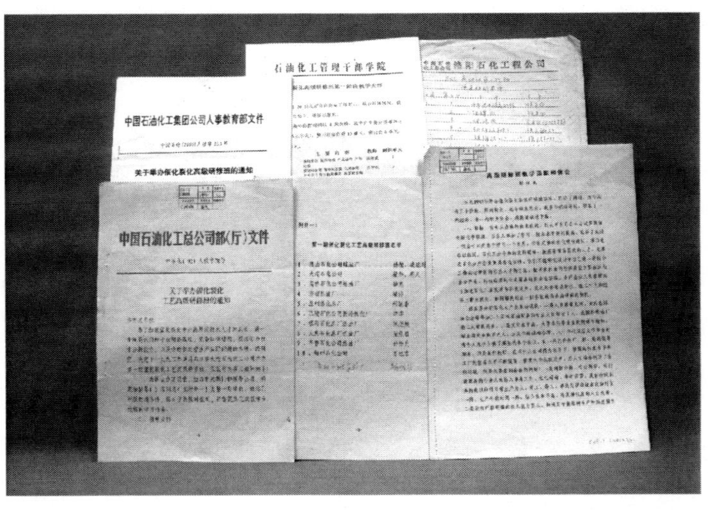

中國石化舉辦催化裂化高級研修班部分文件和陳俊武總結

高研班的地址在一個地處偏僻的大連石油七廠的招待所裡，開班時規格很高，曾任石油部副部長的侯祥麟院士親自接見，但緊接著進行的一場考試讓這些來自全國各地的技術尖子們開始頭皮發蒙。

2017 年 3 月已經 90 高齡的陳俊武在洛陽和部分一期
高研班學員徐惠(後左一)、蔣凡(後右一)會見

題目似乎並不是太難，但題量卻非常大，要想全部答出來基本

上沒有可以思考和猶疑的時間。考試下來大家緊張地交流，怎麼平時覺得都懂都會的內容，答卷的時候都變得似是而非。但成績並沒有公布，陳俊武用這種辦法是摸底，考查學員的基本功，就是看你平時是否用心用功，然後才根據每個人的情況區別對待，因材施教。

在這個遠離市區、也遠離紛擾和塵囂的地方，一個也遠離現行的傳統教育模式的高研班開班了。

一切都充滿了新意。

陳俊武淵博的學識、謙虛平易的態度和深入淺出、循循善誘的授課方法很快征服了這些學生們。

高研班有教材，就是油印本的陳俊武主編的《催化裂化工藝與工程》。但又不全按這個教材講。在全國煉油工程技術領域，在催化裂化這個核心技術領域，也有門派之別。如果套用武術界的用語，陳俊武也許就應是他這個門派的宗師。但是，陳俊武在講課中對其他兄弟單位的技術成果都給予充分尊重，客觀介紹各家的技術特點，點評分析，讓學生們自己體會。

有課堂講授，也布置作業，作業題目中有理論，更多的是生產實踐中的諸多疑難問題。然後再集中，讓學生們公布答案，發表意見，當然其中有相同的也有不同的，互相碰撞，互相啟發，分析比較其中的優劣得失，最後選擇確定最有價值的結論。

高研班課程安排極為緊張，上午陳俊武主講，下午曹漢昌輔導，晚上做作業，幾乎沒有空暇的時間。

三週集中學習結束，學員們回到各自的工作崗位，不過每個人都帶著一個「大作業」。大作業主要內容有三項：一是對自己所在裝置彙集整理原始數據，強調對已有操作和化驗數據要去粗取精，去偽存真，對有些流態化數據應親歷親為自己測量；二是按教課中提出的方法做出工藝和工程計算，包括氫和硫平衡在內的物料衡算、包括焦炭吸附（脫附）熱在內的能量衡算和不同回路的壓力平衡計算，還有反應工程領域的計算（催化反應動力學、燒炭動力學、催化劑失活動力學等）；三是根據計算結果結合裝置出現的技術問題做出針對性分析研究，提出解決方案。

這個「大作業」名副其實，體量大，週期長，要占用大量的工作時間和休息時間，再加上工廠生產實踐的千差萬別，大約一年甚至一年半才能完成。

大作業完成，都要寄送到導師陳俊武處。這些作業有的厚達100多頁甚至200多頁，由於學員所在裝置的情況各異，內容很少雷同。陳俊武都要仔細審閱，對其中重要的錯訛之處，還要和學生連繫溝通。他為此耗費精力時間之多可以想見，不要說一般的星期天節假日，就連中國人最看重的春節期間，他也用來審閱學生的作業。

第三期高研班學員，現任中國石化煉油事業部環保節能處處長宮超回憶說，他當年的大作業因為有了電腦，做的時間快了，但仍用了6個多月，共有200多頁，完成後寄交給陳院士。有一天他突然接到院士的電話，說你的作業裡面第幾頁第幾項的第幾個問題，不對，你再看一看。宮超一查對，果然是錯了。宮超說，那一刻他既激動又感動，對這位院士老師真是佩服得「五體投地」！

宮超不是個別的例子，陳俊武對高研班的所有學員都是如此。

高研班的第三階段是集中交流，研討，答疑，時間一般也都在兩週左右。

學生們開始都感到上這個班很苦很累，但到後來，卻興趣漸濃，對上課，對作業，對和老師、同學們相見都充滿了期待。在這個小團隊中，師生融洽，氣氛和諧，真可謂「團結、緊張、嚴肅、活潑」。

陳俊武的人格魅力深深地吸引著大家，也感染著大家。他傳授知識，也教給大家思考問題、分析問題、解決問題的方法，他用自己的言行告訴大家應該如何對待工作事業，如何對待社會人生，潛

2006 年陳俊武在洛陽辦公室輔導高研班學員的作業

移默化，如浴春風。高研班學習研修的主要內容是技術，沒有上政治課，但學員們在這裡卻感受到最強烈的愛國主義和理想信念的薰陶。大家共同的感受是，高研班絕不僅僅是技術性的班，也是關於政治、智慧和人生哲學的班，甚至也是關於清正廉潔的作風建設的班。陳俊武在學員們的心目中，不僅是「經師」，更重要的是「人師」。

也許高研班的學生們至今還不知道當年他們的兩位導師坐車的故事。

1992 年夏，陳俊武和曹漢昌來到大連，出了火車站，卻發現來接他們的是一輛客貨兩用車。曹漢昌火了，我們都是來講課的專家，我且不論，陳俊武是大名鼎鼎的院士，怎麼就用這樣的車來接？但陳俊武卻覺得無所謂，說無非是代步工具嘛，何必計較這些！高研班所在地大連石油七廠招待所，有高級房間也有普通房間，主辦方給他們安排了高級房間，陳俊武拒絕了，執意要住普通房間。

1993 年 3 月，曹漢昌陪同陳俊武到中國石化管理幹部學院培訓中心講課。從洛陽乘火車，到北京的時間是凌晨 5 點多。陳俊武怕麻煩人，說地鐵裡多暖和啊，坐地鐵吧。於是兩個老頭兒就先坐地鐵轉了一大圈，又到免票的中山公園轉了一圈，直等到 8 點多上班才到了目的地。

曹漢昌對這位老朋友領導近於苛刻的律己和清廉，是由衷地敬佩，但跟著他出差卻盡受委屈，就半開玩笑地感慨：「我呀，跟著你淨吃虧呢！」

高研班最後結業的形式是透過答辯，就像是大學裡研究生的答辯一樣，但難度要比那些碩士、博士的答辯高出許多。第一期高研班 1994 年結業，共有 7 個人透過答辯。

第二期高研班 1994 年在廣州舉辦，班主任是樊啟明，共有 18 名學員；第三期 2000 年在北京辦，班主任是趙瓊瑛，固定學員 12 人，也經常有 10 多人來臨時聽課。在北京辦班的有利條件是可以就近請到更多的專家來講課，陳祖庇、林世雄、時銘顯，還有洛陽公司的郝希仁。

2017 年 3 月已經 90 高齡的陳俊武在洛陽和部分二期高研班學員

三期高研班，前後歷經 10 年之久，給中國石化行業培養了一批沒有頒發學位證書的高層次精英人才。這批人大多都成為了催化裂化領域卓有成就的專家，還有很多擔任了重要領導職務。

2017 年 3 月已經 90 高齡的陳俊武在洛陽和部分三期高研班學員

比如，凌逸群後來調任中國石化集團公司任副總經理，徐惠調任中國石化科技開發部副主任，邢穎春任中國石油煉油與化工分公司總工程師，陳堯煥任中國石化北海煉化有限公司總經理，李華任中國石化長嶺分公司黨委書記，蔡智任中國石化海南煉油化工有限公司黨委書記，等等。而中國石化石家莊煉化分公司，一個團隊的

2017 年 6 月 17 日催化裂化高研班一期學員、中國石化集團公司副總經理凌逸群(右)看望陳俊武院士(中)，洛陽工程公司黨委書記王國良(左)陪同

主要成員竟大部分是高研班的學員，葉曉東任總經理，劉曉欣任副總經理兼總工程師，齊洪祥任黨委副書記。另外還有一大批任總經理、副總經理，總工程師、副總工程師，以及處長、部長、高工和各種專家頭銜的學員名單，在這裡不再一一列舉。

當然，我們不能以職務高低而論，但這是個重要的參考指標。所謂孔夫子弟子三千，賢者七十，這三期高研班中湧現出來的有成就的人才比率要高得多。有人開玩笑說，陳院士主辦的三期高研班，是中國石油化工行業的「黃埔軍校」。也有人開玩笑說，陳院士的高研班，不僅培養技術人才，也培養黨委書記。

春風化雨，春風化人，陳俊武用自己的 10 年辛勞 10 年心血，廣植桃李，精心培養，如今已是桃李遍於天下，桃紅李妍，燦若雲霞。

5　育人工程的延伸：愛心小記

熱心公益，濟困助人，陳俊武這一類善舉甚多。人們發現，陳俊武的愛心捐助，基本上都與助教助學有關，與培養人才有關。1990 年，他曾將一次獎金五百元全部捐給了公司幼兒園。那時候，人們工資普遍較低，五百元其實已是一個大數目。後來，獎金數量多了，有好幾次他仍是全部捐出，不過形式有所不同。

1994 年 5 月，陳俊武捐出自己的獎金四萬元，在洛陽石化工程公司內部設立了青年優秀科技論文獎勵基金，用以獎勵在技術開發和理論研究方面有創新有建樹的青年人。

1995 年，他將洛陽市科技大會發給他的獎金五千元，全部捐給孟津縣，資助十名家庭生活困難的農村民辦教師。當時縣裡還開了會，邀請陳俊武到會講話。

一年後，他又將獎金五千元，捐贈給洛寧縣張塢鄉中學，這一次是為學校購買和贈送圖書，用以獎勵優秀學生。張塢鄉中學就在他們當年「戰鬥」過的竹園溝溝口附近，是個有特殊意義的地方，陳俊武也應邀參加了贈書儀式。

1994 年 7 月，《洛陽日報》的一則新聞引發揮了陳俊武的注意。報導中說，洛陽市新安縣山區的一個貧困學生，學業優秀，因獲得「全國化學通訊競賽」一等獎，被上海復旦大學化學系破格免試錄取，但由於家庭困難，陷於困境。

陳俊武覺得這樣的優秀青年若因經濟困難而影響學業，實在太可惜了，自己應該幫助他。當天，他召開了家庭會，說了自己的想法，得到夫人和兩個女兒的一致支持。透過報社的溝通連繫，陳俊武在辦公室見到了這個名叫張政偉的學生。

張政偉衣服破舊，顯得有些拘謹。原來他父母雙亡，自己住在姥姥家，平時生活就十分困難，上大學的學費、生活費更是沒有著落。一番簡單的交談之後，陳俊武當即表示：你在上大學期間，學費、生活費我全部負擔，你只管安心學習好了。這對於張政偉來說，是做夢也想不到的喜訊，一個貧困學子的命運，在這一刻開始了轉折。

從此，陳俊武按時給張政偉匯款，每年兩次，每次四五千元，直至張政偉大學畢業，一共對他資助了四萬元左右。張政偉在復旦大學化學系畢業後，進入復旦大學醫學院，從事一種新型設備(PET)的醫療檢查工作，現在已成為業務骨幹，還在上海建立了自己的小家庭。當然，他也永遠銘記著陳俊武院士對他的恩情，凡回洛陽，都要去看望陳俊武。

受到過陳俊武各種形式幫助的這些人們，有的可能暫時解決了自己的困難，有的可能因此而改變了人生，他們都會永遠感受到一種溫暖和激勵，感受到一種努力進取的動力。

第十五章

石油替代 煤化結緣

1 序曲：思考與實踐

進入 21 世紀以後，陳俊武已年逾古稀。儘管他依然身體康健，精力充沛，但他還是以客觀縝密的態度對自己將來的具體條件和工作方向作了認真的思考。他想，催化裂化自己已干了近半世紀，如今優秀的後繼者人才濟濟，也有很多各有所長的專家，自己在這個領域似乎可以「退隱山林」了。

那麼，今後工作應該向哪個方向努力呢？他首先想到的是自己一直關注的能源宏觀發展和石油替代趨勢問題。長期以來，陳俊武不僅關心跟蹤國外煉油工程技術的發展訊息，也關注著世界能源特別是石油替代的有關訊息。

石油作為一種不可再生的資源，只能是越來越稀缺。容易開發的品質好的油田已經開發所剩不多，剩下的或是新發現的大多是不好開發的或是品質差的稠油。品質差的石油煉製更難，價格也會越來越貴。現在有些國家，比如加拿大，已經在開髮油砂，還有墨西哥、委內瑞拉等國還在開發超重油。而在海洋中勘探和開採石油難度更大，成本也高。眾多的國內外資料都表明一個明顯的趨勢：石油消費尚未達到峰值，而石油的可採資源量卻日漸萎縮，供需矛盾將會更加尖銳突出。目前我國一年消費的石油達 5 億多噸，國內產量只有 2 億噸，3 億多噸差額全靠進口。

因此，對石油替代的研究和開發十分必要而且緊迫，這不僅關係民生，也關乎國家安全。

現在的石油替代，有天然氣，也有生物質油，如用糧食為原料加工生產乙醇，摻入汽油作為汽車燃料，但我國糧食產量受限制。另外還有一種用微藻做原料生產生物燃料的技術。從目前來看，雖有多種辦法，也都有工藝本身或工程上的各種侷限和弊病。

陳俊武覺得，面對當前的實際情況，利用好渣油，以部分取代石腦油生產石油化工原料，是一個重要的思路。石腦油是一種輕質油品，因為辛烷值低，不能直接作為汽車燃料，但是可以作制取乙烯、丙烯等化工產品的重要原料。我國原油較重，石腦油供應非常緊張。這時沙潁遜提出採用特製的熱載體微球，在高於 700℃ 高溫下將渣油分解的重油裂解制烯烴(HCC)工藝。陳俊武和張立新、劉昱等人對此頗有興趣，他們期望透過對這個工藝的研究，開發出生產乙烯的另一條途徑。

後來他們從齊齊哈爾石化總廠得知，廠方願意利用煉油廠設備作工業試驗。2001 年 6 月，這項試驗在該廠初試成功，但因為時間較短，未暴露設備內部結焦問題。陳俊武也向中國石化集團公司匯報了這個想法和初步試驗結果，取得了主管領導的支持。此後他們又連繫到撫順石化公司石油二廠做較長時間工業規模試驗，石油二廠的試驗不夠順利，設備結焦頻頻出現，又沒有有效解決的措施，拖長了試驗時間，由此出現了其他多種矛盾，最後不了了之。陳俊武認為，這是他多年來抓技術創新的一次敗筆，為此深感遺憾！

不過令他欣慰的是，原來認為採用熱載體微球催化劑行不通的事，卻在石油化工科學研究院的努力下實現了。中國石化石油化工科學研究院用沈北石蠟基原油的渣油，在不超過 700℃ 下進行催化裂解，可以得到約 40% 的乙烯與丙烯，重油直接催化裂解制取乙烯和丙烯的 CPP 工藝滿足了瀋陽石蠟化工廠的烯烴原料需求，並於 2010 年 4 月透過了中國國際諮詢公司組織的考核驗收。

2 紀事：煤直接液化制油項目

利用渣油制烯烴以提高石油資源的利用率，制約的因素太多，況且這只算是「節流」，而對於解決我國能源問題，最重要的還是「開源」，就是在石油之外尋找開發更多的能源。

陳俊武當年在撫順投身石油事業，發揮步開篇就是從事煤制油技術，他認為面對中國富煤少油的天然資源現狀，現在加強這方面的研究開發，既很必要也很迫切。

煤制油技術的一個主要路徑就是煤炭液化。煤液化是把固體煤炭透過化學加工過程，使其轉化成為液體燃料、化工原料和其他產品的先進潔淨煤技術。根據不同的加工路線，煤炭液化可分為直接液化和間接液化兩大類。

上世紀末，神華集團根據原煤炭部北京煤化學研究所多年來從事煤液化研究的成果，認為正在開發中的內蒙古和陝北某礦區的煤質非常適合直接液化制油。神華集團是國有綜合性大型能源企業，實力雄厚，具備開發煤制油的條件。

國家計委原副主任葉青對此訊息很感興趣，表示可以在資金上給以支持。於是神華集團和具有煤液化技術的美國 HTI 公司連繫，擬採用這家公司開發的液化技術和新催化劑，建設三條生產線規模、每條生產線年產油 108 萬噸的煤制油廠。經過小試驗證後，神華集團把 1000 噸試驗原料煤炭運往美國 HTI 公司進行中型試驗。在此期間，北京設計院的郭志雄和趙偉凡等專家配合神華集團做了不少工作。

但建設這樣一個大型項目，需求中國國際工程諮詢公司審批。

中國國際工程諮詢公司(下文簡稱中咨公司)是國務院國資委管理的中央骨幹企業，是順應我國投資體制改革，貫徹決策民主化、科學化而成立的國內規模最大的綜合性工程諮詢機構。以政府委託業務為中心，對國家重大建設項目進行諮詢評估，是國家賦予中咨公司的使命。中咨公司也根據需求邀請有關行業的專家參與諮詢評審。

2000 年 12 月，神華集團顧問李樹鈞邀請陳俊武參加這個煤液化項目的工藝評審，因工作的關係，介紹煤炭部原司長屠竹鳴和陳俊武相識。

李樹鈞 1952 年畢業於清華大學，是北京煉油設計院的資深專家，也是陳俊武的老朋友。早在上世紀 60 年代，他就和陳俊武一發揮參與了赴古巴考察和撫順石油二廠我國第一套催化裂化裝置的設計建設，並結下了深厚的友誼。90 年代，李樹鈞擔任中咨公司顧問期間，就主動邀請陳俊武參與有關項目的評估。後來他又受聘為神華集團顧問，邀請陳俊武參加擬採用 HTI 工藝的煤直接液化項目的討論會。他這種以國家發展大局為重，摒棄門戶觀念的開闊胸懷和客觀公正的處事理念讓陳俊武深為欽佩。

1984 年陳俊武與李樹鈞(右)在洛陽

陳俊武提出，液化油因為金屬雜質含量高，透過催化裂化加工方案不可行，在線加氫處理也不妥。陳俊武是國內催化裂化方面公認的權威，早年還曾經是國內第一套煤制油加氫裝置的設計師，他的意見得到屠竹鳴的高度重視。

此後不久，李樹鈞向陳俊武通報，神華煤在 HTI 公司中試得到的液化油樣已送中國石化石油化工科學研究院試驗，並把該油樣的分析數據寄給陳俊武。陳俊武看到液化油氫的含量只有 10% 左右，十分吃驚，這樣的油品加氫處理的氫耗量將非常大，他擔心這種油品中柴油餾分就會像催化裂化輕循環油那樣，十六烷值偏低。在此後一年內，陳俊武和石油界的李樹鈞、石亞華、宋文模、金國乾等人對 HTI 公司提出的液化工藝流程都提出過許多評估意見，例如渣油用甲苯萃取、油品在線加氫處理，等等，評估結果均不可行。

金國干是陳俊武上世紀 50 年代在撫順石油三廠工作期間頗為相契的老同事。在大同煤煉油廠籌建期間，他們經常合作。後來金國干作為籌建處代表，參與接待捷克專家，專門配合工藝專家霍菲爾的工作，兼任德語翻譯。煤間接液化項目進入諮詢階段時，金國干已經退休，被撫順石油公司返聘在該公司設計院工作。考慮到合成油品加工技術的開發和評估，陳俊武向中咨公司建議，請金國干參

2009 年 11 月陳俊武與金國干在神華寧煤集團煤制油項目審查會合影

加有關評審活動，從此他開始介入合成油項目，他還請中國石油撫順設計院參加油品加工的研究工作。

我國石化工業的幾個元老，在退休之後的老年時段，相邀相攜，再度上陣，共同為我國新型煤化工工業的開發和發展盡心獻力，青山夕照，老驥伏櫪，這也算是一段佳話。

2002 年 4 月，中咨公司任命陳俊武和範維唐（中國工程院院士，原煤炭部副部長，時任中國煤炭協會會長）為神華煤直接液化項目評審專家組組長，對該項目進行評審。到會專家 28 人，其中石油系統 5 人。主管評審的是該公司以郭大同主任為首的煤炭處，不是過去常與石化系統打交道的石化處。各位評審專家以實事求是的態度，對重大問題看法基本一致，無對立意見。專家組建議，對原來建設三條生產線的方案改為先建一條線，並且可以實行工業試驗與產業示範並舉的方案，估計第一期投資為 60 億元，建設單位可以承受相對較少的投資風險。陳俊武在這次大會上的總結髮言，講了十大問題，有理有據，觀點明確，分析透徹，受到與會者的高度評價，中咨公司認為他的發言對直接煤液化項目的審批發揮了決定性作用。

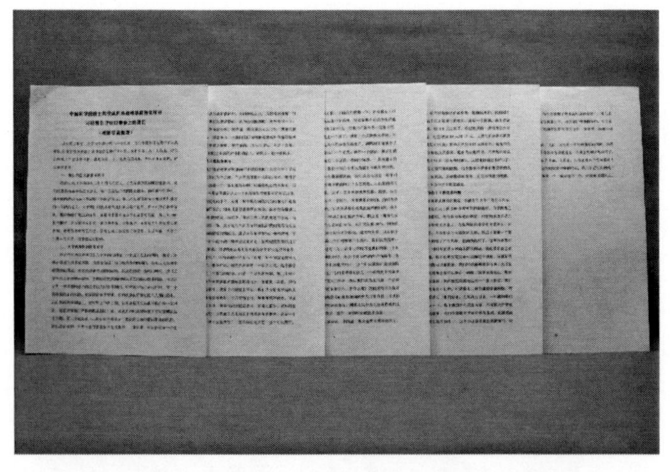

陳俊武對神華集團引進煤制油技術可行性研究評審會的總結髮言

既然 HTI 公司編制的可行性研究報告不能實施，就需求修改總工藝流程。煤炭科學研究院北京煤化學研究所吳春來等提出參考使用供氫劑的日本技術，但使用國產煤加氫催化劑(參照 HTI 的催化劑)，聘請日本專家指導，對方還答應免收技術轉讓費。這時 H-Oil 公司已被法國 Axens 公司併購，供氫劑沸騰床加氫技術可由 Axens 公司提供(含工藝包和技術轉讓)。

工藝流程改進後的全廠可研報告由中國石化工程建設公司完成，2004 年報中咨公司再次進行評審，陳俊武仍擔任評審組長。專家們原則同意可研報告，但仍擔心存在的風險。於是神華集團公司提出在上海建設一套日加工 6 噸煤炭的中試裝置驗證修改後的工藝流程和產品性質，氫源從鄰近化工廠取得。當時這個中試裝置由洛陽石化工程公司以 EPC 總承包的方式建設，另將洛陽石化工程公司煉製研究所從事加氫研究的朱豫飛調到神華公司承擔試驗任務。前後歷時三年，後期針對裝置熱損失大的問題再次做了改造，終於順利完成了各項試驗，經蒸餾可得到的油品收率達 55%，轉化率大於 90%，為工業裝置建設提供了準確的設計數據和中型裝置的試驗油樣。2007 年初，陳俊武和神華集團公司的任相坤、舒歌平參加了該項目的 863 課題鑒定。

陳俊武指導設計的神華集團上海煤直接液化中試裝置

煤直接液化工藝過程中的細節問題仍然很多，例如原料煤的灰分含量不大於 5.3%如何保證，灰分增加對產品收率影響問題，液化油中含氧化合物高將導致的氫耗大問題，等等。每個環節物料衡算必須進行碳、氫、硫、氧元素衡算和灰分衡算，少許的差錯會累積成大誤差，將影響油品產率和企業制氫裝置規模的確定。對這些問題陳俊武曾和設計研究單位多次交換過意見。

直接液化第一條生產線設備製造和施工過程值得大筆特書，該生產線 2008 年 12 月 31 日投產，此後一直保持正常生產。陳俊武由於忙其他工作而沒有參與，直到開工投產後他才有時間去現場「回訪」。舒歌平常駐現場，熱情向陳俊武介紹生產情況。陳俊武感覺完成這一項目實在不易，其規模目前屬於「世界之最」，但推廣發揮來也著實困難。

2008 年 12 月 31 日神華集團第一條 100 萬噸級煤制油裝置開工試運

此後，只有雲南的先鋒煤液化項目曾以可研報告上報國家發改委，雲南省煤炭廳主張採用德國傳統的高壓加氫工藝。中咨公司組織陳俊武和其他專家去現場調查，他們發現當地資源量不足，否定了該項目的可行性。後來黑龍江省還做過依蘭煤直接液化實驗，但項目也未成立。

3 紀事：煤間接液化制油項目

煤制油還有另外一個途徑——間接液化。煤間接液化是先把煤炭在高溫下與氧氣和水蒸氣反應，使煤炭氣化轉化成合成氣——一氧化碳和氫氣的混合物，然後再在催化劑的作用下合成為液體燃料的工藝技術。

煤間接液化中的合成技術是由德國科學家 Fischer 和 Tropsch 於 1923 首先開發，並以他們名字的第一字母即 F-T 命名的，簡稱 F-T 合成或費托合成。1939 年已實現產業化，1944 年德國共有 8 座工廠合計年產能 60 萬噸油品，當時曾轉讓給日本一套，在我國東北錦州建廠。費托技術主要工藝為常壓或加壓固定床反應器，採用的是鈷基催化劑。1953 年德國漿態床反應器開發成功，此後因天然石油資源充足使這項技術暫停發展。

南非在白人政權時期，因實行種族隔離制度被國際社會實施「石油禁運」制裁，不得不從煤的間接液化獲取液體燃料。美國凱洛格公司提供了循環流化床費托合成技術，使用的是鐵基催化劑，1980 年已建成年產 600 萬噸油品的產能，業主是沙索(Sasol)公司。1993 年 Shell 公司在馬來西亞建成使用鈷基催化劑的固定床裝置。本世紀初，沙索公司在卡塔爾以天然氣為原料，建設了一套鈷基催化劑的漿態床費托合成油廠。

我國上世紀 50 年代中期就考慮將錦州廠的固定床改為流化床，列為中國科學院大連化學物理研究所和洛陽石化工程公司的前身——石油部撫順煉油設計院的合作項目。在當時撫順煉油設計院總工程師黎煜明的領導下，1957 年在錦州建成年產 3 千噸的中試裝置，可惜未取得成功。此後，這項工藝的實驗室研究轉歸中國科學院山西煤炭化學研究所進行，雖然在小合成氨廠使用尾氣做過費托合成試驗，但無重大成就。

本世紀初，中國科學院山西煤炭化學研究所的海歸博士李永旺研究員在實驗室完成了間接法煤制油工作，並在此基礎上，提出應開展工程放大和工程技術開發，但研究所無論從人力還是物力而言確實難度很大，好在取得了煤炭企業伊泰集團和神華集團等的大力贊助，於是在太原市小店開發區建設了一套中試裝置。

李永旺主動和陳俊武連繫，並經常和他討論工藝設計和試驗中的問題。陳俊武認為這種邊實驗邊學習的方式對技術開發十分有益，持續性地對山西煤炭化學研究所的間接液化研究及工程技術開發工作給予指導和幫助。

中試裝置由於合成氣是人工配製，氫氣來自電解，一氧化碳來自焦炭氣化，成本高，制約了中試產能(約 700 噸/年)。中試費托反應器直徑只有 0.35 米，工業裝置是其 20 多倍，將來還需求兩級放大。但是中試確實比實驗室的高壓釜更接近工業實際，從冷阱和熱阱採集的油樣中夾帶有許多固體顆粒物，預示不僅要連續排出高催化劑濃度的熱蠟油，還要對排出物料在器外分級過濾，才可穩定操作。

李永旺及時進行了油品加工試驗，金國干介紹撫順石油化工研究院劉紀端和曾榕輝參與制定加工方案。李永旺和曹立仁還提出建設 16 萬噸級/年工業示範裝置的思路，陳俊武曾多次參與方案的制定和討論。

2007 年 6 月，千噸級中試成果透過專家鑒定。2009 年示範裝置透過 72 小時的標定，至此，《合成油高溫漿態床費托合成工藝系統集成技術》宣告誕生。

當間接液化在國內尚未邁開腳步的時候，神華寧煤集團早在 2004 年就和南非沙索(Sasol)公司商定，要各出資 50%在寧夏銀川建設一座投資約 580 億元年產 400 萬噸油品的間接法煤制油廠。國內五環科技股份有限公司配合做可行性研究，由於國外工程設計涉及幾個公司，程式複雜，2009 年末才完成預可研報告。同年 8 月中國國際諮詢公司組織對該項目的評審，聘請陳俊武為專家評審組組長。陳俊武等中國專家就技術方案向沙索公司提出了多項質疑：用他們的工藝技術在卡塔爾建的合成油廠，合成工藝所用的是鈷基催化劑，為什麼運行了三年仍然不太順利？中國缺乏鈷資源，沙索公司推薦用鈷基催化劑，要求在中國建設鈷基催化劑生產廠，為什麼不用轉化效率相當的鐵基催化劑？卡塔爾廠用的原料是天然氣，我國用的是煤炭，但未見到詳細的對比數據，等等。陳俊武等還提出對氣化爐採用 Shell 爐型的不同看法，認為雪佛龍公司加氫設計過於簡化等意見。陳俊武領銜的中方專家組向沙索公司提出了一系列關於工藝方案、產品結構、氣化爐爐型、催化劑選擇、能量轉化效率等方面的疑惑或問題，但是沙索公司基本上堅持他們的原推薦技術方案。

2010 年 5 月，神華寧煤集團與沙索公司合作的《寧夏-沙索煤炭間接液化項目申請報告》可研報告提交中國國際諮詢審查。鑒於沙

2009 年 11 月陳俊武院士作為評審組長審查
寧煤集團引進沙索公司間接液化煤制油項目

索公司基本上堅持他們的原推薦技術方案，存在許多中方不滿意或不能夠接受的技術方案，以陳俊武為首的專家組從 8 月開始對該報告進行了多次認真的評審後，沒有同意沙索公司的可研報告。陳俊武認為，在當時我國自主研發的煤間接液化技術已經基本成熟的情況下，沒有必要以極高的代價從國外引進存在許多瑕疵和不可知因素的技術。我國煤間接液化技術的研發，滲透了幾代科學家的心血和期望。獨立自主，自力更生的精神，應該永遠流淌在我國科技人員的血脈之中。

後來，神華寧煤集團另行編制了採用中國科學院煤炭間接法制油技術的申請報告，2011 年透過了中國國際諮詢公司審查。至此，持續了六年的引進南非沙索公司大型煤制油合作項目宣告終結。

2013 年 9 月，神華寧煤集團採用中科合成油公司技術的 400 萬噸/年煤炭間接液化裝置開工建設，陳俊武受邀參加開工奠基儀式。

2016 年 12 月，這個重大項目建成並一次試車成功打通全流程，產出合格油品。這標誌著我國擁有了煤炭間接液化核心技術和成套大型工程技術，也標誌著我國在能源策略儲備方面邁出了實質性的一步。12 月 28 日，在寧東能源化工基地項目區舉行了隆重的慶祝儀式，並宣讀了國家主席習近平的祝賀和重要指示。

中國煤間接液化產業化的另一條途徑也在同一時期展開。兗州煤礦的領導頗有策略眼光，他們很早就已關注南非的費托合成技術。他們在出國考察期間，結識了在沙索公司科技部工作多年的中國青年工程師孫啟文。孫啟文曾在荷蘭留學，對煤間接液化技術有較深的造詣。兗州煤礦的領導動員孫啟文回國發展，並承諾給他創造充分的工作條件。

孫啟文回國後，在魯南化肥廠建成一套直徑 1 米的中試裝置，原料氣體靠化肥廠提供，催化劑由自己製備。孫啟文邀請陳俊武來考察指導，並和中國石化石油化工科學研究院建立連繫，由石油化工科學院配合做產品的加工方案。

2007 年，魯南化肥廠的間接液化中試成果透過了國家鑒定。兗州煤礦在陝西榆林建設了一座煤液化工廠，第一期年產 100 萬噸油品的裝置於 2015 年順利投產。

4 紀事：鄭州大學院士工作站

和陳俊武的石油替代宏觀思路有關的，還有另一項重要內容，就是在鄭州大學院士工作站的活動。從另一個角度說，這也算是著書育人的工作。

早在上世紀 80 年代，陳俊武應原化工部所屬鄭州工學院院長劉大壯的邀請，指導該院研究生孫培勤，同時委託鄭州工學院參加陳俊武負責的「催化裂化再生器一氧化碳催化燃燒動力學」研究工作。

2008 年，原鄭州工學院併入鄭州大學，並組建能源化工學院。已在該校任教的孫培勤希望陳俊武指導她做一個科學研究項目。陳俊武對這個項目認真分析之後，認為單純做生物質高壓釜內水解試驗很難實現產業化，這一意見改變了孫培勤原來想以單純做實驗室研究就獲得初步產業化成果的想法，轉而指導鄭州大學能源化工學院開始做「生物質能源轉化為運輸燃料」的軟課題研究。當時以生物質為原料生產燃料乙醇和生物柴油方面的研發工作在國內外還屬於發揮步階段，生物質在更多領域(如透過快速熱解、發酵等)制取醇類燃料也有比較好的發展前景。由於有了陳俊武的熱情支持和參與，孫培勤和幾位中青年教師組成科學研究團隊，學院領導也積極配合，在學院內正式建立了院士工作站。陳俊武又邀請老朋友李春年也參與此項活動。此後，陳俊武和李春年或以到鄭州大學講課、討論的方式，或利用電子郵件交流的方式，對孫培勤團隊的生物質制運輸燃料的課題研究進行指導。

當時國內從事生物能源研究的研究所和高校為數不少，由於國家未做出像 863 項目那樣的統籌安排，很多研究題目重複，研究人員各行其是的情況較為突出，這種現象不利於生物質運輸燃料的產業化。

陳俊武認為，在眾多研究路徑中哪幾條路徑最有可能實現產業化，並在替代石油基運輸燃料方面有無可能占據主導地位，科技決策部門應及早思考這一重大命題。

陳俊武從能源策略研究的高度，指導孫培勤團隊率先開展「生物質能源替代石油基運輸燃料的評估和對比論證」軟課題研究。前後經歷 5 年多時間，研究成果形成了一本 80 多萬字的《生物基燃料技術經濟評估》的專著。該書主編為孫培勤，副主編為孫紹暉、常春和魏新利，共有 15 位作者參與，陳俊武擔任主審並撰寫了部分內容，2016 年 1 月由中國石化出版社出版。這本專著結合我國國情，對具有產業化前景的生物質轉化為運輸燃料的 10 多條路徑進行科學評估，提出了優化的替代路徑，為國家能源策略決策提供了重要參考。陳俊武在指導團隊工作中，還培養了 4 名博士後。

遺憾的是，因為國內重大軟課題均由中國科學院、中國工程院、國家發改委與極少數高校承擔，鄭州大學沒有這類任務，儘管作者們付出了巨大的時間和精力，這個成果卻沒有列入國家規劃的科學研究項目。不過隨著時間的推移，這本著作將會日益顯示出它應有的價值。

有一件事鮮為人知，6 年來，作為鄭州大學的雙聘院士，年逾八旬的陳俊武對化工與能源學院支付的酬金分文不取，也不讓學院負擔任何吃住行費用，還不計成本地為學生複印資料，為他們提供力所能及的幫助。

在團隊取得階段性成果之際，能源化工學院再次奉上陳院士 6 年兼職所應取得的酬金。這次，陳俊武提出把這近 20 萬元全部捐出，用於培養優秀學生。他的團隊成員深受感動，紛紛捐款出資共同設立獎勵基金。

2016 年 3 月 26 日，剛過了 90 歲生日的陳俊武專程趕到鄭州大學，將 6 年來在鄭州大學兼職所得的報酬近 20 萬元全部捐給了新設立的陳俊武研究生獎勵基金會，用於獎勵和支持該校化工領域的優秀青年學子。

在這一天舉行的「鄭州大學陳俊武研究生獎勵基金設立暨 2016 年發放儀式」上，連同陳俊武研究團隊其他成員的捐款，獎勵基金共計 50 萬元，首批 15 名優秀學子榮獲獎勵。

一名獲獎學生會後跑到陳俊武面前，請求陳老在他的獲獎證書上籤字留念。「這將是我一生的財富！」這位學生激動地說：「陳院士奉獻科學、德技雙馨、甘為人梯，永遠是我們青年人學習的楷模！」

陳俊武為獲 2016 年「鄭州大學陳俊武研究生獎勵基金」的學生頒發獎金和證書

5　延伸：策略思考和著作

關於煤制油產業發展前景，陳俊武在 2010 年就已形成個人的觀點，並在國家發改委能源局召開的研討會上發表。他的基本觀點是，該產業正處於發揮步階段，力戒一哄而發揮，多路出擊。應及早展開全局性、綜合性論證，就技術水平、建設風險取得共識。陳俊武提出應對工廠規模、產品出路、煤價和油價變化影響的靈敏度等都要作認真分析，並指出新鮮水的供應、二氧化碳的排放及封存等問題均不可忽視。他建議在世界石油產能未達峰值的時期，要抓緊煤制油的研發，確定示範項目；不宜只生產常規的油品，需求增加新品種，如高檔潤滑油基礎油、液體石蠟、噴氣燃料調和組分等；要制定能源轉化效率的指標，要考慮油電聯產，還可考慮煤和生物質混合氣化制合成油，以減少碳排放。他還提出，國外正在開發的先進氧分離技術(離子傳遞膜氧分離技術 ITM)、高溫脫硫氣體淨化技術均可供借鑑，製造高效率燃氣輪機機組也應及早提上日程。

陳俊武的這些觀點，近年來得到多位專家的共識共鳴，但實際實施力度卻不能令人滿意。

陳俊武說：「就我本人的興趣而言，我不單純滿足於具體的煤化工項目的技術工作，而是想把思路更開闊一些，從宏觀角度和世界範圍了解能源問題。」

陳俊武認為，上世紀後期有些國外專家提出的「石油峰值產能」論點值得借鑑，今後石油生產不能滿足消費需求時，石油替代課題就會應運而生。美國已經考慮用乙醇替代汽油，制乙醇也從糧食原料轉向稭稈原料。另外，氫能透過燃料電池發電驅動汽車經歷多年研究，正逐步走向產業化。美國總統布希支持「氫能經濟」，美國能源部奉命大面積開展氫能研發和應用，從 2003 年發揮實施《氫能計劃》，制定近期目標，逐年檢查評估，力爭短期內使車載燃料電池和發動機成本和內燃機成本持平，車載氫(汽油當量)的生產成本和汽油持平。美國這一充滿雄心壯志的計劃引發揮了陳俊武的極大關注，他不僅每年從美國能源部的 EERE(能源效率與可再生能源)研究課題的網頁上跟蹤美國氫能計劃的實施情況及最新技術訊息，還從生物能網頁上了解生物能應用進展。

2004 年，陳俊武向中國科學院主管能源的副院長李靜海提出建議，希望能給「石油替代諮詢課題」立項。這個建議得到李靜海的支持，委託長期在中國科學院機關工作，熟悉中國科學院研究情況的嚴陸光院士和陳俊武一發揮承擔課題任務。嚴陸光組織了一個由 17 名院士和專家組成的團隊，成員是不同領域的權威學者。陳俊武和

陳俊武與嚴陸光院士(左)在新疆評估煤化工項目

這些過去素無來往的專家相識，一同探討能源前景，自己感到也是一種幸運。但課題要求限期一年完成，討論時間有限。只好就已掌握的材料，匆匆下筆交稿。嚴陸光原來還承擔有關於中國發展再生能源研究的另一課題，他把兩課題的報告合併，最後形成由嚴陸光和陳俊武共同主編的一本專著《中國能源可持續發展若干重大問題的研究》，2009 年由科學出版社出版。其中嚴陸光和陳俊武共同主編的為上篇，共 8 章，239 頁，28 萬字。

陳俊武覺得，上述著作不能全部體現自己的思考，後來就和李春年、陳香生一發揮，分工合作，另編著了一本《石油替代綜論》。開卷是全書內容概述，將內容濃縮為 35 頁，使相關讀者對書稿內容宏觀了解。第一篇是資源篇，含三章；第二篇是生產技術篇，含八章；第三篇是應用篇，含五章。陳俊武力求把國內外的石油替代措施從過去到現在全面展開，包括技術和經濟評估資料，即技術經濟評價和全生命週期評估，排除空洞而不切實際的實驗室論文數據。

陳俊武與李春年(右)、陳香生(左)討論《石油替代綜論》書稿

這本書從 2007 年開始編寫，2009 年出版後得到較高評價。

2009 年 5 月，洛陽石化工程公司開辦了由主要行政和技術幹部參加的為期兩天的專題講座，陳俊武親自主講。陳俊武指出，此次學習目的是：(1)學習基本知識要點；(2)理解發展策略重點；(3)領會技術路線特點；(4)關注研究開發焦點；(5)剖析矛盾爭議焦點；(6)思考分析決策難點。

此外，陳俊武還先後應邀在鄭州大學、中國石化撫順石化研究院和洛陽解放軍外國語學院等處作關於能源和石油替代問題的學術報告。

第十六章

MTO產業化世界領先

1 歷史性的握手

1997 年 2 月初，陳俊武院士的辦公室來了兩位客人，他們是來自中國科學院大連化學物理研究所的研究員王公慰和副研究員劉中民。

客人向陳院士說明來意：大連化物所的一項科學研究成果「用甲醇制取低碳烯烴的新工藝方法」剛剛獲得國家「八五」重大科技成果獎等多種獎項，但目前仍屬於實驗室階段。這項工藝的反應和再生部分必須採用類似煉油催化裂化的流化床型式，陳院士是我國流化催化裂化工程技術的開拓者，洛陽石化工程公司也具備開發這類工程技術的雄厚實力，他們此行是慕名而來，尋求幫助，希望在以後的工程放大和基礎設計方面能和洛陽石化工程公司合作，並能得到陳俊武院士的指導。

陳俊武表示，早在上世紀 60 年代煉油工業「五朵金花」攻關時期，就曾與大連化物所有過良好的合作。現在我國石油資源不足已嚴重制約石油化工產品需求，石油價格逐步上漲是必然趨勢，因此這項成果很有意義，也有發展前景。洛陽石化工程公司和他本人願意從工程方面協助大連化物所進行開發，並對此充滿信心，相信一定會取得成功。

「那太好了！謝謝陳院士！」王公慰和劉中民激動地站發揮來，伸出熱情的雙手。

陳俊武也站發揮來，和兩位研究員一一握手。

這是一次重大歷史事件的開端，這次握手也具有了歷史意義。

促成這次握手的一個關鍵人物是中國石油天然氣總公司煉化局

局長王賢清。

1997 年，王賢清等專家到美國 UOP 公司和挪威 Hydro 公司考察 UOP 的 MTO 技術，他們認為 UOP 和大連化物所處於同樣的中試階段，水平相當。回國後王賢清約請洛陽石化工程公司匯報 MTO 工程化設想，洛陽石化工程公司依據四十多年 FCC 工程技術經驗，認為工程開發沒有太大的難題。

由此開始，王賢清開始傾向採用國產技術，原因有四：一是國內外水平相當；二是國內專利使用費低（UOP 開始報價近 1 億美元之多）；三是催化劑可國產化生產；四是國內設計院沒有工程放大的大問題。王賢清於是向大連化物所積極推薦洛陽石化工程公司進行工程技術開發。這正是大連化物所王、劉二人專程赴洛陽拜訪陳俊武院士的背景。

乙烯和丙烯是重要的石油化工基礎原料，可以衍生製造出一系列的化工產品，比如塑料、纖維、橡膠等，在國民經濟中占用重要位置，其傳統生產技術依賴於石油資源。國內制取低碳烯烴大部分是用石油加工所產的石腦油作為原料。石腦油又可作化工輕油，一般只占原油加工量的 10?? -20??。

我國石油資源不足，煤炭相對豐富，煤制烯烴技術是連接煤化工與石油化工上下游的橋樑，實施石油替代的重要策略方向。煤制烯烴涉及煤氣化、甲醇合成、甲醇制烯烴等多個技術環節，其中煤制甲醇相對成熟，用甲醇制取烯烴則是制約煤制烯烴的技術瓶頸。大連化物所經過二十餘年三代科學家的努力取得的科學研究成果——甲醇制取低碳烯烴（DMTO[1]）技術，就是以煤（或天然氣）為原料，經由甲醇生產乙烯、丙烯的成套技術，這更符合中國國情，既有國家能源策略安全意義，也有市場前景。

從此，陳俊武安排洛陽石化工程公司的陳香生和公司技術部負

[1] MTO 是相應英文單詞的首個字母的簡稱，是甲醇制低碳烯烴工藝的代稱。DMTO 則專指大連化學物理研究所這項工藝專利技術的代稱。

責這方面的前期技術調研工作，要求他們密切跟蹤國內外的相關技術訊息，每年重點查閱 UOP 公司、ExxonMobil 公司 MTO 工藝在流程、取熱、碳四以上組分的回煉、催化劑循環和輸送等方面的技術進展，有重要的專利和文獻均複印提供給陳俊武和工藝室的劉昱做工程設計參考。

陳香生 1964 年畢業於北京石油學院煉製系，畢業後留校當助教。1970 年支援三線建設調到湖北荊門煉油廠煉製研究所，1979 年隨煉製研究所整建制轉入石油工業部洛陽設計院，從事催化裂化動力學模型課題研究，曾先後任洛陽石化工程公司副經理和副總工程師。陳香生工作細緻認真，有較強的理論研究能力和技術開發管理的經驗。後來，他實際上成為陳俊武的業務助手和「資深祕書」。

劉昱則屬於新一代大學生，1984 年畢業於大慶石油學院，1987 年隨父親調到洛陽石化工程公司。她是工藝室搞催化裂化的高級工程師，是陳俊武當年重點選拔培養的三個大弟子之一。2002 年，她 39 歲時，就被評為教授級高工。

這項工作一直持續到 2006 年底，在此期間洛陽石化工程公司與大連化物所參加了國內幾乎所有 MTO 項目的前期評估(主要有四川石油管理局、中化集團、遼寧華錦集團、寧夏煉油廠、大慶石油管理局、安徽皖北 MTP、魯能寶清、黑龍江寶清等項目)。洛陽石化工程公司歷任領導都將與大連化物所合作開發 DMTO 技術列為公司的一項重要工作，大力支持並參與其中。

與此相關的還有一個重要的科學研究項目，就是在中國石化科技委立項，由洛陽石化工程公司、石油化工科學研究院、上海石油化工研究院共同參與的「由天然氣或煤經甲醇制低碳烯烴技術路線分析」軟課題研究。課題負責人為陳俊武、舒興田、陳慶齡，課題總審定人為陳俊武院士。這個課題研究自 2005 年啟動，至 2006 年底完成，課題報告除了分析國內外的技術路線外，還詳細準確地進行了技術經濟研究和分析。也正是因為擁有這樣得天獨厚的資源和條件，在陳俊武院士指導下，洛陽石化工程公司對 MTO 工藝特點、工程特點、技術經濟分析詳盡透徹，受到眾多業主的信任。

由於當時原油價格僅為每桶 10-20 美元，國家發改委原則上不允許使用天然氣用於工業生產的立項(除四川川維公司外)，加上業主資金不落實等諸多市場因素，上述 MTO 項目在 2005 年以前均未獲批准。低油價時期基本上沒有實質設計項目，大部分是可行性評估，直到 2006 年國際石油價格逼近每桶 60 美元，煤炭經由甲醇制低碳烯烴的 MTO 項目生產成本顯示出比石油路線有明顯的優勢，MTO 項目才開始有了實質性啟動。

2　協議書的故事

2004 年 4 月 28 日，時任陝西省政府省長賈治邦、常務副省長陳德銘和副省長洪峰，省政府相關委辦廳局負責人、省屬大型國企領導人和相關地市縣領導人雲集陝西最北端小縣城府谷開會，主要議題是對一個大型工業項目的研討和論證。

陝西省政府經濟顧問李毓強教授鄭重向省政府推薦：「中國科學院大連化學物理所研究的 DMTO 試驗項目，處於世界科技尖端。但項目仍處於實驗室階段，需求進行工業化試驗，估計試驗費需求五六千萬元。如果陝西省能幫助他們完成工業試驗，即可建大型工業生產裝置。陝北有這麼多煤要轉化，要提高附加值，目前最好的出路就屬 DMTO，而且可替代大量石油，對我們國家的能源策略安全也具有重要的意義。」陝西省政府當即決策，由陝西國有企業出資幫助大連化物所完成工業化試驗，然後在陝西建大型工業裝置，試驗的投資風險由陝西方面承擔。

陝西方面雷厲風行，陝西省投資集團公司董事長張文元、副總經理袁知中等人，在中國石油王賢清局長的協調幫助下，很快和大連化物所 DMTO 課題研究員劉中民等人取得連繫，並進入實質性談判。

在此之前，找到大連化物所談開發 DMTO 技術的企業已有多家，其中一家大企業已經進展到要與大連化物所發揮草合作協議具體條文階段了。大連化物所方面底氣很足，開口要 350 萬元技術入門費，實際上是有意給陝西方面的客人出難題。誰知袁知中接過話茬，說：「我們知道 DMTO 技術是大化所幾代科學家 20 多年不懈的科學研究結晶，不僅經濟價值巨大，而且對國家策略安全具有重大意義。技術入門費要 350 萬元並不多。我們給 360 萬元怎麼樣？」

大連化物所在場的四位談判人員全愣住了，陝西方面顯示的誠意和大氣讓他們深為感動，立即決定和陝西合作。

2004 年 8 月 2 日，在大連化物所，由陝西新興煤化工公司、大連化物所和洛陽石化工程公司三方代表共同簽署了「甲醇制烯烴工業化試驗項目合作協議書」。這項具有挑戰意義的重大科學研究項目從談判、立項，到全面啟動，僅僅用了三個多月的時間。領導決策高屋建瓴，實施單位快速應對，一個屬於世界尖端的科學研究性質的工業化試驗項目終於在陝西落地。

3　華縣：世界首次 MTO 工業試驗紀事

大連化物所的 DMTO 技術，主要數據都是在實驗室取得，如果直接以此為基礎建設大型工業裝置，需放大一萬倍，一次投資也需幾十億甚至上百億，存在很大風險。

這次工業化試驗目的就是對實驗室數據先放大 100 倍，投資風險較小，相對穩妥可靠。但是迄今為止，這個年加工能力萬噸級的工業裝置在世界上也沒有先例。

第一個吃螃蟹的人總是要付出更多的勇氣和智慧。

2004 年 9 月，陳俊武連續三次主持討論 DMTO 工業試驗裝置設計方案。開始主要由洛陽石化工程公司的有關人員參加，後來大連化物所的劉中民和呂志輝也參與了討論。方案涉及內容很多，DMTO 工藝的元素平衡、焦炭產率、待生劑和再生劑的碳差、反應劑醇比、流化方案、熱平衡、兩器型式、流程，等等。對兩器流化和輸送問題，陳俊武強調，兩器設計要有自己特色，不能採用 UOP 專利的燒焦罐快速床燒焦方式。考慮國外資料及大連化物所的實驗數據，DMTO 工藝的特點是空速大，催化劑藏量低，待生劑和再生劑定碳高，決定反應器為湍流床和鼓泡床的流化方式。最終與大連化物所討論確定 DMTO 的流化和工藝條件為以下幾點：

一是用甲醇預熱溫度調節反應進料溫度到 300℃，在進料前增設一個冷卻器精密調節反應進料溫度；二是大連化物所做實驗以確定待生劑碳含量對活性和選擇性的影響，做催化劑定碳 3.5%、4.0%、4.5%和 5.0%的數據；三是採用不完全再生方式；四是工業試驗先做惰性劑流化試驗。

2004 年 9 月底，陝西新興煤化公司向國家發改委提交將 DMTO 列入國家重大產業化開發項目的報告，2004 年 10 月，由中國石油和化工聯合會召開 DMTO 工業化試驗項目可行性研究報告評審會。陳俊武和原化工部副部長潘連生、大連化物所林勵吾院士、中國石油煉化局局長王賢清、總工程師門存貴等領導和專家出席會議。

會議中間也有爭論，一是試驗裝置甲醇進料規模究竟多少為宜？二是試驗裝置是否應該包括烯烴分離部分？

陳俊武在發言中認為，從實驗室到工業裝置分兩次放大是穩妥的，現在也沒有必要建設反應加烯烴精製分離的試驗裝置；試驗裝置規模以取全、取準工程設計數據、驗證大連化物所催化劑性能為目的，裝置規模越小越好。

林勵吾院士的觀點和陳俊武的基本一致，兩位院士都有一個共同心願，就是要和 UOP 公司競爭，要搶時間，如果 UOP 公司占領了中國市場我們再國產化就晚了。UOP 公司對外宣布在尼日利亞建設的工業裝置是從實驗數據一次放大一萬倍，有風險。林院士還強調說，我們是分兩次放大到百萬噸級工業裝置，每一步放大 100 倍，由陳俊武院士把關工程放大，我們完全可以放心。

會議最後確定試驗裝置規模為 50 噸/天（1.67 萬噸/年），不建烯烴分離部分。

2005 年 1 月，陝西方面綜合分析各方麵條件後，決定將試驗場地從榆林轉移到渭南市華縣化肥廠。利用這裡現有的設備可以節省投資，但可利用的只是廠區的一個旮旯角落，對習慣了建設大型設備的洛陽石化工程公司來說，這只能算是一塊「巴掌大的地方」，但在陳俊武指導下，洛陽公司硬是「在螺螄殼裡做道場」，巧妙布局，於 2005 年 2 月全部完成華縣 DMTO 試驗裝置基礎設計，並於 2005 年 6 月獲國家發改委批文同意建設。

這個試驗裝置的項目就像一個大舞台，各種人物各種角色共同演出了一場史詩性的大劇。2005 年下半年，舞台上的主角顯然是洛陽石化工程公司。當然，中心人物還是陳俊武。公司辦公樓四樓西頭那個樸素的院士辦公室裡，人來人往，一派緊張忙碌的景象。從 9 月開始，陳俊武和有關人員在這裡多次討論裝置開工方案。11 月下旬，陳俊武親自來到華山腳下的華縣試驗裝置現場，在經過裝置試壓、吹掃、單機試運結束以後，又參加了聯合體三方的開工方案討論會。

2005 年 12 月，洛陽石化工程公司設計的華縣 DMTO 工業試驗裝置建成中交。這只是第一步，裝置建成以後的投料運行試驗才是關鍵。

2005 年 12 月至 2006 年 7 月，陳俊武和王賢清分別任 DMTO 工業試驗裝置技術專家組正副組長，先後主持召開八次專家會議，討論施工、試運、開工的技術方案，審查整改措施。

2006 年 2 月至 6 月，華縣 DMTO 試驗裝置進行了三次較長週期試驗，其中，第一次投料試車 228 小時；第二次條件試驗 614 小時；第三次考核運行 255 小時。

2010 年 11 月中國科學院大連化物所研究員劉中民(左)
陪同陳俊武調研 DMTO 中試實驗室

如果把這次試驗比作是一次戰役的話，尖端陣地在華縣，陳俊武院士的辦公室就是一個指揮所。堅守在現場的洛陽石化工程公司的劉昱、陳香生等人，不斷將相關數據報告給陳俊武。雖然遠隔數百公里，但陳俊武還是每天都密切關注著試驗的態勢。

劉昱聰敏好學，領悟能力強，但她也具有年輕女性脆弱的一面，有時遇到困難，受到委屈就忍不住掉眼淚。最初陳俊武建議讓劉昱作 DMTO 項目的技術負責人，劉昱有些畏難情緒。她知道，搞技術開發，和做設計不一樣，太難了！在現場會遇到各種各樣的難題。

陳俊武對她說：「你要幹大事，首先要學會面對困難！」還鼓勵她，幹好這個項目，會有大的進步。後來，公司正式任命劉昱為DMTO項目的技術負責人。在DMTO工程開發過程中，劉昱帶領各專業負責人及時和陳俊武商討重大技術難題，迅速付諸實施。她還密切配合大連化物所的催化劑研製，為DMTO技術實現產業化作出了重要貢獻。

除了在辦公室多次聽取匯報和主持討論，陳俊武先後八次到華縣試驗現場，實地查看分析，三次親赴大連化物所協調銜接，討論存在問題。

到現場對裝置反複檢查，上高臺，「鑽兩器」，是陳俊武的習慣，也是他帶出來的一個傳統。不顧大家的勸阻，年近八旬的陳俊武硬是又爬上30多米高的兩器平台親自查看。

2010年5月13日陳俊武在華縣萬噸級甲醇進料DMTO-Ⅱ試驗現場30米高的兩器框架平台了解設備狀況

針對試驗初期催化劑跑損較大的原因，他認為，從反應器設計角度分析計算，確認分布板孔內氣速約70米/秒，過高射流線速會造成催化劑磨損，應把線速降低到40米/秒左右；對於催化劑性能，根據金相顯微鏡觀察，證明分子篩結構未破壞，小型微反實驗裝置上的活性也比過去有所下降，這說明大連化物所也應考慮催化劑製備條件是否需求改進的問題。以上設計問題和催化劑製備問題相繼找出，雙方各自努力改進，最終解決了問題。此後在華縣工業試驗裝置進行的試驗，以及後來在包頭的工業裝置生產中再也沒出現催化劑破碎問題，催化劑基本定型。

華縣萬噸級甲醇進料 DMTO 工業試驗裝置

結果是圓滿的，皆大歡喜，但試驗過程中並不全是歡聲和笑語，很多時候也有爭論，甚至是情緒激烈的爭吵。但不論何時何地，陳俊武院士表現出來的以國家利益為重的大局觀念和客觀冷靜、科學縝密的態度以及無私忘我的精神，使所有和他接觸過的人們都有一種髮自內心深處的敬佩和感動。

2006 年 8 月 23 日，中國石油和化工聯合會在北京召開「甲醇制低碳烯烴技術及工業性試驗」鑒定會，以袁晴棠院士為組長的鑒定專家組認為，送審方提供的技術資料齊全，數據詳實可靠，經過認真查閱討論，一致同意該項目透過鑒定，並在鑒定意見中給予很高的評價：

「DMTO 工業性試驗完成了具有自主知識產權的新型專業催化劑工業放大、試驗裝置工程設計、工程技術開發、工業化條件試驗等過程的技術開發。透過試驗，取得了專用分子篩合成及催化劑設備、工業化 DMTO 工藝包設計基礎條件、工業化裝置開停工和運行控制方案等系列技術成果，為建設 DMTO 工業化示範裝置提供了技術基礎。

該工業試驗裝置工藝科學、合理，運行安全、可靠，技術指標先進，是目前世界上第一套萬噸級甲醇制烯烴工業化試驗裝置，已申請國內外發明專利 37 項，其中授權 17 項，是具有自主知識產權的創新技術。裝置規模和技術指標處於國際領先水平。

DMTO 工藝可使我國低碳烯烴生產原料多元化，符合我國國情，具有良好的推廣應用前景，對節省原油資源和推動國民經濟可持續發展具有重要意義。」

2006 年 8 月 24 日，甲醇制取低碳烯烴工業試驗項目技術成果新聞發布會在北京人民大會堂隆重舉行。全國人大副委員長顧秀蓮，全國人大副委員長、中國科學院院長路甬祥，全國政協副主席張榕明，陝西省代省長袁純清等參加發布會。

這是一次備受關注的新聞發布會，也是一次讓中國人揚眉吐氣的新聞發布會，DMTO 工業試驗項目的技術成果，使我們中國昂首挺立在「世界第一」的平台上！

2008 年 11 月 25 日，全國人大常委會原副委員長、原中國石油化工總公司總經理盛華仁同志視察位於陝西華縣的 DMTO 萬噸級工業化試驗基地，在聽取了中國科學院大連化物所有關 DMTO 研究開發和洛陽石化工程公司工程技術開發及正在進行的神華集團包頭 180 萬噸甲醇/年制烯烴 EPC 總承包建設的匯報後，華仁同志表示：「百萬噸級裝置放大的關鍵是工程放大，洛陽石化工程公司有陳俊武院士指導和把關，我們應該放心！」

2008年11月全國人大常委會原副委員長盛華仁(前左)視察華縣DMTO試驗裝置，陝西省人大常委會副主任李曉東(前中)和洛陽石化工程公司副總經理王國良(右)陪同

4 包頭：神華DMTO工業示範項目紀事

2004年夏秋之交的八九月間，天氣燥熱多變。中國煤化工工業在這個燥熱的季節裡也面臨著一次重大的抉擇。

就在陳俊武院士在他的辦公室裡連續幾次主持討論DMTO華縣工業試驗裝置設計方案的時候，中國神華集團組團先後考察美國UOP公司、德國Lurqi公司和挪威Hydro公司的MTO試驗裝置，為包頭180萬噸甲醇進料/年煤化工項目做技術引進的方案準備。

2004年9月下旬，中國國際諮詢公司組織對神華包頭180萬噸甲醇進料/年煤化工項目可行性研究報告進行預評估。在這個報告中，該項目幾乎從煤氣化-甲醇合成-MTO 制烯烴-烯烴分離-聚乙烯/聚丙烯的所有技術全部引進國外技術，方案考慮 MTO 工藝採用美國 UOP 公司的技術。

神華集團是經國務院批准成立的國有獨資公司，中央直管國有重要骨幹企業，也是我國規模最大、現代化程度最高的以煤為基礎，集電力、鐵路、港口、航運、煤制油與煤化工為一體，產運銷一條龍經營的特大型能源企業，在世界 500 強企業中名列前茅。

這樣一個實力雄厚巨無霸式的企業，投資的項目和選用的技術無疑將對中國煤化工工業產生巨大的影響。

2005 年 3 月 25 日，為在國家發改委立項做準備，中國石化諮詢公司受國家發改委委託，在北京召開神華集團煤制油和煤制烯烴項目技術方案及技術經濟專題專家研討會。國家發改委產業和工業化司李寧副處長和中國國際諮詢公司領導出席聽取意見。

汪燮卿、徐承恩、楊啟業三位院士和李樹鈞、王賢清等多位專家出席。陳俊武院士因故未參加這次會議，但他委託出席會議的洛陽石化工程公司專家陳香生和劉昱轉達他的意見。

針對力主 MTO 工藝引進國外技術的意見，陳香生在隨後的發言中陳述了洛陽石化工程公司方面，特別是陳俊武院士的意見，要點如下：

（1）大連化物所 DMTO 和美國 UOP 公司的 MTO 技術均處於中試階段，工藝與催化劑水平相當，大連中試裝置規模小些，UOP 公司在挪威中試裝置規模大一些，但尚缺乏工程設計的基礎數據。

（2）目前大連、陝西和洛陽三方合作的華縣 DMTO 萬噸級工業試驗裝置已經建成，華縣試驗裝置將取得把大連化物所實驗室數據放大 100 倍的 1.67 萬噸/年規模的工業試驗數據，據此可取得再放大 100 倍的百萬噸/年級規模的工程設計數據。

（3）洛陽石化工程公司已經對 MTO 和煉油流化催化裂化工藝的工程設計差別有了深刻的理解，請國家發改委再等待半年，如果華縣工業試驗數據和實驗室數據吻合，流化正常，技術經濟和能耗合理，我們認為應該支持國內技術，因為無論專利費和催化劑費用都比國外低，也更為穩妥可靠。

陳香生是洛陽石化工程公司方面參與華縣 DMTO 試驗裝置設計和試驗的主要專家之一，他對有關進程和數據都非常熟悉，因此他的發言不僅有理有據，而且也帶有強烈的感情色彩。

還有一個重要因素，這個研討會召開前夕，正值全國人大開會期間。時任全國人大副委員長的中國科學院院長路甬祥找到國家發改委的負責人，對 DMTO 工業裝置的立項表示關切，建議等一等，等到華縣的工業級試驗裝置鑒定以後再說。

最後，國家發改委認真聽取了專家們的意見，沒有批准神華集團引進美國 UOP 公司的 MTO 技術方案。

2006 年 12 月 11 日，國家發改委正式下文批准採用 DMTO 技術的神華集團包頭 180 萬噸/年甲醇進料 DMTO 裝置項目，並且確定為國家「十一五」期間五個現代煤化工示範工程之一。隨後，神華集團向洛陽石化工程公司發出了招標邀請書。

2007 年 9 月，大連化物所、陝西新興煤化工科技發展公司和洛陽石化工程公司三方與中國神華集團簽訂了 180 萬噸/年的 DMTO 技術許可合約(年產烯烴 60 萬噸)，標誌著 DMTO 技術從前期的萬噸級工業性試驗，向百萬噸級工業化生產邁出關鍵一步。洛陽石化工程公司承擔了神華集團包頭 DMTO 工程總承包建設任務。

神華集團的包頭煤化工項目，從上游到下游均為國外技術，只有中間部分的 DMTO 是中國技術。洛陽石化工程公司上上下下也都憋足了一股勁，公司為此還專門開了動員誓師大會。他們知道，這個工程猶如一次影響深遠的戰役，不僅要顯示洛陽石化工程公司的實力，同時也是為國爭光！

在此之前，早在 2006 年 7 月，陳俊武就開始聽取工藝室劉昱等人匯報神華包頭項目裝置工藝包設計原則。工藝包主要包括工藝流程、工藝基礎數據、工藝操作參數、關鍵的工藝計算、工藝設備等數據。有了工藝包，就可以據此做基礎設計，然後是詳細設計。

從這時候開始一直到 2008 年 3 月，在 1 年零 8 個月的時間裡，除了自己單獨的思考和研究，陳俊武共主持參加了有關工程技術開發和不同專業工程設計工作的大大小小的匯報會、討論會、審查會 20 多次，內容既有工藝包基礎設計數據，也有涉及設備、儀表、熱工等多個專業的工程設計要點。

百萬噸級裝置首先是設備大型化，14 米直徑的反應器比現有的催化裂化最大的反應器還大，分布器設計難度更大。出口安裝有新研製的三級旋風分離器，確保催化劑細粉不進入到急冷塔。反應產品和甲醇的換熱器十分龐大，甲醇換熱後溫度調節應十分靈敏。換熱閥門組的口徑大，還要求調解靈活。甲醇進料預熱和汽化的熱負荷大，設計需求優化。急冷塔循環水脫微量油的系統要特殊設計，副產醋酸也要認真進行中和處理。所有這些都是以前的催化裂化工藝沒有遇到過的新問題。

陳俊武這時雖已年逾八旬，仍然精力充沛，和年輕人一樣每天上班甚至加班。或指出問題，提出修改意見；或分析辯證，理清思路；或一言揆要，拍板定案。有了陳俊武智慧之光的照耀，洛陽石化工程公司從領導到各專業技術人員，似乎心裡都如同吃了一顆「定心丸」。

2008 年 3 月，繁瑣而艱巨的設計任務終於完成。2009 年 12 月，神華包頭 DMTO 裝置建成，並對相關技術人員進行開車培訓。

2010 年 7 月，包頭 DMTO 裝置開始惰性劑流化試驗。2010 年 8 月，開始進料試運，DMTO 技術從萬噸級中間試驗成功到百萬噸級工業裝置一次投料成功，只用了短短四年時間。2011 年 1 月，就開始裝置整改之後的商業化運行。上半年共生產聚烯烴產品 27 萬噸，實現利潤 9 億元人民幣。

2010 年 8 月 17 日陳俊武(前左二)與劉昱(前左一)、劉中民(前右二)、袁知中(前右一)等在包頭 180 萬噸甲醇進料/年 DMTO 裝置現場分析運行數據

2011 年 7 月，中國石油與化工規劃院由國家工業與訊息化部授權對神華包頭 DMTO 裝置進行考核和評審，在評審報告中作出高度評價：

「神華包頭煤制烯烴示範項目是國內外首個建成投產的煤制烯烴示範工程，技術裝備水平在國際上處於領先水平。在原油日益緊張、能源多元化策略背景下，該項目的建成投產，對於發展石油替代能源和推進煤化工產業健康發展具有重要策略意義。」

報告還指出，該示範工程為現代煤化工健康發展提供了寶貴經驗和決策依據；實現了石化產業原料多元化目標；培養鍛煉了一批現代煤化工技術和管理人才。

又是一個世界第一！又是一個國際領先！

對外是第一，對內也是第一。2015 年 1 月，甲醇制低碳烯烴(DMTO)獲 2014 年度國家技術發明一等獎，陳俊武和劉昱名列其中。中國石化總部的領導說，陳俊武院士和他團隊的榮譽，是洛陽工程公司的榮譽，也是中國石化的榮譽，要進行宣傳和報導。為此《中國石化》雜誌和中國石化報都作了專題報導和專訪。

神華包頭年 180 萬噸甲醇進料/年規模 DMTO 工業示範裝置

DMTO 技術獲 2014 年度國家技術發明一等獎證書

劉昱在開發 DMTO 的過程中經受了鍛煉，增長了才幹，如今已擔任洛陽工程公司的副總工程師、首席專家，2017 年被評為全國工程勘察設計大師。

大連化物所 DMTO 項目的負責人劉中民，在和陳俊武院士近二十年的交往合作中，也從副研究員一步步成長為研究員、副所長、所長，並當選為中國工程院院士。他認為這是自己最珍貴的一段人生經歷。他說，MTO 的研究開發前後經歷了 30 年，其中最核心的是工業化試驗的成功。這得益於洛陽工程公司長期積累的催化裂化技術和經驗，更得益於陳院士的具體指導和幫助。我和我的團隊從陳院士這裡，得到的不僅是學術上的指導，而且在如何做人做事做學問，在如何對待人生，淡泊名利等各個方面都受到極為珍貴的教益。

5　遍 地 花 開

如果說，陝西華縣的 DMTO 工業試驗裝置和內蒙包頭的 DMTO 工業示範裝置的建設和成功運行是東風第一枝的話，那麼在此基礎上對 DMTO 的提升和推廣就如遍地盛開的鮮花。

就在華縣 DMTO 中試裝置試驗取得成功後不久，洛陽工程公司又和大連化物所、陝西煤化工技術工程中心共同開發了碳四以上組分裂解技術。兩個技術相耦合形成了新的 DMTO－Ⅱ技術。DMTO－Ⅱ技術是在 DMTO 技術基礎上的進一步創新。

陳俊武為此付出了大量的心血，先後十餘次主持或參加方案的制定和討論，以洛陽工程公司為中心，西去華縣，東到大連，來往奔波。需求說明的是，這個時間段也正是他指導設計包頭 DMTO 工業項目期間，項目重疊，時間交叉，就像是同時指揮兩個戰場作戰的將軍，他的緊張和忙碌可想而知。

這期間有一個應該記述的小插曲。2010 年 11 月，陳俊武又一次來到大連化物所，和劉中民團隊討論第二代 DMTO 工藝包參數。陳俊武隨手用鉛筆記下他們報出的一組中試數據，包括進料量、溫度、劑油比、回煉量、催化劑含碳等等，然後屏神靜氣低頭開始擺動手指，不出兩分鐘，就算出了大致的烯烴收率和選擇性。這時化物所的幾個博士們還正在電腦上分頭查閱或計算，大約七八分鐘後才計算出結果，與陳俊武心算的數據十分接近。博士們終於親自目睹了傳聞已久的神奇，驚訝和讚歎之後，劉中民認真地請教：「陳院士，你是怎麼算出來的？教教我們好嗎？」

陳俊武說：「我沒有什麼訣竅，不過有幾點體會：一是要不斷地學習、積累，有些基礎性數據要牢記，不能過分依賴電腦；二是主要的公式和反應式一定要熟記；三是現場的數據，單位換算也要記憶；當然還有第四點，就是我從小就摸索和總結了心算和速算的方法。」

一番話，意味深長。才華和能力，有天賦，更多的是勤奮！

2010 年 2 月，世界首套萬噸級甲醇進料的 DMTO-Ⅱ工業化試驗裝置於在陝西華縣實現一次試運成功。

2010 年 6 月 26 日，中國石油和化工聯合會組織專家在北京對 DMTO-Ⅱ技術進行成果鑒定。鑒定意見如下：

（1）提供的技術資料齊全，數據詳實可信，符合鑒定要求。

（2）DMTO-Ⅱ技術中甲醇轉化和碳四以上組分轉化系統使用了同一種催化劑，均採用了流化床技術，實現了甲醇轉化系統和碳四以上組分轉化系統的耦合。

（3）完成了 DMTO-Ⅱ工業性試驗裝置的工程技術開發、工程設計、工業性試驗，取得了大型商業化 DMTO-Ⅱ設計基礎數據，為建設 DMTO-Ⅱ大型工業生產裝置奠定了基礎。

（4）在陝西華縣建成的 DMTO-Ⅱ工業化試驗裝置上，累計完成了 813 小時的運行試驗。本次考核所用工業批量生產的 DMTO 催化劑經過 440 多小時的運轉，結果表明，該催化劑流化性能良好，磨損率較低，甲醇轉化單元每噸甲醇的催化劑消耗為 0.25 公斤。

（5）DMTO-Ⅱ工業性試驗裝置工藝合理，運行安全可靠，技術指標先進，是 DMTO 技術的再創新。也是目前世界上第一套新一代甲醇制低碳烯烴（DMTO-Ⅱ）技術工業化試驗裝置，與 DMTO 技術相比，DMTO-Ⅱ技術噸烯烴甲醇消耗降低 10%以上，具有良好的應用前景。裝置規模和技術指標均處於國際領先水平。科技查新表明該技術具有自主知識產權。

與此同時交叉進行的還有一項工作，就是開發 MTO 下游烯烴分離的工藝技術。2006 年 7 月，洛陽石化工程公司就召開開發這項技術的工藝包分析會。陳俊武和公司主要領導參加。

首套 DMTO 裝置的烯烴分離裝置委託中國石化上海工程公司依據 Lummus 公司前脫丙烷方案設計。DMTO 反應生成的低碳烯烴物料雜質含量優於石腦油裂解產物，氫含量低、無炔烴、無雙烯烴、無氮氧化合物，分離流程較簡單。洛陽工程公司的王雷等青年高工，經過學習鑽研，掌握了能夠與 DMTO 設計配套的分離工藝設計。2014 年 12 月，採用洛陽工程公司開發的烯烴分離技術建設的 100 萬噸甲醇/年 DMTO 聯合裝置，在山東滕州聯泓新材料有限公司 DMTO 裝置上生產出合格產品，標誌著具有自主知識產權的世界首套 100 萬噸甲醇/年的 DMTO 工藝成套技術工業應用獲得成功。

山東滕州聯泓新材料有限公司 100 萬噸甲醇/年規模 DMTO-烯烴分離聯合裝置

早在 DMTO 在華縣工業試驗期間，就有數十家國內外知名企業與大連化物所、陝西新興公司和洛陽工程公司主動連繫和洽談，對 DMTO 的技術轉讓和合作表現出濃厚的興趣。按照三方合作協議，三方對其合作開發的 DMTO 工業化成套技術共同享有全球推廣及轉讓權。而在三方合作體中，只有洛陽石化工程公司既享有技術轉讓權，也具有工程設計和開發的實力。並且，在全國石化甚至煤化工行業，人們也大多都了解，洛陽石化工程公司還有個「國寶」級的人物——陳俊武院士。

隨著華縣中試裝置的試驗成功，特別是神華集團包頭工業化項目的成功運行，許多企業帶著項目，也帶著希望找上門來，邀請洛陽工程公司做 DMTO 的工程設計和開發。那些天，坐落在洛陽市區澗河岸邊的洛陽工程公司的辦公大樓裡，來自全國各地的企業代表絡繹不絕。

2014 年 7 月 2 日洛陽工程公司副總工程師劉昱(左)陪同陳俊武調研中煤延長集團在靖邊的 180 萬噸甲醇進料/年 DMTO 裝置

從 2011 年發揮，先後有寧波禾元化學有限公司 180 萬噸甲醇/年 DMTO 聯合裝置、陝西延長集團靖邊化工園區 180 萬噸甲醇/年 DMTO 聯合裝置、寧夏寶豐焦化廢氣綜合利用制烯烴項目、陝西蒲城 180 萬噸甲醇/年 DMTO-Ⅱ工業示範裝置、山東神達/昊達項目及烯烴聯合裝置等多個項目開工、建成和投產。另外已經開工和在建的還有青海鹽湖項目 DMTO 及烯烴聯合裝置、中煤蒙大新能源化工有限公司 DMTO 項目、富德(常州)甲醇制烯烴及下游衍生產品項目、青海大美甲醇制烯烴項目、陝西延安煤油氣資源綜合利用項目等，共計近二十家企業，烯烴總產能合計達 1126 萬噸/年。

陝西蒲城 180 萬噸甲醇進料/年 DMTO-Ⅱ裝置全景

在這些項目中，洛陽工程公司既是專利商，也是承包商，承擔了其中的設計、開發和建設、開工的重任，老中青三代工程技術專家們，正在各個項目中大顯身手。中國石化洛陽工程公司及其英文縮寫「LPEC」的旗幟在全國各地的項目工地上高高飄揚。這支曾設計和建設了全國三分之二催化裂化裝置、為中國煉油工業發展立下赫赫戰功的科技勁旅，如今又成為全國開發 DMTO 和新型煤化工產業的主力軍。

其實，還有一面旗幟，一面永遠在大家心頭高高飄揚的旗幟——陳俊武院士。陳俊武為 DMTO 的開發和推廣，在將近二十年的時間裡持續付出了大量創造性的勞動，他以自己的心血和智慧，澆灌著遍地盛開的鮮花，同時還以他的精神風範引領和影響著他的團隊，書寫了一部名副其實的科學家的老兵新傳。

第十七章

低碳戰略耿耿夙願

1 仰望蒼穹

在中國的傳統文化中，對「天」的關注、論述和吟唱在古代典籍中比比皆是，儒家學說中的「天道」觀在中國思想文化史中占據重要地位，「天人合一」的理念至今還有積極的意義，而能「仰觀天象」者，則都是具有大智慧的哲人奇士。

在這裡，「天」的概念被無限放大，神祕化政治化了，古代典籍中最接近「天」的自然屬性的一則文章，應是《列子》中的寓言故事：杞人憂天。

「杞國有人憂天地崩墜，身無所寄，廢寢食者」。杞人被我們嘲笑了幾千年，今天才突然發現，這種「憂天」的意識在我們面臨大氣汙染，氣候變暖的現實面前，是多麼重要！如今，在物慾洶湧，人心浮躁的不良風氣面前，很多人越來越功利，越來越短視，誰還會去關注天空，關注看不見的未來呢？

中國科學界，自有「憂天」人。令人驚奇的是，在中國「憂天」者的隊伍中，竟然很早就有了陳俊武的身影。在他一邊努力開發石油煉製和現代煤化工新技術，著書育人，為國家能源策略安全而緊張忙碌的同時，一邊也在悄悄地仰望蒼穹，研究思考。

首先要從氣候變化談發揮。

所謂氣候變化是指18世紀工業革命以來的二百多年全球氣候變暖的趨勢。至於此前幾千年中，由於多種因素，地球表面氣候有時變暖，有時變冷，但這都是自然現象，並未受到人類活動的太大影響。

18世紀中葉世界工業革命以後的二百多年，大氣溫度攀升隨著經濟活動的擴張、GDP 的增長而加速，化石燃料消費的增加導致大氣中以二氧化碳為主要因素的溫室氣體含量急遽上升。氣象物理學的「輻射強迫」理論闡明了來自太陽的熱量是如何進入大氣層、地表和海洋的，闡明了溫室氣體含量增加會導致大氣層溫度的提高。2012 年，全球大氣層中二氧化碳、甲烷和氧化亞氮的平均濃度已分別達到每升 393 微升、1.8 微升和 0.3 微升，比工業革命前分別高 41%、160%和 20%。

世界各國的科學家們分析了近年來地球變暖的趨勢，認為和工業化引發揮的大氣中溫室氣體含量的增加密切相關，同時也預測地球變暖將引發冰山消融、海平面上升、乾旱、疾病等危及人類生存的災難性後果。聯合國敏銳地察覺到這一情況，1988 年組建了聯合國氣候變化框架組織——United Nations Framework Convention on Climate Change，簡稱 UNFCCC，後來又成立了從事學術工作的聯合國政府間氣候變化專門委員會 Intergovernment Panel on Climate Change，簡稱 IPCC。

政府間氣候變化專門委員會彙集了來自全球各地、有科學素質的一線專家，作者和評審人員，主席和所有當選成員都是志願者，分文不取，體現了科學界的智慧和奉獻精神。他們從 20 世紀後期就對氣候變化進行科學研究，此後發表的五次報告中(依次稱為 FAR、SAR、TAR、AR4、AR5)逐漸深化了令人信服的論據，即人類活動的影響是主要原因。有爭議和持不同意見者逐次減少，基本取得了共識。

我國的氣象專家秦大河院士是 AR5 第一工作組的聯合主席，2005 年 10 月新當選的翟盤茂接替他擔任 AR6 第一工作組的聯合主席。可見我國氣象物理具有較高的學術水平，在世界上也有影響。但在第二和第三工作組的 19 名副主席中尚無中國學者的身影。

1997 年 UNFCCC 在日本京都召開會議，透過了著名的「京都議定書」，對排放溫室氣體數量大的發達國家（稱為附件 A 國家）做出排放限制，從 2005 年 2 月 16 日開始生效，要求在 2008 年至 2012 年的第一個承諾期內，發達國家溫室氣體排放量應該在 1990 年的基礎上平均減少 5.2%。38 個國家和歐盟中除少數國家未批准議定書外，基本兌現了承諾。但是美國並未簽署這項條約。在此這期間一些發展中國家（含中國）的崛發揮，二氧化碳排放量大為增加，2005 年的哥本哈根會議第一次提出了共同而有區別的原則，對發展中國家的排放也加以限制。於是國際能源署（IEA）提出了 2050 年前大氣溫升應限制在 2℃以內的主張。

陳俊武是從 2001 年開始關注氣候變化和溫室氣體排放的高端策略問題，最初純粹出於個人興趣。

興趣真是一個奇妙的東西，在陳俊武早已過古稀之年，在他仍然繁忙工作著的時候，卻對一個並非自己研究領域的巨大的課題產生了興趣。究其原因，無非是兩個：其一是他從小就有的「窮天地之奧祕」的志趣稟賦；其二就是一個科學家對國家和民族，甚或是對人類的高度責任感。

百忙之中，這位老人擠出了很多時間和精力對這個課題學習和思考。從某種意義上也可以說，他也是關於世界氣候問題和低碳策略研究的一個志願者。

2　關於全球氣候問題幾個要素的概述

對於全球氣候問題，陳俊武透過廣泛收集有關資料，並詳細加以研究和計算，特別關注和重視以下幾個要素：

(1) 碳收支

全球各國家和地區每年產生的二氧化碳主要來自化石燃料燃燒和水泥生產，1990年共計排放223億噸，2014年排放370億噸。預測2019年美國排放52億噸，歐盟28國33億噸，中國127億噸，印度34億噸。人均年排放量世界5.0噸，美國16.4噸，歐盟28國6.8噸，中國7.2噸。

(2) 歷史形成的排碳債務和需求義務

發達國家工業化較發展中國家早一百年多(對很多非洲國家甚至早二百多年)，提前消費或浪費了寶貴的化石燃料資源，向大氣層和海洋排放了大量溫室氣體，累計數額十分驚人。從這角度看，發達國家是債務國，發展中國家則是債權國。減排的對象需求區別對待，發達國家應承擔更多的減排義務，提供資金和技術協助發展中國家減少排放。

(3) 累積排碳量是重要指標

不管哪個歷史時期只要排放1噸碳(或二氧化碳)，其中一定比率將進入大氣層，透過輻射強迫導致大氣溫度升高某一數值。他們之間存在硬性關聯。先期排放也好，後期排放也好，只要排放量是定值，最終溫度升高也是定值。

累積排碳量和大氣溫度升高值的具體關聯和情景分析有關，而方案的設定又與氣候模型有關。大量氣象學者們發表的數據說明2050年前除非全世界大幅降低碳排放(從現實情況看幾乎不可能)，否則控制大氣溫升在2℃以內難以實現。

荷蘭的Ecofys研究所以《氣候行動跟蹤者》(Climate Action Tracker)為專題，在2014年12月提出的報告中稱，由於美國、歐盟和中國近期的表態，2100年溫升可能為2.9-3.1℃，年排碳500億噸二氧化碳當量，比過去估計值降低0.2-0.4℃。如果按現行政策，2100年溫升可能為3.6-4.2℃，年排碳900億噸二氧化碳當量。陳俊武認為，這種跟蹤分析，相對來說比較結合實際。

（4）峰值概念

過去中國政府對 2020 年的碳排放使用「單位國民生產總值的碳排放」計量方式，以相對數值取代絕對數值，鑒於國民生產總值的多變性，碳排放量有莫測高深之感！陳俊武在 2011 年《科技導報》第 15 期卷首語文章中明確建議碳排放量應有峰值，建議中國的二氧化碳排放峰值年應在 2030 年前，排放量不超過 110 億噸，不然無法計算我國進入中等發達國家時（大約在 2049 年）累計排碳額度。坎昆會議後陳俊武寫了《讓低碳目標明朗化》一文，再次表述了自己的觀點。2014 年習近平主席在和歐巴馬總統的共同聲明中宣布中國的碳排放量將於 2030 年達到峰值，陳俊武對國家領導人的關注感到欣慰，他認為，有了這個目標，就能研究如何控制峰值前後排放量這一極端複雜的課題了。

（5）中國道路

陳俊武在《中國中長期碳減排策略目標研究》的專著中結合中國國情對 21 世紀碳排放進行了預設方案分析：暫定 2050 年一次能源消費總量 64 億噸標準煤，根據中國非化石能源發展潛力，其比率約 32%（預設方案 A）或 43%（更加苛刻的預設方案 B），煤炭消費為 23 億噸標準煤（A）或 16 億噸標準煤（B），石油消費為 8.4 億噸標準煤，天然氣消費為 12.0 億噸標準煤，由此測算出 2050 年燃料燃燒產生的排碳量分別為 99 億噸（A）或 81 億噸（B）。即使扣除碳捕集和封存，仍將有可觀量的二氧化碳排放至大氣。主要原因是中國燃煤火電比例很高，短期內難以其他能源替代。他認為這就是西方國家不甚理解的中國國情。

陳俊武認為估算的中國 2050 年上述排碳數據難以達到發達國家單方面期待的 2050 年世界二氧化碳總排放為 140 億噸的目標，最終將導致控制大氣溫升不大於 2℃ 的目標難以實現，只好認同更高的溫升數值。這不能責怪後發揮的發展中國家，只得由碳排放「債務國」汲取教訓。發達國家是始作俑者，其責不可不究。

3 研究進程和主要觀點

陳俊武關注氣候變暖問題，還有一個切入的契機，那就是他在編著《石油替代綜論》一書的時候。該書從資源、生產和應用角度詳細論述各種不同的石油替代技術，實現的難易程度及其相關聯的技術經濟分析，其中就涉及中國的能源結構和碳排放問題。

陳俊武敏銳察覺到，中國已經超越美國成為世界上二氧化碳排放的第一大國。作為一個科學家，他認為中國不能迴避作為第一排放大國對地球大氣溫升的影響和責任。他還注意到，中國參加《聯合國氣候變化框架公約》的專家主要來自科學院的有關院所和中國氣象局，他們主要關注和研究的是氣候變化和大氣溫升，而對碳排放問題較少涉及。國家發改委能源局有相應的主管和研究部門，但分行業和分部門綜合性地分析用能結構，分析並綜合各行業和部門產生了多少二氧化碳，又如何減少排放的文章和數據都非常少。陳俊武覺得，自己作為從事能源研究的科學家，應該主動將這個事擔當發揮來。

是的，是主動、自覺地扛發揮了這個擔子，沒有任何部門、任何領導對他下達過任務或指令。

陳俊武認為，世界排放總量應有一個最高排放量(即峰值)控制點，大排量的國家，如中國也該有個合情合理的峰值。

2001 年，陳俊武開始接觸碳排放課題時，主要依據國際能源署所提方案對中國的估計數據(含 2050 年前實現溫升 2℃的一些指標)，在自己所做的報告和所寫的文章中對達到這一目標還持比較樂觀的態度。

此後陳俊武開始廣泛蒐集研究有關氣候變化和碳排放的資料，包括報告、評述、手冊和文章。其中有聯合國政府間氣候變化專門委員會(IPCC)、國際能源署(IEA)、美國能源情報署(EIA)、國際能源展望(IEO)、美國能源部能源展望(AEO)、美國能源部(DOE)、英國石油公司、美國可再生能源國家實驗室(NREL)，還有國內的國家發改委、國家統計局、中國煤炭網等部門的訊息和資料。

在仔細研究和閱讀了政府間氣候變化專門委員會的第一工作組(WG1)2013 年發表的第五次評估報告後，陳俊武開始利用這些資料作為自己研究預測的依據。但是不久，政府間氣候變化專門委員會的幾位專家就指出，AR5 的報告未進行地區性(全球分 37 個地區)的自然界氣候衝擊和危機研究，因此 AR5 報告中的 RCP 預設方案不能代表不同地區性的差異。專家為此建議第一工作組需求和第二工作組合作，提出新的地區氣候模型。一個名為 CORDEX 的協作項目正在開展工作，期望在下一個評估報告(AR6)中，對不同地區模型分析將更為合理和完善。

陳俊武認真研讀國內能源和氣候部門學者發表的碳減排論文後，發現其中的大部分數據是由數學模型推論而得，覺得有的數據和結論偏差較大，不符合中國國情。為了準確分析中國的碳排放策略，開始從能源結構和能源消費角度對中國的中長期碳排放目標進行研究。他查閱了大量國家統計數據，甚至購買了一些行業的資料庫查閱資格，從歷年煤炭、石油、天然氣、可再生能源的生產量，電力、運輸、工業、農業、居住等部門的用能量分析中國的溫室氣體排放量及其減排路徑。

2011 年，《科技導報》第 15 期以「卷首語」的形式發表了表述陳俊武觀點的文章，他認為，「這是我作為外行學者對碳排放策略研究的一次大膽嘗試」。

陳俊武還與陳香生分工合作，2011 年連續在《中外能源》雜誌第

5至11期連續發表了總題為《中國中長期碳減排策略目標初探》的七篇論文，分別是：《中國分階段溫室氣體減排目標的提出及其依據》《中國煤炭消費過程的碳排放及減排措施》《化石石油能源在交通運輸等行業中的應用和碳減排》《天然氣能源在中國的應用前景和碳減排分析》《非化石能源的需求與碳排放》《碳捕集和封存排放目標討論》《中國能源需求暨碳排放情景分析討論》。這些論文最後整理結集以《中國中長期碳減排策略目標研究》的專著形式出版。

如果巴黎氣候變化會議確定地球大氣的溫升不超過2℃，中國的碳排放峰值年應該在哪一年比較合理？中國的化石能源消費量哪一年達到峰值？應該怎樣遞減？中國的可再生能源生產量應該怎樣布局和增加？

對這些重大問題，陳俊武和陳香生、胡敏合作又寫了《中國低碳經濟前景芻議》上下篇——《本世紀碳排放對氣候變化的嚴峻影響》和《中國減少碳排放的措施》，發表在《中外能源》雜誌2015年的第3、4期上，受到相關專家和部門的重視。

陳俊武從用能角度結合中國國情分析後，認為中國的能源消費國情是：中國2050年甚至2100年仍會維持較高比例的煤炭份額(15%-35%)；中國可再生能源的資源有限；中國應該力爭天然氣使用量在2050年達到9000億立方米；在保證安全的前提下應該提高核能等措施。基於上述嚴謹的分析和判斷，陳俊武在2011年提出了「爭取二氧化碳排放的峰值年出現在2030年，排放量爭取不大於101億噸」的預測。

這位自稱為「外行學者」的科學家經過嚴謹論證提出的觀點，引發揮了氣象學家和國家有關部門的高度重視。因為這組數據恰好與2014年11月國家主席習近平和美國總統歐巴馬在共同聲明中宣布的數據相吻合。

2015年5月，中國科學院邀請陳俊武院士參加在香山召開的氣候變化研討會議，並在大會上作了題為「中國低碳經濟的前景及與

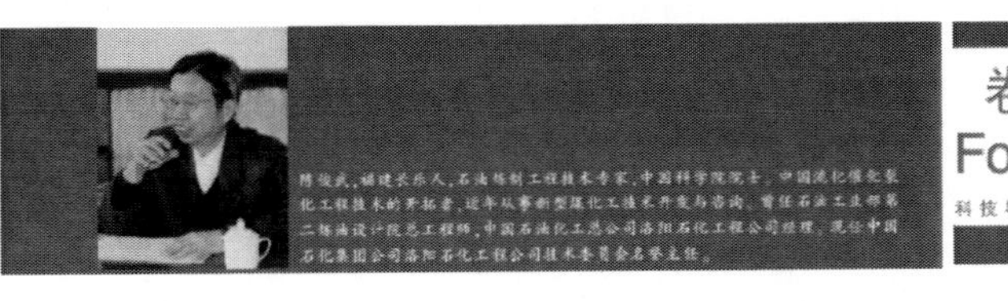

陈俊武，福建长乐人，石油炼制工程技术专家，中国科学院院士。中国流化催化裂化工程技术的开拓者，近年从事新型煤化工技术开发与咨询。曾任石油工业部第二炼油设计院总工程师，中国石油化工总公司洛阳石化工程公司经理，现任中国石化集团公司洛阳石化工程公司技术委员会名誉主任。

卷首语
Foreword
科技导报 2011,29(15)

中国中长期碳减排战略目标初探

由于气候变暖引发的低碳技术，绿色经济和低碳生活已成为社会广泛流行的话语，也是各国政界人士关注的一大课题。尽管仍存在某些学术性的争议，但均认为及时采取预防性对策十分必要。

减少以二氧化碳为主的温室气体排放数量刻不容缓。不仅长期过度排放的发达国家需要立即行动，而且发展中国家也要积极采取措施。后者要经历GDP增加而排放量上升的前期，越过"峰值"从升转降的过渡期，GDP增长率减缓而排放量持续下降的远期3个时期。中国的3个时期分别是：2005—2020年，2021—2035年，2036—2050年。

前期的任务是在保证国民经济持续发展的前提下，尽量采用有效的节能措施和改变燃料结构的途径，使碳排放强度(单位GDP的碳排放量)逐年下降。我国所做的"2020年碳排放强度较2005年下降40%—45%"的庄严承诺，已博得普遍赞赏，并成为约束性指标。2006—2010年的5年时间，GDP增长了0.7倍，二氧化碳排放增长了0.3倍(从2005年的56亿吨到2010年的73亿吨)。根据最近北京理工大学能源与环境政策研究中心发布的"十二五"预测，2015年二氧化碳排放将达到91.8亿吨。若延伸到2020年将近120亿吨！虽然符合承诺指标，但显然过高！因此建议提出补充的绝对指标，将该年排放上限定为100亿吨。这样"十二五"与"十三五"期间GDP的年增长率将控制在7%以内，符合中国当前的转变经济发展方式的实际情况。

2021—2035年的过渡期二氧化碳排放(以下简称排碳)指标宜早日研究，建议峰值年排放约110亿吨，并出现在2030年以前，争取2035年在100亿吨以下。

之所以提出以上建议指标，就是为了符合2005—2050年的累计排碳限额。学者潘家华按照公平合理的分配原则，兼顾国家历史和

2011 年 8 月陳俊武在《科技導報》第 15 期發表的卷首語文章

氣候變化的關係」的學術報告。

2015 年 11 月，全世界矚目的巴黎世界氣象大會召開，中國國家主席習近平在講話中重申了中國此前做出的承諾：中國將於 2030 年左右使二氧化碳排放達到峰值並爭取儘早實現。陳俊武由此更加堅定了自己在碳排放領域的研究思路。

關於碳排放問題，一直秉持實事求是態度的陳俊武最近還對劉竹等作者發表的一篇《中國化石能源燃燒和水泥生產減少的碳排放評估》報告提出了質疑。2015 年 8 月 20 日，這篇以中國科學院上海高等科學研究院為首，與 24 個國際研究機構合作的論文在著名刊物《Nature》網路版上發表的報告(以下簡稱「劉文」)，指出中國碳排放總量 13 年間被高估了約 10%-15%，重新核算後 2000-2013 年間中國的二氧化碳排放量要比原先估計的少 106 億噸，認為這可給國家今後在氣候變化談判中爭取到話語權。

該研究結果使各方震驚，有人認為中國碳排放過去主要依據發達國家的經驗估計，從而引發揮測算的誤差。但多數國內專業學者

（如姜克雋、藤飛等）指出該報告測算採用的「碳排放因子」數據不妥。陳俊武還發現「劉文」報告中火電、鋼鐵和有色行業「氧化因子」和「碳排放因子」數值很高，而煤化工和石油煉製行業採用的「碳排放因子」都偏低，值得深入探究。

《化學通訊》2015 年第 5 期有一篇針對「劉文」的評述文章，提到：（1）基於國家溫室清單的參考法測算結果與「劉文」的能源表觀消費量差異頗大；（2）「劉文」似乎未考慮煤炭生產結構在 1950–2012 各年之間的變化，僅用某一年度的數據計算煤炭平均排放因子，並應用於整個計算期；（3）關於水泥的生產排放，「劉文」只限於熟料，而實際還有水泥、石灰、電石、石灰石和白雲石等 14 個工業過程的排放；（4）對於水泥熟料的「碳排放因子」，「劉文」僅僅基於氧化鈣含量進行測算，未考慮氧化鎂含量。陳俊武對這些觀點基本贊同，他認為「劉文」所探討的問題有其研究價值，但首先應對現有數據認真理解，應該請有關行業的科學技術專家仔細核實數據，然後再提話語權問題。在知名刊物上以很多作者署名發表不成熟文章，似乎過於急躁了。

用實實在在的數據說話是陳俊武畢生學術研究的一貫作風，陳俊武的嚴謹學風博得了石油化工界所有熟悉和了解他的領導、同事、學生們的欽佩和敬重。當今，雖然美國特朗普政府重走當年對待《京都議定書》的老路，於 2017 年 6 月宣布退出 2015 年 12 月透過的應對全球氣候變化的《巴黎協議》，年逾九秩的陳俊武院士仍然一如既往地關注低碳策略和可再生能源的替代趨勢，堅信科技的進步和人類的智慧可將大氣溫升控制在一個合適的範圍之內。

第十八章

家庭故事自蘊風範

1 多事之秋

1996年9月，仲秋時節，在緊張忙碌的工作間隙，陳俊武有一次四川之行。

陳俊武其實是個熱愛旅行的人，他在中學階段，就積累了豐富的地理知識，對祖國的山川河流和主要的城市、交通路線都頗為熟悉。此次赴川，夫人吳凝芳也和他同行。吳凝芳從小在重慶生活學習，這裡是她的第二故鄉，故地重遊是她多年來的一個願望。

公司領導對陳俊武的出行也很重視，對陪同的廖遠威夫婦交代再三，一定要注意安全。從成都到重慶，以陳俊武的本意是要乘坐火車的，但最後卻改成了汽車。這個改變的過程已無須贅述，但卻成為後來一系列事變的誘因。

已是傍晚時分，奔波了一天，麵包車和車上的人似乎都已經疲憊，淡淡的暮靄開始籠罩在田野上，再過幾十分鐘，就進入重慶市區了。

就在這時，因為要躲避一輛農用三輪車，司機猛打方向盤，正在疾馳的車子前輪突然爆胎，一下子側翻在路坡下邊，一場猝不及防的車禍瞬間發生了。

麵包車側翻的地方剛好又堆放著水泥板，坐在靠前座位上的陳俊武和吳凝芳傷勢最重。情況危急，一輛客運班車剛好經過，立即停車救援，將幾個傷員送往附近的永川縣城醫院。

這一天是9月26日，第二天就是中秋節。重慶市第一人民醫院外科醫生何世舉來這裡的醫院「對口支援」，任務完成，正準備返回重慶，就在這個當口，傷員送到，若再推遲，這位醫生可能就走了。有時候，人生的命運就在幾個偶然的節點上，幸與不幸，或許就在短短的幾分鐘甚至幾秒鐘內。

緊張的搶救立即展開，初步的診斷是陳俊武骨盆粉碎性骨折，腸道破裂，腹腔內大出血，並可能合併感染，要立即手術，否則就會有生命危險。吳凝芳脊椎骨折，雖無危及生命，但也是疼痛難忍，不能動彈。

陳俊武失血過多，手術中緊急輸血 400 毫升，這也是醫院僅存的 4 袋血漿，次日凌晨就趕快尋找供血者採血補充。

消息立即傳回洛陽，洛陽石化工程公司領導焦急萬分，當晚就派人趕赴四川。在家的大女兒陳玲得知消息後覺得事態嚴重，馬上給北京的大姑打了電話。陳俊武的大姐夫聽說這個為國家作出巨大貢獻的院士內弟出了如此嚴重的車禍，立即給重慶有關方面領導打了電話，要求全力搶救。

27 日上午，重慶軍隊系統的大坪醫院接到上級指示後，副院長周英杰迅速帶領多位專家和醫護人員趕赴永川，重慶市委副書記金烈也及時趕到。這時陳俊武血壓體溫降低，已休克 10 多個小時，多次病危。陳俊武等傷員隨即被轉移到大坪醫院。大坪醫院為陳俊武夫婦迅速進行多項檢查，院領導主持會議制定了周密的治療方案。

緊接著，洛陽石化工程公司的黨委書記周祖蔭、經理王世鈞也來到大坪，表示全力配合治療。

陳俊武脫離了生命危險，卻因骨盆骨折不能臥床，只能用一個特製的布兜兜住臀部，懸空吊掛。這樣的姿勢一直持續了 40 天，等到可以正常臥床的時候，卻由於肌肉萎縮，下肢無力，連站立都不會了。為了恢復體能，醫生安排了多種治療，其中還有在病房裡騎固定的自行車。

一個年近七旬的老人，遭遇這麼大的車禍，連續經歷剖腹、腸道縫合、接骨多種手術和各種治療，這種身體的傷痛和精神的打擊都巨大沉重，簡直難以承受。但是陳俊武面對這場突然降臨的災難，很快調整了自己的情緒和心態，以堅韌的毅力配合治療，加緊康復鍛煉。

這是一種心理素質，也是一種定力。人們常說，不如意事常八九，但很多人也常常陷於逆境中不能自拔。在陳俊武的人生道路上，也有過許多不如意。但他都能從容面對及時排解，從來不讓這些不如意干擾了自己前進的目標。

其實，早在 1987 年，他就遭遇過一次車禍。當時他們應邀參加洛陽煉油廠開工的「零點發揮步」行動，1 月 1 日半夜出發，從孟津的扣馬渡口乘船過黃河，等下午回來，就可以坐吉普車從已經通車的黃河大橋上返回。當時車上坐的人除了陳俊武，還有時任設計院院長的李子凡，副總工程師張福詒和項目負責人孫基幹。車行駛到洛陽市郊安樂窩附近，也是為躲避車輛，撞上了路上的行人。車上人員全部受傷，張福詒的帽子飛到李子凡的頭上，李子凡門牙磕掉兩個，孫基幹的顴骨骨折，演繹了驚險的現實版「張冠李戴」。陳俊武和張福詒受傷較輕，擔負了報警攔車，護送傷員到醫院救治的任務。

那一次車禍有驚無險，這一次車禍卻是備受折磨。為了儘快恢復身體機能，他還服用一種老同學從東北寄來的偏方鐵粉藥末，雖苦澀難嚥，他也堅持服用。另外，大女兒陳玲和親戚們精心照料服侍，許多同事、朋友還有單位領導都來探望和慰問，中國石化總公司的閆三忠副總經理也來看望，這都給他帶來了很多溫暖和慰藉。

三個月後，到這一年的年底，陳俊武終於能夠下床走路，雖然步履蹣跚，但總算能走出門外，看看外面的風景，也終於能痛痛快快地呼吸外面的空氣，可以洗一次熱水澡了。

吳凝芳的傷情卻無明顯好轉。她是脊椎斷裂，主治醫生最初按骨折處理，認為並無多大問題，接骨養傷，加上理療調理就可以恢復。吳凝芳開始可以借助兩個帶爪的拐杖，在室內行走。不過感覺卻是極為難受，除了疼痛，還有酸、困、麻、癢，等等不適，攪得她日夜不寧，寢食難安。

1997年2月，春節過後，陳俊武覺得身體已經全面恢復，不顧醫生和家人希望他再休養一段的勸阻，堅決出院。令人驚奇的是，經歷了這麼嚴重的骨傷和內傷，治療恢復以後，各項檢查和自我感覺一切正常，沒有留下任何後遺症狀。有人開玩笑說，這是上蒼眷顧佑護，為了這位國寶級的科學家能為國家再作貢獻。

吳凝芳卻仍無好轉的跡象，她最初也在大坪醫院治療，後來轉往重慶市區的西南醫院。

就在陳俊武夫婦在重慶附近遭遇車禍一週之後，他們的在美國出差的小女兒陳欣在拉斯維加斯也出了車禍，也是車輪爆胎，麵包車側翻，造成骨盆裂隙性骨折。陳欣在美國作了初步檢查，回到國內在北京才開始治療。

陳欣回到洛陽，周圍的人怕引發揮她情緒的波動，對她都封鎖了消息，都說她的父母去四川了，還沒有回來。兩個多月後，一直到陳俊武夫婦傷情穩定，康復治療的時候，陳欣才知道了真相。陳欣趕到重慶，見到病床上的父母，忍不住大哭一場。

陳俊武安慰著女兒，卻又有一番感慨：「現在的交通事故逐年增加，就我們家來說，這機率未免也太高了！」

2 家有病人

陳俊武出院以後，隨即就投入緊張的工作之中。2月底回到洛陽，3月就到北京參加一個科技會議，另外還有他手頭正在寫作的書稿，對中石化高研班學員作業的審閱，以及對上海高橋石化重油催化裂化裝置的建設和1號催化裂化裝置改造的技術指導。

傷癒之後的陳俊武仍然以充沛的精力認真履行著他作為中國科學院院士和公司技術委員會主任的職責。

但是，他這時還有一個角色，就是病人的家屬。他的妻子，和他一發揮在風雨人生中走過40年的伴侶——吳凝芳還在醫院裡忍受著傷痛的折磨。

從此，他在緊張工作的同時，還要負擔一個重要的任務，就是為妻子求醫治病。

一年以後，陳俊武從重慶接回吳凝芳。此時吳凝芳不僅仍然不能行走，各種難受的感覺也更為明顯，甚至連大小便也成了問題。

先請了保姆日夜照料，再請名醫，洛陽正骨醫院的名譽院長，郭氏正骨的傳人郭維淮來家裡診斷，然後是住進正骨醫院治療。洛陽正骨醫院是一所省級三級甲等醫院，是在具有220年歷史的平樂郭氏正骨基礎上發展發揮來的以傳統中醫為基礎的綜合性骨科醫院，在全國都享有盛譽。吳凝芳在這裡治療4個月，仍無明顯效果。後來又轉至北京香山一個療養院，以理療為主，半年之後，也無效果。

在那一段日子裡，訪醫求藥是陳俊武生活中的一項重要內容。凡是他認識的有醫療醫藥背景的院士，他都請教過。

高研班第三期學員宮超記得，在北京學習期間，陳院士給他們上課、輔導，日程安排得十分緊張，他又不願麻煩別人，就利用中午午休時間去給夫人買藥。

後來，陳俊武又透過朋友介紹，輾轉請到北京一位神經外科專家來到洛陽，給吳凝芳又作了一次全面的檢查。結論是，她的脊椎斷裂後，馬尾神經也受到嚴重損傷，但經過這麼長時間，已經黏連，這時候無法再進行手術治療，以後只能做好護理，保守治療。

也就是說，陳俊武今後必須面對夫人下肢癱瘓的殘酷現實了。

家有病人，也是對一個人的考驗，考驗一個人的耐心和毅力，也考驗一個人的品格和操守。俗話說，床前百日無孝子。說的是，即使是為人子女，一旦父母身臥病榻，需求日夜侍奉的時候，也會逐漸失去耐心而漸生厭煩和懈怠。

陳俊武下了決心，一定要盡自己最大的努力，讓夫人得到最好的照料。這裡有愛情，有親情，也有一種補償的心理。在他們共同走過的40多年的人生道路上，他一心撲在工作和事業上，照顧家庭和子女的重擔大部分都是由夫人承擔。在他當選為院士的時候，曾對女兒說：「這個榮譽也有你媽媽的一半！」

吳凝芳原來性格開朗活潑，退休後是公司家屬大院中娛樂活動的積極分子，唱歌啊，跳舞啊，都離不開她的身影。車禍之後的生活狀態讓她鬱悶和煩躁，免不了發些無名之火，抱怨，囉嗦。陳俊武一邊照顧她，一邊還要安撫和勸說，作些心理上的疏導。

20年來，吳凝芳先後多次在洛陽、鄭州和北京住過多家醫院，每一次陳俊武都是跑前跑後親自照料。2015年她又患了腦梗，先是在河科大一附院治療，又到二附院做康復理療。陳俊武每天都要到醫院給她送飯，燉排骨，熬雞湯，變著花樣對她調養。在鄭州大學一附院住院期間，陳俊武至少每星期都要從洛陽去看望一次。

公司舊住宅區沒有電梯，為了讓吳凝芳能出去見見太陽，隔些日子陳俊武就請人背她下樓。搬到洛河南岸的新住宅樓以後，有了電梯，保姆就經常用輪椅推著她在小區散步。怕一個保姆照顧不過來，從2008年發揮，就僱用了兩個保姆。

2001年冬天，女兒陳欣騎自行車上班途中，被計程車撞倒，膝蓋粉碎性骨折，住進正骨醫院治療。這時卻正趕上陳俊武要出差，在他的天平上，工作從來都是第一位的，只好狠心讓女兒獨自住進了醫院。等他從外地回來，似乎要彌補對女兒的虧欠，就天天去醫院，給女兒送飯，送補養品。

正骨醫院在洛陽市區東部的瀍河區，他們家在市區西部的澗西區，從家裡去一趟醫院要穿過澗西、西工、老城和瀍河四個城區，大約20多公里。正值年底，寒風刺骨，一個75歲的老人，提著飯盒，走 15 分鐘到車站，再乘 7 路公車到醫院，來回一趟要兩個多小時。

公車上，一位給妻子和女兒經常送飯的老人。——這是一幅感人的圖景。他是一位功勛卓著的科學家、院士，也是一位深情的丈夫和慈愛的父親，他給親人帶來的不僅是可口的飯菜，還有親情、溫暖和慰藉。

魯迅先生有詩云：無情未必真豪杰，憐子如何不丈夫？知否興風狂嘯者，回眸時看小於菟。所謂俠骨柔情，魯迅先生的詩正是生動寫照。不過這裡要稍改一下，應是大師柔情。

陳欣的腿傷在洛陽正骨醫院的治療效果並不好，還落下了後遺症，後來又到北京求醫。因為治療調理的週期較長，就借住在北郊一個朋友的簡易房裡。為了給女兒的治療調養創造一個舒適的環境，陳俊武一趟一趟地到德勝門外的家電市場跑，一趟又一趟，買電視機，買熱水器，買電飯煲。

這些生活中的波折，瑣碎，是很容易讓人煩惱的，但陳俊武卻總是從容面對。他似乎特別能忍受，忍受許多困難，許多操勞，許多不如意，也包括自己的病痛。

陳俊武有良好的生活習慣，作息規律，飲食有節，喜歡步行，身體素質一直很好，看上去也比他的實際年齡年輕許多。他自我感覺良好，也因此常常忘了自己的年齡，全身心投入工作。按女兒陳欣的話說，他的父親對自己的病痛有特別強的忍耐力。

2008 年，第 29 屆奧運會在北京舉行。中石化系統的每一位院士都獲贈一張珍貴的開幕式入場券。在此之前的一段時間，陳俊武常常出現下午發低燒的情況，服藥後馬上就會退燒，並沒有引發揮他的重視。對於奧運會開幕式這樣難得的機會，陳俊武覺得不應該放棄，就堅持參加了。但入場的時候，一向走路很快的他，卻覺得腿腳無力，比平時緩慢了許多。等開幕式結束，出來時幾乎難以行走，是奧運會志願者用輪椅把他推出來的。

2008 年 8 月陳俊武受邀出席北京奧運會開幕式

回到洛陽檢查，才發現患了嚴重的胸部結核性感染。這類病要在專業的結核病醫院治療，堅持按時按量服藥，定期做血、尿檢驗和拍 CT 片複查等等。陳俊武沒有住院治療，工作也沒有中斷，堅持服藥一年多，又觀察一年多，最終痊癒。

這些年來，陳俊武也曾多次住院，他卻從沒有把這些疾病壓在心頭，既來之，則安之，正常治療，正常休息，倒也都能很快恢復。

這二十年來，人們多看到的是一個在耄耋之年又創造出輝煌業績的院士，卻不知道在這輝煌的背後，他一直是一個在照顧病人的家屬，甚至自己也曾是病人。

3 父與女

陳俊武有兩個女兒，大女兒陳玲，小女兒陳欣。

陳玲、陳欣和父親都在同一個單位工作，陳玲原來是配管室的工程師，後來隨丈夫出國到加拿大定居，陳欣現在是儀表室的高級工程師。

陳玲的成長期遭遇了「文革」，動亂，搬遷，更重要的是教育的荒蕪。在她的記憶中，自己小時候父親總是出差，母親總是值班，在竹園溝那段苦澀的日子裡，她脖子上戴一串鑰匙，領著妹妹，儼然是個小家長。小學、中學都沒能正常學習，1976年高中畢業後，被招工到公司的煉油實驗廠當了個鉚工。後來畢業於上海化工專科學校。

對於父親，陳玲這樣說——

爸爸那時候太忙，每天晚上次到家裡，不是看書看資料，就是寫什麼東西，基本上沒有管過我的學習。我開始上班是當鉚工，又臟又累，爸爸當時是公司的總工程師，我想讓他幫我說說，調整到儀表、設備或是電工這類工種上去。爸爸說：「路要靠自己去走，我是不會替你說這個情的！」後來他又當院長，當經理，是一把手，但我們家從來沒有沾過他的什麼光。一開始爸爸就給我們說：「現在社會風氣不好，有人當官就是為了謀私利。但還是有不少好的，我首先要從自己做發揮，要講奉獻，不要講索取。你們不要想從我這裡取得什麼好處，沾什麼光，為一件兩件小事壞了我一輩子的清白的名聲！」

不過他在生活中要求不高，很平常，隨便自然。他當選為院士後，我還嘲笑他，褲腿一高一低，襪子上一個大洞，也不太符合身分吧！

我覺得我爸爸真是個了不發揮的人，特別難得的人，我們的國家，我們的社會太需求他這樣的人了。我們公司的年輕人對他都特別崇拜。

小女兒陳欣則如此評說自己的父親——

我爸爸是其實是個特別單純的人，一個缺乏故事的人，我們家裡一直也比較平靜。他腦子太聰明了，工作上努力，執著，方向也看得準，他的成績全靠自己幹出來的。對於名和利，對於人事關係，他從不願為此去花費時間和精力。他也有面對不公正和委屈的時候，但他從不去爭取。這是他的人生態度，也因為他有底氣和實力。

爸爸平靜恬淡，他的性格不激烈，生活上要求不高，輕易都能滿足，除了在工作上是勇往直前，其他方面都是隨遇而安，知難而退。

他是個很正的人，對不正之風很反感。他當領導可以說是六親不認，我們個人家庭，還有和我們家關係較好的人，和他關係密切的人都沒有在他那裡得到過什麼好處。我在公司工作，從來就沒想過靠他的影響力。

他對孩子的學習不太關心，也不怎麼督促，讓我們自己努力。別人的家長為孩子找資料，找輔導老師補課什麼的，我很羡慕。我上小學成績很好，初中在市區的三中，離家十幾公里，來往坐公交耽誤很多時間。和同學們相處的時間少了，性格也變得有些孤獨，成績下降，考洛陽一高時，差幾分沒考上。按說當時有門路的找找人，或交點錢都可以上，但爸爸根本不考慮這些，他卻建議我上技校。後來我就上了技校，雖說以後又經過了職業教育學習，但從此與正規大學無緣。

兩個女兒小時候溫馨的記憶，就是盼著經常出差的爸爸回來。因為他回來總是能帶給孩子們快樂和驚喜。印象最深的是好吃的東西，各地的特產，比如山東的糖酥煎餅、四川的水蜜桃、廣州的荔枝、南方的芒果和新疆的馬奶子葡萄等等。另外還有好看的衣服和鞋子。陳欣記得，爸爸曾給她買過紅色的皮棉鞋和黑色的丁字形皮鞋。那時候，大部分人還都是穿布鞋，陳欣對這兩雙樣式新穎的鞋特別喜歡，一直穿了很久也捨不得換。

另外就是書。家裡的藏書很多，除了爸爸專業上的書，其他的門類也很多，哲學的，歷史的，文學的，爸爸好像很喜歡讀人物傳記，這類書最少也有五六十部。他也很喜歡給孩子們買書，陳欣記得，爸爸曾給他買回來整套的諾貝爾文學獎叢書，也有數理化叢書。

陳俊武說到自己的兩個女兒，覺得最大的遺憾就是疏於對她們學業的關心和培養輔導。那個時期正是他事業上最繁忙的時候，他把時間和精力全都用到工作上了，可謂顧此失彼，也可以說是一種犧牲。另外在他少年時代的記憶裡，父親也基本上不管他的學習，全靠自己。因此他也秉承了父親的做法，聽任孩子們自由成長。

但這幾十年來，中國的教育體制和社會風氣都發生了很大的變化。以前的學生就是靠自己的努力，相對單純。現在的學生身後，則是一個龐大的體系，學校分等級，班級有差別，還有課外的輔導、補課，這背後又有經濟實力、人脈關係等等社會因素，而家長要為此全力以赴，殫精竭慮。陳俊武全力以赴，殫精竭慮的是他的工作和事業，他為國家作出了巨大貢獻，也作出了犧牲。和戰場上個人的流血犧牲不同的是，他的犧牲延及家庭，延及子女。兩個女兒雖然都很努力優秀，但畢竟沒能進入正規的高校學習，受學歷的限制，也沒能在更高的層次上有更大的建樹，這也是他現在常常感到歉疚的地方。

2007 年 3 月女兒陳玲(左)、陳欣(右)祝賀父親的八秩壽誕

4　情趣和詩意

也許在有些人看來，陳俊武的個人生活單調乏味。除了他的工作，似乎就沒有別的業餘活動，什麼下棋打牌啊，飯局聊天啊，這一類休閒娛樂都與他無緣。

陳俊武的樂趣，全在自己的工作中。化學工程技術的開發、創新和對未知領域的探求，的確給他帶來了極大的快樂。陳俊武從事的職業和工作和自己的愛好志趣一致，對於人生來說，這也算一種幸運。早在上世紀 40 年代，著名女作家陳學昭曾寫過一部長篇小說：《工作著是美麗的》。據說這句話最早是來自革命導師列寧。工作著是美麗的，既是說工作狀態，也是指一種工作的時候的愉悅、快樂的心境。「一簞食，一瓢飲，居陋巷，人不堪其憂，回也不改其樂」，陳俊武的樂，就是孔子讚揚過的顏回的這種樂，古已有之，一脈相承。

其實，陳俊武除了工作上的樂趣，同時也有著廣泛的興趣和愛好。比如，讀書，讀專業科技方面的，也讀文學書籍，讀中國古典名著，也讀外國名著，在家裡手捧一本外文版的小說，輕聲朗讀也是他休閒的方式。聽他講西遊記和外國寓言，是兩個女兒小時候的幸福時光。他還愛讀人物傳記，他從每個傑出人物的不尋常的道路中感受著深廣的人生內涵。

他珍藏著很多世界名曲磁帶和世界名畫圖冊。緊張的工作之餘，他常常傾聽貝多芬、舒伯特、施特勞斯或是柴可夫斯基的名曲，在美妙的旋律中陶醉。有時候，自己還會跟著哼唱。他能用英

2012 年 9 月陳俊武在南昌書店購書

文和俄文唱很多首外國歌曲，比如美國的《老黑奴》《月光照在科羅拉多河上》，俄羅斯的《莫斯科郊外的晚上》《喀秋莎》，等等。這是他精神放鬆的一種方式，也是他自娛自樂的一種方式。

他還常常賞讀達·芬奇、倫勃朗、羅丹或是梵谷和畢加索對世界和人類精彩的描繪。他說，人是歷史上一個匆匆的過客，能欣賞人類藝術的精品也是一種幸運，人生的內容豐富多彩，應該用欣賞的眼光來看待人生。

自己不怎麼參加體育鍛煉的陳俊武，還有一個很多人不了解的愛好，就是也喜愛看重大體育賽事節目，尤其是世界盃足球比賽。有時候，他也會像年輕人一樣，半夜裡發揮來打開電視機看球賽，入迷之際，常常忍不住足之蹈之。體育競技場上那頑強的拚搏和激烈的競爭，使他在震撼中體會著人生的另一種況味。

陳俊武有一定的古典文學修養，對古詩詞尤為喜愛。他少年時代背誦了很多古詩，觸景生情的時候就常常隨口吟誦。華縣 DMTO 中試裝置的建設和試驗階段，他曾多次乘車來往奔波在洛陽和華縣之間的公路上，華縣附近的羅敷是必經之地。有一次，同行的人問，這個地名好怪，怎麼叫羅敷啊？陳俊武就給他們講了羅敷的故事，並隨口背誦了那首漢樂府的名篇《陌上桑》：「日出東南隅，照我秦氏樓。秦氏有好女，自名為羅敷。羅敷喜蠶桑，採桑城南隅。青絲為籠系，桂枝為籠鉤……」院士的古文功底和驚人的記憶力，使同車的人不由得一番驚嘆！

最近中央電視臺的詩詞大會熱播，也吸引了他的注意，每晚按時收看。他其實是想暗暗檢驗一下自己還能記住多少，有時候，對某一首有疑惑，就跑去找書或詞典核對。

有時候，興之所至，他還會賦詩抒情。八十歲時，他即興寫了兩首詩抒懷：

其一

耄耋歲月憶平生，
幾許歡欣幾許情。
夙願未酬年已暮，
揮毫弄墨任點評。

其二

耄耋老翁憶平生，
有志年華事竟成。
亦老蒼天情未了，
扁舟浩海又啟程。

這第二首詩的下面，還加了註釋，說明「亦老蒼天」句是從古詩「天若有情天亦老，月如無恨月常圓」翻新而來，這兩句詩出自唐代詩人李賀的《金銅仙人辭漢歌》。兩首小詩，寥寥八言，簡潔凝練，卻顯出一種宏大的格調和氣度，老驥伏櫪，志在千里的豪情蘊含其中。

院士的家中，書香氤氳，寧靜和諧，洋溢著一種清雅之氣。

如今，陳俊武常住在洛河南岸的英才居。這裡近傍洛河，憑窗眺望，洛河水碧波蕩漾，洛浦公園的長堤上花木蔥蘢，一片翠色。

陳俊武很喜歡這個地方，因為外面的景色和他喜歡清靜的性格與家中的清雅的氣氛正可相諧相融。

2015 年 5 月陳俊武參觀北京黨中央進駐香山 66 週年

五大書記珍藏圖片展

第十九章

人生風景 平凡絢爛

1 陳俊武現象

陳俊武的人生道路、事業建樹、性情品格及其產生的影響，在當今社會情勢下，特別值得人們認真研究和思考。

在陳俊武身上，人們發現很多有趣的現象。看似矛盾對立著的東西，在他的行為和思想上卻達到了和諧的統一。如同不同色彩在畫面上調和映襯而顯得繽紛絢爛。

他滿腹憂患，卻又達觀灑脫。他對社會上的不正之風和黨內的腐敗現象深惡痛絕，他希望每個共產黨員、每個公民都能真正關心黨的事業、國家的前途；他對當前我國科技隊伍的流失和青黃不接的斷層深為憂慮，他為此奔走呼籲，常常流露出緊迫感和危機感；他對某些盲目引進、一味崇洋的現象感到深深的不安。「現在很多人的眼裡只盯著國外，自己能搞的也不搞，重複引進，浪費極大。這實際上變成了技術買辦、技術鑒賞家，這很可悲！完全依靠別人，就會受制於人，對外開放，還應提倡自力更生！」陳俊武言辭尖刻，他很激憤，有時也很無奈，因此就常常將這些憂患壓在心頭。

然而，在個人問題上，他卻是另一種截然不同的態度。幾十年來人事紛紜，上上下下難免會有一些是非恩怨，褒貶臧否。他從中抽身跳出，超然物外，不計較不理會，以豁達寬闊的胸懷創造了一種靜謐的心境。比如，他早在上世紀60年代就開始出國考察，那時候能夠出國的人可謂鳳毛麟角。但到了改革開放特別是90年代以後，大批的人都可以出國的時候，作為全國煉油工業催化裂化方面的權威，有關的出國考察、會議和進行技術交流的活動，他很少參加，從未為此採取過「爭取」的行動。他不爭，也不吵，不為此發聲。「聖人之道，為而不爭」，他實踐了老子的話。

他外表不苟言笑，嚴肅持重，不怒而威，其實與人相處卻謙虛平易，真誠熱情，他雖然功勛卓著，業績輝煌，是業界公認的權威，但從來沒有以此自傲自矜。他有一句經常自警的話：「一個能正視自己的人才是值得別人尊敬的人！」他認為，自己雖說取得了一些成就，固然可以聊以自慰，但絕不應居功自傲。他多次強調，工程技術開發絕非個人單槍匹馬所能為，其中凝聚著很多合作共事者和上級領導者的心血。他和同事、同行，合作者，甚至學生和晚輩們的相處，都是持完全平等的態度。討論技術問題，他總是虛心聽取別人的意見，有好多次，他主動否定自己提出的設計方案。他尊重、體諒、關心著周圍的人們，盡力為他們消解著困難，分擔著憂愁。多年來，他和共過事的人都建立了良好的工作關係，很多人也成為他經常連繫的朋友。

他非常看重珍惜朋友之間的友誼，內心世界蘊藏著豐富而熾熱的情感。他說：「良師益友幫助你走向成功，引導你端正方向，寬慰你面對失落，讓你充滿信心地行走在人生的道路上。身邊有了他們，應該是十分幸運的。」對於自己人生之路上的「良師益友」，他總是念念不忘，到外地出差，他都儘量擠出時間去看望一下老朋友。他對那些在自己事業人生中有較大影響的領導同事和朋友，還有自己的學生和晚輩，按照「薦我者、知我者、助我者、敬我者」詳細分類開列了名單以作珍藏。

但是，他卻最不擅長「關係學」，他不善於迎來送往、請客送禮，厭惡拉關係託人辦私事這類活動，他認為這很庸俗。但這種庸俗被大多數人並非情願地接受以後，庸俗漸漸就成了社會風氣。然而他不附和，不遷就，我行我素，特立獨行。他很少赴飯局，也很少設飯局，他對於觥籌交錯稱兄道弟的酒席氛圍很不適應。他和朋友之間的交往，多是關心問候或談論共同關心的話題，「人生得一知己足矣，斯世當以同懷視之」，香茗一杯，對友暢談，清風明月，高山流水。君子之交淡如水，他是這句哲語的真正實踐者。

他既小氣，又大方。他生活簡樸，對奢侈浪費之風極為厭惡，身體力行，有時候顯得很摳，很小氣。1991 年，陳俊武和曹漢昌二人到石家莊煉油廠出差。利用星期天到北京圖書館查資料，晚上還要趕回石家莊，第二天是開會，然後要提前乘 41 次快車返回洛陽。因為日程安排極為緊張，沒有時間買車票，要煉油廠幫助買票。但車站規定臥鋪票必須買到西安以遠才行。陳俊武覺得太貴了，就堅絕不讓買，後來他們買硬座票上車，在車上才補了硬臥。此類事例甚多，去外地出差，他常常為省點坐計程車的錢，省點住賓館的錢而計較。但他又很大方，每年的「七一」，他都要多交 100 元黨費。從國外回來，他總不忘給同事們帶些小禮物；凡在外和別人一發揮吃飯，搶著買單付帳的總是他，他說，都不要和我爭，我比你們工資高嘛！人們發現，凡是花公家的錢，國家的錢，他都特小氣，花自己的錢，幫助別人的錢，他卻又特大方。

他追求著卓越和傑出，同時卻又保持著平凡和普通。在他人生的旅途上，他一直都在追求著卓越和傑出。19 歲時，他就為自己寫下「你不戰勝環境，環境就要戰勝你」「內在的高度自制，外在的勇往直前」的警策之語。在學習、工作、事業上，他爭強好勝，奮力進取。從學校到社會，他都是出類拔萃的佼佼者。在他人生的道路上，沿途儘是光榮的鮮花；在每一個驛站，他都留下成功的標記。早在 1956 年，他就被石油部評為「石油工業先進工作者」，1959 年，他就出席全國先進生產者代表大會（又稱群英會）；從那時候發揮一直到他耄耋之年又獲國家技術發明一等獎，近 60 年來可謂獲獎無數，在事業上，他已經登上了輝煌的峰巔，聲名赫赫。

但他覺得顯赫的名聲是一種牽累，他只想平凡淡泊，做一個普通人。謙虛低調、平凡普通，是他一直堅守的人生原則。他不希望媒體多宣傳自己，多次逃避甚至拒絕記者的採訪。很多他為之付出心血，作出巨大貢獻的科技項目，報成果的時候，發獎的時候，卻不見他的名字，就連他主持的重大攻關項目「大慶常壓渣油催化裂化技術」，申報國家獎的時候，他也不署自己的名字。

他當選院士後，要為他配備專職祕書，但他拒絕了，他還是堅持做一個普通人。他覺得普通人的生活自由而充實。他對自己可以享受的一些所謂的特別照顧，持排斥態度。從某種意義上，也可以看作他對社會上流行的特權現象的一種批判態度。陳俊武嚴於律己，當普通人的故事很多。也貫穿於他人生歷程的各個階段，比如，他可以乘硬座車，從洛陽到大慶，在擁擠的車廂裡呆兩天兩夜；他可以滿身油汙，和工人師傅們一發揮在設備裡爬上爬下；他可以在哈爾濱晚間住普通的浴池，在白城車站住五毛錢一晚的大車店；他可以獨自買票擠車，可以在路邊的食攤隨便吃上一碗麵條稀飯；他可以坐在李屯的馬路邊，當著來往的行人，讓農村的剃頭師傅理髮……在很長的時間裡，他步行上班，乘班車上班，出行也多是擠公共汽車。他喜歡平常人的生活。他很少坐計程車，他覺得在公車上可以看這個城市的風貌，聽異鄉他域陌生的口音。到沒去過的城市，他會先買一張交通圖，按圖覓路，看看建築，瞧瞧店鋪，七轉八拐地兜上一圈，像體驗生活的巴爾扎克。經過幾十年風雨滄桑的歲月磨洗歷練，他的學識更為淵博，也更為睿智，但卻仍然保持著可貴的質樸和童真，沒有世故和圓滑。

「真味是淡」「絢爛之極，歸於平淡」，也許就是對他人生境界的一種寫照。

早在公司前身撫順設計院建院初期，陳俊武就是全國勞模，就是全院學習的先進典型。2016 年 10 月，在中石化洛陽工程公司成立 60 週年之際，公司隆重授予陳俊武院士「特別貢獻獎』，又一次號召全體職工向陳俊武學習，並專門在景德鎮為他定製了一個繪有「五朵金花」和 DMTO 裝置實景照片的獎盃。

在一個單位，一個系統，持續不斷地向一個先進人物學習達 60 年之久，這是個奇蹟。歷屆領導，幾代職工，對他的評價高度一致，可謂眾口一詞，全是敬佩和稱讚。

公司現任總經理周成平說：「陳俊武院士的人格魅力贏得了全公司幹部職工和全行業科技人員衷心的尊敬和愛戴。」

公司現任黨委書記王國良說：「陳俊武院士對事業的不懈追求和高潔的人生境界不僅是我們公司，也是石化行業的一面旗幟和珍貴的精神財富！」

公司的老專家和青年科技人員，在座談會或撰文盛讚陳俊武的時候，常常會用一個詞：高山仰止。

他不僅僅是學識淵博，成就輝煌，實際上他一直是在修德修身，自我完善，這是聖賢之道。陳俊武的身上，既有傳統文化的美德，知行合一，言行如一，真實自然，不偽不秀，頗具君子之風，又有優秀共產黨員的品格，始終嚴於律己，奮鬥進取，一直高擎著理想主義的旗幟，兩者融合，形成了他高尚的精神境界和獨特的人格魅力。

陳俊武現象，已成為一種意蘊深厚的人生風景。

2 生日紀事

陳俊武對過生日這件事，向來都很淡漠。幾十年來的工作狀態，大半時間是出差在外，有時候太忙，常常就把自己的生日忘了。遇到在家的時候，一般也是和家人在一發揮吃頓飯，至多不過買個蛋糕，淡化低調，從不張揚。

1996 秋天的那場車禍，牽動著公司上上下下很多人的心。1997 年 2 月，陳俊武傷癒歸來，這無疑也是全公司的大喜訊。而 3 月 17 日，正好又逢他 70 歲生日，可謂喜上加喜。於是公司領導和他的學生們便張羅著要隆重祝賀他的 70 大壽。但生日那天，陳俊武卻正在北京參加一個重要的科技會議。

從北京回來，聽說公司要給他祝壽，他先是婉言謝辭，推辭不成，就提出兩個要求：一不要吃飯，二要搞得簡樸。

3 月 26 日下午，祝賀陳俊武院士七十華誕座談會在洛陽石化工程公司科技交流中心五樓大廳舉行。大廳布置得素雅莊重，牆上金色的「壽」字映著桌上擺放的一盆盆鮮花，更顯得喜氣氤氳。公司的主要領導、各部門負責人、院士的部分同事和學生代表參加了座談會。

公司經理王世鈞、黨委書記周祖蔭首先向陳俊武表示生日祝福，並代表公司獻上一個鮮花芬芳的花籃。在熱烈的掌聲中，一個大蛋糕被送到陳俊武面前，隨著「祝你生日快樂」歡快的樂曲，全體與會者發揮立向院士鼓掌致賀。

王世鈞經理和周祖蔭書記先後致辭，並朗誦了他們的賀詩。

王世鈞的賀詩是：「淡名泊利芳草碧，嘔心瀝血杜鵑紅。祝願陳老康且壽，大德大年不老松。」周祖蔭書記和松靜浩副書記的賀詩是：「石化有君石化幸，風範楷模澤後生。七十華誕春正好，奮翼乘風望鵬程。」

賀詩用紅紙書寫貼在牆上，詩句質樸凝練，感情真摯，真實表達了洛陽工程公司全體員工的共同心聲，引發揮大家的共鳴。與會者紛紛發言，盛讚他的功績和品德，向他表示生日的祝福，衷心祝願他健康長壽。

陳俊武在熱烈的掌聲中講話。他說，我們公司的發展，石化工業的發展，靠的是大家的共同努力，我個人只是做了我應該做的工作。當然，我也不否認我個人的努力和貢獻，回首往事，我可以說是人生無悔。如果說我取得了一些成績，除了個人的努力，與國家的發展為我提供了機會和舞台很有關係，與我選擇的研究方向和國家的發展需求相一致也很有關係。他表示，我雖年已七十，但身體狀況還不錯，還有許多事要做，我不能辜負諸位的美意，還要繼續朝前走。

一個多小時簡樸的座談會結束了，就像輕輕吹過一陣春風，帶著清新之氣和溫馨之情，陳俊武就這樣第一次在公眾場合度過了自己的生日。七十大壽，是人生的重要驛站，過了這個驛站，他也算進入古稀之年了。但是他的胸中還燃燒著激情，裝滿了計劃，他要繼續朝前走。

鬥轉星移，倏忽 10 年過去，2007 年 3 月，陳俊武已年屆 80 歲了。

古代稱 80 歲是「杖朝之年」，意思是說八十歲的人德高望重，年齡大有資格了，可以拄著拐杖行走於朝廷。但對陳俊武來說，80 歲的他卻仍然是工作之年，奉獻之年。不過，按照中國科學院的規定，他從此進入了「資深院士」的行列。

十年來，陳俊武著書立說，培養人才，當諮詢專家，為國家重大項目把關，指導開發 MTO 技術，來往奔波，功績卓著。因此，為這位年高德劭的老科學家祝賀八十大壽，不僅是洛陽石化工程公司的心願，也受到洛陽市委政府和有關部門的關注。

2007 年 3 月 16 日中午，慶賀陳俊武院士八秩華誕活動在洛陽華陽酒店舉行，這一天上午，洛陽石化工程公司還在公司內部舉辦了座談會。

大廳裡三條長桌布置成 T 字形，中間的牆壁上，巨大的「壽」字和鄭州大學、中共洛陽市委送來的賀聯分外醒目。

慶賀活動由公司黨委書記鄭懷杰主持，中國科學院的代表宣讀了路甬祥院長寫的賀信，中國石化集團、河南省科協、鄭州大學的

2007 年 3 月洛陽石化工程公司召開「殷殷石化情　八秩報國心」陳俊武精神座談會

代表和洛陽市副市長楊萍分別緻辭講話。他們為院士送上生日祝福，高度評價他高尚的品德和為國家石化工業發展作出的巨大貢獻。

中國石化石油化工科學研究院院長龍軍託人給他送來了一份特殊的禮物：用陳俊武在北大上學期間的照片、成績單和有關資料，精心裝訂成的一個精美的紀念冊。這是龍軍花費了很大精力蒐集整理的，對此陳俊武深為感動。

陳俊武最後致辭，向大家的祝賀表示感謝，同時也以他一貫簡潔的風格坦陳心跡。他再次強調機遇對個人成就的重要作用，還以舞台表演為喻，說表演者基於自身素質(才智加訓練)，得到導演的賞識和在大舞台演出的機會，才能演出有聲有色的節目，而自己就是這樣一位幸運的表演者。他說，時光荏苒，我已經進入八十高齡；驀然回首，不覺已是耄耋之年。我工作近六十載，獲得中國科學院院士稱號也已十五春秋，迄未告退。雖身心尚健，思維尚敏，但逐漸老化的自然規律不可抗拒。人貴自知，如果今後五到十年仍可為國家社會作出力所能及的貢獻，我也就心滿意足了。

他還將自己撰寫的回憶錄性質的小冊子《未了的石油情結》贈送給各位來賓。他對自己80年的人生歷程高度概括為：三十五歲前讀了些書，七十歲前做成了幾件事，八十歲仍為石油前景操勞，如此而已！他在前言中說「每當回首往昔，眺望未來，我總是心潮發揮伏，思緒萬千」，信手揮筆，又吟成一首小詩：

耄耋世紀喜逢新，
老樹春風倍感親。
瀟灑餘生難企盼，
油源探祕有仁人。

看來，他仍不準備卸鞍下馬，過悠遊閒適的瀟灑日子，他還要繼續在科學的道路上跋涉探祕！

2016年3月，又到了陳俊武該過生日的時節。這一年，他虛歲九十。按照中國的傳統習俗，每逢十的生日就叫大生日，過大生日，都是按虛歲，俗稱過九不過十。這一次，公司決定按照傳統習俗，在這一年就給陳院士舉辦慶賀九十大壽的活動。

3月16日，「慶賀陳俊武院士90歲生日暨公司技術發展座談會」在公司五樓會議室舉行。這次活動嚴格遵照中央八項規定精神，低調簡樸，對外不發邀請，參加者多為公司內部人員。但也有聞訊趕來的外地來賓，比如中國科學院大連化學物理研究所副所長、中國工程院院士劉中民，中國石化管理幹部學院副院長周志明；中國石化集團公司高級專家許友好，神華寧煤集團煤制油公司總經理劉萬洲等人，很明顯，這些人大都與陳俊武近年來從事的工作有關。

座談會開始之前，首先播放了公司為祝賀陳俊武九十歲生日而拍攝製作的專題片《跨世紀的對話》。這個電影別開生面，對院士採訪的都是公司內部的科技人員，有和院士共過事的老專家，更多的是他的學生和晚輩。以院士簡短的講述作為主線，再配以訪談、圖片和解說，反映了陳俊武90年的人生歷程和輝煌業績，樸實無華，真實感人。

座談會由黨委書記王國良主持，公司總經理周成平首先作主題發言。他對陳俊武的業績成就和品德情操高度評價熱情讚譽：「陳院士以他的一言一行影響和教育了一代又一代公司職工，陳俊武精神成為公司企業文化的強大精神內核，是公司巨大的精神財富。」

這次座談會還有一個背景，這一年適逢洛陽公司成立 60 週年。發言者從不同角度談和院士交往的經歷，談他的功績、貢獻和精神境界，質樸家常，熱烈親切。

慶賀陳俊武院士(右三)90 歲生日暨公司技術發展座談會

陳俊武在大家熱烈的掌聲中致詞，他說：「回憶逝水年華，事業因有所為而有所成，也因有所未為而有所失。雪泥鴻爪，人生如斯。一生未得休閒固然是有所遺憾，但畢竟是有得有失，無怨無悔。」

來賓中的徐惠，他是催化裂化高研班第一期的學生，算是陳俊武的弟子中的高足，退休前是中國石化科技開發部的副主任。其實這次自發來為老師賀壽的高研班學生還有七八個人，因為沒有受邀請參加上午的座談會，都在和公司大院一牆之隔的牡丹大酒店房間裡等著參加下午的催化裂化高研班師生座談會。

這一天下午，另外一個座談會在牡丹大酒店舉行，參加者全是陳俊武高研班的學生。這完全是民間活動了，氣氛輕鬆，學生們紛紛發言，憶往昔歲月，敘師生之情，談事業發展。這些學生中，多位是中國石化、石油系統的「大亨」。

當然，學生們也紛紛向陳俊武表示生日的祝福。這祝福包含著敬仰和感恩，也包含著師生之間深深的情誼，他們別出心裁，把這種發自肺腑的祝福凝聚成 100 個「福」字，刻寫在一隻大海螺殼上，作為生日賀禮奉送給老師。

一群頭髮已開始花白的學生簇擁著一位 90 高齡的老師，談笑風生，這是多麼溫馨感人的一幅人生圖景！因為無論對老師還是學生來說，這都是一個幸福的時刻。更為有意味的是，他們興致勃勃談論的話題，仍然是如何使他們的事業向未來和明天延伸。

2016 年 3 月 16 日陳俊武(右三)90 歲生日時與
高研班學生們一發揮座談

尾聲　面向未來的春天

2017年3月，伴隨著萬物復蘇，草木萌發的春天的腳步，陳俊武的又一個生日來到了，這一年，他90週歲。

對於如何慶賀老師的這個生日，他的催化裂化高研班的弟子們早在去年就開始了謀劃，他們準備給院士送一份「特殊的禮物」。生日前夕，他的原高研班的學生們從四面八方先後抵達，雲集洛陽。

3月16日上午，為祝賀陳俊武九秩華誕的一個小型座談會在洛陽工程公司四樓會議室舉行。中國石化管理幹部學院的領導、老師和專家，還有原來高研班的幾個學生參加。大家向陳俊武匯報：為秉承發揚陳俊武當年的教育理念，從去年陳院士的生日時就開始醞釀籌劃，根據中國石化集團公司主管領導的批示，中斷了16年之久的催化裂化高研班繼續在中國石化管理幹部學院舉辦。領導支持，學員增加，師資力量也更為雄厚，名稱則改為專家班。專家班由催化裂化擴展到加氫和重整業務領域。和陳俊武共同擔任《催化裂化工藝與工程》第三版主編的許友好教授任班主任，原來高研班的一期學員徐惠擔任指導小組副組長，二期學員劉曉欣為專家班顧問。

這似乎是一個匯報會，也好像是個研討會，儘管大家是為了祝賀陳俊武的90週歲生日而來，談論的內容卻是中國石化工業的前景，是技術的傳承和創新，關於催化裂化，關於重整和加氫，還有關於催化裂化專著內容的修訂。

這次活動的主要組織者和聯絡人是被稱為高研班「祕書長」的石

家莊煉油廠副總工程師劉曉欣，她代表學生們送給陳院士的生日禮物是一本紀念冊。裡面輯錄了原來催化裂化高研班和近期專家班全體學員的名錄、照片和陳俊武在各個時期的工作照。硬皮精裝，封面上是淡雅的山水背景和一株蒼勁的古松，「恭賀陳俊武先生九十大壽」的紅字下面，署款為「催化裂化高研班暨專家班學員」，日期則為院士的 90 歲生日日期：2017 年 3 月 17 日。

這不是一本普通的紀念冊，其實更像是一支不同年齡層次的石化科技隊伍整裝列隊，接受老師的檢閱。這裡面凝聚著學生們對老師深厚的感情，也蘊藏著歲月的痕跡和美好的記憶。

劉曉欣(前右一)與徐惠(後右一)向陳俊武(中)
贈送催化裂化高級研修班學員紀念冊

陳俊武顯得很高興。他一連說了好幾個「高興」。他說，很感謝大家，為這個活動做了這麼多工作。俗話說人生七十古來稀，我今年已 90 歲了，並且這些年還做了幾件事，我真的很高興。我們是師生，其實也算是戰友。我現在年紀大了，希望年輕人們努力。我們中國人有自己的優勢，很聰明，一點也不比別人差。現在天地廣闊，年輕人只要肯下功夫，一定會有大的成就。

當然，這天還有令他高興的事：新任中共河南省委常委、組織部長孔昌生親自來拜訪看望，向他祝賀生日，祝福健康；鄭州大學院士工作站的代表也來向他祝賀生日，並轉送了中國科學院院長白春禮先生署名的生日賀信。信中說：「您不懈奮鬥，與時俱進的科學精神，教育和激勵了一大批科學技術工作者」，祝他生日快樂，健康長壽！

2017 年 3 月 16 日鄭州大學院士工作站轉交中國科學院白春禮院長祝賀陳俊武 90 華誕的生日賀信

這天晚上，列入高研班紀念冊名錄中的人員，絕大部分如期到達洛陽，完成集結。其中有早期高研班的三期學員、近期專家班學員及石化管理幹部學院領導、老師和特邀的專家共 140 多人，浩浩蕩蕩，如同一支士氣高昂的隊伍。

3 月 17 日上午，由中國石化管理幹部學院組織的「催化裂化高研班及專家班洛陽現場教學」活動在洛陽工程公司辦公樓學術報告廳舉行。9 時，當陳俊武院士進入大廳時，全場發揮立，熱烈的掌聲經久不息。

這是一次有特殊背景特殊意義的授課。臺下聽課的學生們的年齡可跨越幾代人。

前排就座的是他早期高研班的學生們，他們中有一期學員，中國石油諮詢中心副主任蔣凡、中國石化北海分公司總經理陳堯煥、中國石化科技開發部原副主任徐惠等人；二期學員，中國石油煉油與化工分公司總工程師邢穎春、中國石化海南煉化分公司黨委書記蔡智、中國石化石家莊煉化分公司黨委副書記齊洪祥、副總工程師劉曉欣等人；三期學員，中國石化石家莊煉化分公司總經理葉曉東、中國石化洛陽分公司副總經理施俊林、中國石化煉油事業部節能環保處處長宮超等人。他們中大多已人過中年，有的人已經退休，有的人頭髮已經開始花白或稀疏。

而最新一期專家班坐席上則是一片年輕的面孔，洋溢著一片青春的光彩。他們中很多人是今天第一次見到這位科學大師，但大都聽說過臺上這位頭髮花白、面容清癯的老人驕人的業績。

陳俊武授課的題目是：催化裂化裝置專家應該具備的概念和能力。慣常的謙虛平易的態度，慣常的邏輯縝密、清晰準確的講述，他的嗓門不高，略帶磁性的聲音在大廳裡迴響。

一位 90 歲高齡的老科學家，在他的生日這一天，在這個春意盎然的上午，給臺下的從 20 多歲到 60 多歲的新老學生們上一堂共同的大課，這一切都讓人感到意味深長。

陳俊武為中國石化管理幹部學院催化裂化、加氫、重整專家班學員講課(2017 年 3 月 17 日洛陽)

陳俊武扶了扶眼鏡，親切又滿懷期望地看著臺下的學生們，就像看到賽場上一支正傳遞著接力棒的隊伍，也像看到一條沒有盡頭，向未來延伸的大道。

大廳外面，和煦的陽光正普照著早春的大地。遍布古都洛陽全城的牡丹，春芽初露，正孕育著簇簇花蕾，再過些天，就又是萬紫千紅的花季了。

附錄一　陳俊武生平大事年表

1927 年 3 月 17 日，出生於北平。

1932 年，就讀於北平潔民小學。

1938 年 9 月，就讀於北平崇德中學。

1939 年 7 月，由於崇德中學停辦，轉輔仁大學附屬中學就讀。

1943 年，轉入北平盛新中學就讀。

1944 年，考入北京大學工學院(原為獨立的北平大學工學院，北平淪陷後改稱北京大學工學院)。1945 年抗日戰爭勝利後學校改稱臨時大學補習班第五分班，1946 年稱北洋大學北平部，1947 年回歸北京大學。

1948 年，從北京大學畢業，8 月在臺灣鐵路局材料處任實習生。

1949 年 5 月，自動離職返回故鄉福州親戚家等待解放。8 月 17 日福州解放，10 月從福州出發，乘卡車穿過閩西北，在上饒轉乘火車，經上海、北京，赴瀋陽。

1949 年 12 月中旬，陳俊武與母親在瀋陽和姐姐陳舜瑤團聚。

1949 年 12 月下旬，到撫順礦務局報到，分配到工業處工作。

1950 年 2 月，到撫順礦務局第二化學廠工作。

1950 年 3 月，到撫順市幹校學習。5 月返回第二化學廠。在以工業處褚志遠處長為主任、老專家顧敬心為副主任的修復工作委員會的領導下工作。工廠後更名為人造石油廠，成立東北石油管理局後，按東北工廠的排序又更名東北石油三廠。

1950–1952 年，在石油三廠從事工廠技術工作，提出並實施了兩項有意義的技術創新，受到工廠和撫順市的表彰，成為撫順市勞動模範和石油部先進生產者代表。

1953 年，擔任石油三廠生產總值班，1954 年擔任設計室副主任，負責編制工廠發展規劃。

1956 年底，石油部決定成立石油工業部撫順設計院，東北各煉油廠設計室的技術人員一併調到該院。陳俊武任工藝室副主任，黎煜明總工藝師兼任主任。1957 年，在北京設計院從事合成油工藝設計的彭世浩、梁健等人調到撫順，充實了實力。

1958 年，大搞政治運動，抓「右派分子」「大鳴大放」，接著又搞「大躍進」「大翻番」運動，影響了撫順院的正常設計工作。陳俊武由於當時和有關設計人員隨捷克專家做山西大同煤制油廠的前期設計項目，工作尚能正常進行。

1960 年，隨著大慶油田的發現，煤煉油設計項目停止運作。我國和捷克的合作終止。

1961 年，石油工業部指派陳俊武和洪伯寧以觀察員身分去波蘭和羅馬尼亞參加以蘇聯和東歐為主的經濟互助委員會技術交流活動，了解到一些煉油技術發展動向。回國後正逢敖明模、何振鵬兩位總工程師從古巴考察歸來。兩路人員分別向主管煉油的石油部領導匯報，得到領導的重視。部領導敏感地察覺到這是一個向國外學習的機遇，提出要建設以「流化催化裂化裝置」為首的煉油技術的「五朵金花」，決定派有關技術人員去古巴深入考察學習。

1962 年 2 月，石油工業部在北京成立了新技術組，顧敬心院長自告奮勇請纓擔任組長，新技術組由石油部副部長張定一(當時兼任石油部北京設計院長)和顧敬心具體領導。撫順設計院陳俊武、張福詒、徐貽璜、謝泰嵩等設計人員及北京設計院何宇、李樹鈞、袁宗虞、戴家齊等一同在新技術組工作。

1962 年 8 月，經國家科委批准的赴古巴考察組有石油工業部 5 人。何宇、李樹鈞、陳俊武、杜克勤等同志日夜努力工作，盡可能收集包括煉油技術為主的技術資料，其中不少是國外石油公司的內部參考資料，對提高我國煉油工業技術水平造成了重要作用。

1963 年，在參照國外考察資料並結合國情的情況下，在撫順開展了石油二廠流化催化裂化裝置的施工圖設計。各專業齊頭並進，陳俊武從中穿針引線，和專業骨幹研討疑難問題。

1964 年，陳俊武去石油二廠現場，為從未接觸過流化催化裂化的年輕生產技術人員辦學習班。

1964 年，根據石油部領導的意見，選派一批有煉油生產經驗的工人去古巴煉油廠學習流化催化裂化裝置的操作和維修，包括工廠主任 2 人，班長 5 人，設備儀表維修 4 人，要求陳俊武再次隨同前往考察和學習。為此在北京突擊學習西班牙語，短暫的西班牙語學習時間，使陳俊武在古巴現場與古方人員交流及幫助外語水平不高的同志現場學習造成了有益作用。

1964–1965 年，陳俊武有半年時間在古巴煉油廠學習，正巧流化催化裝置已正常投產，了解了大量的操作數據和現場情況。

1965 年初回國，參加撫順石油二廠流化催化裂化裝置開工方案討論和制定總體開工方案。陳俊武任開工值班工程師，3 月發揮透過水聯運、油聯運、正式熱進油等步驟，5 月初得到合格產品，實現了「四個一次」開汽成功。

1965 年 5 月發揮，在石油二廠工廠值班，9 月去大慶煉油廠參加另一套流化催化裂化裝置開工，10 月返回撫順。

1966 年，在文化大革命嚴重干擾的情況下，陳俊武奉石油部張定一副部長指示去勝利煉油廠協助 120 萬噸/年催化裂化裝置的開工（北京設計院總體設計，撫順設計院指導催化裂化部分）。勝利煉油廠催化裂化開工不順利，催化劑日跑損 30 噸，被迫停工。陳俊武奉命帶領調查小組去大慶、撫順等地的流化催化裂化裝置調查測試，提出了初步解決方案。

1968 年，在勝利煉油廠流化催化裂化裝置上做單器熱態流態化測試試驗，判斷當時催化劑跑損量仍然大的原因是中間兩組旋風分離器安裝不當所致，封閉這兩組旋風分離器後解決了催化劑跑損難題。

1968 年，處理好勝利煉油廠催化裂化裝置催化劑跑損問題後回到撫順設計院，進入「第二學習班」脫產進行「政治學習補課」，直至 1969 年初。

1969 年，參加蘇家屯農場勞動，返院後從事一般的技術工作。

1969 年底，奉石油工業部軍管會指示，撫順設計院立即搬遷到河南省宜陽縣西端張塢公社的竹園溝內。在山溝窯洞和簡易板房辦公。陳俊武主要工作是到宜陽火車站協助搬家來的人員到竹園溝安家。這年開展了石油工業部批准的大慶 701「一頂二」新技術開發，分別在錦州、大慶兵團和吉林等地建設。

1971–1972 年，在石油工業部領導的關懷下，設計院以建設煉油實驗廠名義向洛陽市郊區(李屯村，南留村)靠攏，建設臨時性簡易住宅。同時以建設煉油設計研究院的目標，把荊門的煉製研究所和錦西的設備研究所遷到洛陽，形成了創新型的設計–研究–工業試驗一體化開發機制。同時在附近建設家屬宿舍。至此洛陽石化工程公司嶄露雛形。

1976 年 12 月，當選為河南省政協第四屆委員會委員。

1980 年，煉油實驗廠的建設對洛陽設計院的技術創新造成了重要作用。提升管催化裂化和摻渣油催化裂化的工業示範在國內煉油行業造成了領先和示範作用(期間石油科學研究院在牡丹江煉油廠也做了類似試驗)。同軸式催化裂化工藝的示範作用尤為突出。

1980 年，蘭州煉油廠決定在對蘇聯援建的移動床催化裂化裝置改造時，採用同軸催化裂化技術，1982 年蘭州煉油廠 50 萬噸同軸催化裂化裝置建成，產品品質和收率優良。

1982 年，石油工業部孫曉風副部長組織新技術攻關，陳俊武負責的渣油催化裂化攻關項目是重要的攻關任務之一，該技術首先在石家莊煉油廠工業化應用。

同期，重點抓的攻關項目還有上海高橋煉油廠的新型催化裂化技術，它採用高速床和密相床煙氣串聯技術，集中了當時開發的多項新技術，於 1989 年投產成功。

1983 年 4 月，當選為河南省政協第五屆委員會委員。

1983 年 8 月，作為中國石油學會常委，被推薦出席在倫敦召開的第十一屆世界石油大會，這是陳俊武首次參加國際學術會議。

1983 年，陳俊武和劉銘芳兩人被評為石油工業部先進科技工作者。

1984 年 1 月，洛陽煉油設計院正式確名為中國石化總公司洛陽煉油設計研究院。6 月 9 日，陳俊武被任命為洛陽煉油設計研究院院長，王世鈞任黨委書記，孫鳳臣任顧問，彭世浩任總工程師。

1984 年 4 月，陳俊武和余禮源被授予洛陽市勞動模範稱號。

1984 年 7 月，中共洛陽市委批准中共中國石化總公司洛陽煉油設計研究院委員會由王世鈞、周祖蔭、陳俊武、侯憲元等 7 人組成，王世鈞任書記。

1984 年 9 月，陳俊武負責領導設計的洛陽煉油廠 500 萬噸/年一期工程簡易投產成功。

1984 年，陳俊武主編的《中國流化催化裂化二十年》一書作為內部出版物出版。

1985 年 5 月，陳俊武榮獲中華全國總工會五一勞動獎章。

1985 年 9 月，陳俊武負責指導公司設計的蘭州煉油廠 50 萬噸/年同軸式提升管催化裂化裝置，繼 1984 年獲得獲國家優秀設計金獎後，又獲得國家科技進步一等獎。

1985 年 11 月 11 日，陳俊武被中國石化總公司任命為洛陽石化工程公司經理，侯憲元等 6 人為副經理，王世鈞和周祖蔭分別任黨委正、副書記。

1986 年 10 月 6 日，召開慶祝洛陽石化工程公司建立三十週年大會，上級單位老領導劉少男、任向文、蘭田方，洛陽市委書記王德忱，原院領導顧敬心、徐震、楊潔、莊潤霖、張明學、顧漢貴、李占標、金元漢、黎煜明等熱情赴會。陳俊武在會上做了《回顧公司三十年成就及對煉油工業發展的積極貢獻》的報告。

1987年7月14日，陳俊武陪同中國石化總公司總經理陳錦華來洛陽石化工程公司視察，並匯報工作。

1988年3月18日，陳俊武陪同中國石化總公司副總經理李毅中來洛陽石化工程公司視察，並匯報工作。4月23日，陳俊武陪同中國石化技術經濟委員會李人俊視察，並匯報工作。

1989年3月，陳俊武任洛陽石化工程公司技術開發中心主任，陳香生、彭世浩任副主任。

1989年3月，洛陽石化工程公司召開中國共產黨第八次黨員代表大會，王世鈞、陳俊武、周祖蔭等被選為黨委委員。

1989年4月6日，陳俊武在洛陽石化工程公司職代會上作《堅持功效掛鉤，貫徹按勞分配，有效地發揮經濟槓桿作用》的報告。

1989年，中國石化人事部明確王世鈞協助陳俊武主持全面工作。

1989年10月28日，召開西洛透平開發公司董事會，陳俊武被推舉為名譽董事長。

1990年3月，中國石化人事部任命王世鈞為洛陽石化工程公司公司經理，陳俊武任公司技術委員會主任。

1990年8月25日，陳俊武被國家建設部評為國家工程勘察設計大師(列入百名大師名錄)。

1990年12月7日，經中國石化總公司批准，陳俊武任洛陽石化工程公司技術委員會主任，彭世浩、汪景礪、張立新任副主任。

1991年末，陳俊武當選為中國科學院學部委員。

1992年1月，陳俊武給洛陽石化工程公司工藝室掌握催化裂化技術較好的4名人員試辦小範圍的學習班，為舉辦中石化催化裂化高級研修班積累了經驗。

1992年5月，在中國石化管理幹部學院的支持和柳芬的促進下，試辦有特色的催化裂化高級研修班，由於學習週期較長，學員選拔嚴格，經 2–3 年的學習(含不脫產自學)，學員絕大部分均成為煉油廠生產的技術骨幹。陳俊武親自為研修班授課，中國石化管理幹部學院柳芬任專職管理幹部，曹漢昌為助教。第一批學員 12 人，輪流在各煉油廠開班，第一期在大連煉油廠的旅順招待所上課。

1992 年 10 月，陳俊武當選為河南省出席中共十四次代表大會的黨員代表。

1992 年 11 月 20 日，洛陽市政府對 1986–1991 年重點建設工程優秀項目有功單位及人員進行表彰，洛陽石化工程公司承擔的洛陽煉油廠 500 萬噸/年原油加工工程被列入重點建設優秀項目。記大功人員有陳俊武，記功人員有郝承明、汪景礪、孫基幹等，還有多位先進工作者。

1993 年 1 月，記錄陳俊武人生經歷和主要成就業績的長篇報告文學《燦爛人生》在《莽原》雜誌第 1 期上發表。

1993 年 5 月，河南省文聯、《莽原》雜誌社和洛陽石化工程公司聯合在洛陽召開「學習科學家陳俊武暨《燦爛人生》作品討論會」。

1994 年 3 月，在中國石化召開的第六次科技進步會議上，中國石化總公司總經理盛華仁向閔恩澤、陳俊武院士頒發重大貢獻獎，中國石化總公司黨組決定開展向兩位院士的學習活動。

1994 年 5 月 4 日，陳俊武捐贈個人所得 4 萬元獎金，在洛陽石化工程公司設立青年優秀科技論文獎勵基金。

1994 年，在全省重點工程建設項目工作會議上，洛陽石化工程公司現場設計工作組被授予省工程建設先進集體，陳俊武、張寶貴、孫基幹被評為省重點工程建設先進工作者。

1995 年 4 月，陳俊武和林寶章被授予中國石化勞動模範稱號。

1995 年 7 月，舉行中國催化裂化產業化 30 週年報告會，陳俊武和張福詒分別做了專題報告。

1995 年 10 月，陳俊武獲 1995 年度「何梁何利基金」科學技術進步獎。

1997年10月12日，陳俊武、王國良、張福詒在北京參加第十五屆世界石油大會。

1997年11月，陳俊武、曹漢昌主編的《催化裂化工藝與工程》獲中國石化科技進步一等獎，12月，獲第八屆全國優秀科技圖書二等獎。

1998年3月30日，陳俊武被評為河南省科技功臣。

1999年8月3日，陳俊武在洛陽石化工程公司總師座談會上做題為「世紀之交的憂思，技術振興的建議」專題發言。

1999年9月1日，陳俊武指導設計的高橋石化公司I套催化裂化摻煉渣油改造工程獲中國石化優秀工程設計金質獎。

2000年1月31日，陳俊武指導開發的ROCC-V型重油催化裂化技術獲中國石化科技進步一等獎。

2001年7月1日，陳俊武被授予「全國優秀共產黨員」稱號。

2001年10月26日，洛陽石化工程公司舉辦慶祝成立45週年活動，同時舉辦了「公司成立45週年成就展」和「陳俊武院士創新、治學、育人回顧展」。

2002年12月，陳俊武當選為第九屆河南省政協委員。

2003年8月15日，洛陽石化工程公司舉辦青年成才報告會，陳俊武向300多位青年同志講述自己的成長和成才體會。

2003年，陳俊武向洛陽石化工程公司團員青年做題為《宏觀視野看能源》的科普報告。

2004年6月15日，閆少春調任洛陽石化工程公司經理，鄭懷杰任公司黨委書記，侯寶東改任調研員，陳俊武任科技委員會名譽主任。

2004年8月，洛陽石化工程公司與大連化學物理所、陝西新興煤化工科技有限公司三方簽署DMTO工業試驗合作協議。陳俊武負責指導萬噸級試驗裝置的技術開發和工程設計。

2006年2月20日，陳俊武指導技術開發和設計的華縣萬噸級

DMTO 工業試驗裝置投料試車。中國石油和化工協會組織專家於 6 月 17 日–23 日對裝置進行了 72 小時連續運行考核。2006 年 2 月–6 月裝置累計運行 1100 小時。8 月，工業試驗技術成果新聞在北京人民大會堂發布。

2006 年 10 月 16 日，洛陽石化工程公司隆重慶祝成立五十週年，公司新老領導、老專家、老同事共聚一堂，陳俊武等為十個優秀獻禮項目頒獎。

2007 年 3 月 16 日，洛陽石化工程公司召開陳俊武精神座談會，祝賀陳俊武八十壽辰。

2007 年 6 月 21 日，洛陽石化工程公司技術委員會成員調整，陳俊武任名譽主任，閆少春、朱華興等分別任正、副主任。

2009 年 2 月 4 日，陳俊武以「石油替代策略問題綜合論述」為題，向洛陽石化工程公司領導和技術骨幹作技術講座。

2010 年 1 月 29 日，中國石化高級副總裁王志剛來洛陽看望陳俊武等老專家和勞動模範代表。

2010 年，洛陽石化工程公司調整技術委員會成員，陳俊武任名譽主任，朱華興任主任，王龍延和胡敏任副主任。

2010 年 5 月 13 日，陳俊武到陝西省華縣的萬噸級 DMTO–Ⅱ型工業示範裝置現場調查，該新技術於 6 月 26 日透過了中國石油和化學工業聯合會組織的專家鑒定。

2010 年 8 月 8 日，陳俊武親自指導技術開發和工程設計的 180 萬噸甲醇/年 DMTO 工業化示範裝置在包頭一次投產成功。

2011 年 1 月 13 日，中國石化高級副總裁戴厚良等代表中國石化黨組來洛陽石化工程公司看望陳俊武。

2011 年 3 月，陳俊武等主編的《石油替代綜論》獲中國石化科技進步二等獎。

2011 年，陳俊武在《科技導報》第 15 期發表題為《中國中長期碳減排策略目標初探》的卷首語，提出中國中長期碳排放峰值年應該在2030年，二氧化碳排放量上限不宜超過110億噸，爭取控制在100億噸的目標，與2014年國家正式發布數據吻合，得到初步驗證。

2011年10月25日，DMTO技術被授予2011年度中國石油和化學工業技術發明特等獎。

2011年11月6日，全國人大常委會原副委員長盛華仁在洛陽調研時會見陳俊武，中國石化高級副總裁戴厚良參加會見。

2012年4月16日，中共中央政治局常委、全國人大常委會委員長吳邦國來洛陽石化工程公司視察，公司領導和陳俊武等陪同。

2012年10月12日，陳俊武在洛陽工程公司替代能源技術及煉油新技術研討會上做關於「石油替代中長期策略目標」的報告。

2013年7月17日，中國石化高級副總裁章建華到洛陽工程公司調研，並看望了陳俊武。

2013年，河南省勘察設計協會授予DMTO工程技術開發項目一等獎。

2014年8月18日，DMTO工藝技術透過國家科技發明獎一等獎復審，陳俊武和劉中民、劉昱等參加了中國科學院大連化學物理所現場與北京科技部主審現場的影片答辯。

2014年9月25日，DMTO工藝技術透過國家科技發明獎一等獎最後一輪評審。

2014年10月28日，山東神達100萬噸甲醇/年總承包DMTO和烯烴分離裝置以及配套工程順利投產。

2015年1月9日，國家科學技術獎勵大會在北京人民大會堂舉行，DMTO技術成果獲2014年度國家通用項目技術發明獎唯一的一項一等獎。

2015年2月11日，中國石化董事長傅成玉來洛陽工程公司看望陳俊武、周祖蔭等，並與劉昱等交談。

2015年5月20日，《催化裂化工藝與工程》(第三版)出版座談會在北京召開，紀念我國第一套催化裂化裝置開工 50 週年。陳俊武、徐承恩、楊啟業、汪燮卿、何鳴元等院士以及來自中國石化、中國石油、中國海油的 30 多位煉油專家參加座談，陳俊武在座談會上做了專題報告，中國石化高級副總裁戴厚良參與座談並講話。

2015 年 7 月 20 日，中石化洛陽工程公司技術委員會成員調整，陳俊武任名譽主任，周成平任主任，朱華興任常務主任，胡敏和李和杰任副主任。

2015 年 7 月，第八屆全國石油和化工行業優秀報刊評選《煉油技術與工程》為期刊一等獎。陳俊武指導設計和開發的蒲城 DMTO-Ⅱ項目獲全國化學工業優質工程獎。

2016 年 3 月 16 日，洛陽工程公司召開慶賀陳俊武 90 歲生日暨公司發展座談會，觀看了《跨世紀的對話——中國科學院院士陳俊武訪談錄》。隨後各地前來為陳俊武祝壽的各期高研班學員代表和陳俊武進行了座談。

2016 年 3 月 26 日，陳俊武將六年來指導鄭州大學從事能源替代研究的 18 萬元報酬全部捐獻，設立鄭州大學研究生優秀論文獎勵基金，並舉行了 2016 年度研究生優秀論文獎頒獎儀式。

2016 年 4 月，受陳俊武邀請，20 世紀 70 年代支持洛陽工程公司從竹園溝遷往洛陽郊區李屯並建設煉油實驗廠的老領導王德瑛夫婦前來公司訪問，並與老職工共敘舊情。

2016 年 4 月 18 日，中國石化決定繼續舉辦催化裂化高級研修班，石化管理幹部學院組織預備班學員來洛陽工程公司舉辦現場教學，學習陳俊武精神，陳俊武為學員做了專題報告。

2016 年 6 月，陳俊武在北京參加中國科學院院士大會期間，原中國石化老領導盛華仁在中國石化工程部李國清主任陪同下，專程到北京京西賓館看望。

2016 年 10 月 16 日，洛陽工程公司舉辦慶祝公司成立 60 週年專題座談會和展覽，授予陳俊武特別貢獻獎，並頒發繪有「五朵金花」和 DMTO 裝置照片的特製獎盃。

2017 年 3 月 17 日，河南省科協領導專程來洛陽送交中國科學院院長白春禮 3 月 14 日簽署的賀信，白春禮代表中國科學院和學部主席團祝賀陳俊武九十壽辰，衷心感謝陳俊武為我國化學事業所做出的重要貢獻。

2017 年 3 月 17 日，中國石化煉油事業部和管理幹部學院組織催化裂化、加氫、催化重整三個高級研修班的學員專程來洛陽現場教學，開展學習陳俊武精神的活動，陳俊武作了題為「石化煉油裝置專家應該具備的概念和能力」的報告。早期高研班的十多名學員也現場聆聽講座並祝賀陳俊武九十壽辰。

（陳俊武整理編寫）

附錄二　陳俊武主要論著目錄

主要專著

1　陳俊武，曹漢昌．第五章　催化裂化[M]//侯祥麟主編．中國煉油技術．北京：中國石化出版社，1991：109-151.

2　陳俊武，曹漢昌．催化裂化工藝與工程[M]．北京：中國石化出版社，1995.

3　張立新，楊啟業，陳俊武．中國渣油催化裂化工藝的發展[G]//侯祥麟主編．中國煉油技術新進展．北京：中國石化出版社，1998：27-32.

4　陳俊武，曹漢昌．催化裂化工藝與工程[M]．第二版．北京：中國石化出版社，2005.

5　嚴陸光，陳俊武．中國能源可持續發展若干重大問題研究[M]．北京：科學出版社，2007.

6　陳俊武，李春年，陳香生．石油替代綜論[M]．北京：中國石化出版社，2009.

7　陳俊武，陳香生．中國中長期碳減排策略目標研究[M]．北京：中國石化出版社，2012.

8　陳俊武，許友好．催化裂化工藝與工程[M]．第三版．北京：中國石化出版社，2015.

9　陳俊武．做人做學問作貢獻[G]//方正怡，方鴻飛主編．院士怎樣讀書與做學問：下冊．上海：上海科學技術文獻出版社，2017：1-5.

中文期刊主要學術論文

1 陳俊武．石油煉製過程碳氫組成的變化及其合理利用[J]．石油學報，1982(4)：90-102.

2 陳俊武．流態化技術在我國煉油工業應用二十年來的發展[J]．石油學報(石油加工)，1985，1(2)：1-6.

3 陳俊武，王惠民．渣油催化裂化的熱平衡和取熱工藝[J]．石油學報(石油加工)，1987，3(1)：8-15.

4 陳俊武．殘炭前身化合物的結構及其在煉油過程中的作用[J]．煉油設計，1992，22(1)：1-11.

5 陳俊武．加氫過程中的結構組成變化和化學氫耗[J]．煉油設計，1992，3：1-19.

6 陳俊武．為我國煉油技術的進步盡心盡力[J]．中國科學院院刊，1992，4：335-336.

7 陳俊武，曹漢昌．煉油過程中重質油結構轉化宏觀規律的探討：Ⅰ．原料和產品的化學結構及其氫含量[J]．石油學報(石油加工)，1993，9(4)：1-11.

8 陳俊武，曹漢昌．煉油過程中重質油結構轉化宏觀規律的探討：Ⅱ．重質油結構結構的轉化[J]．石油學報(石油加工)，1993，9(4)：12-20.

9 陳俊武，曹漢昌．重質油在加工過程中的化學結構變化及其輕質化[J]．煉油設計，1994，24(6)：1-15.

10 陳俊武，曹漢昌．催化裂化過程中物料化學結構組成變化規律的探討(上)[J]．石油煉製與化工，1994，25(8)：1-7.

11 陳俊武，曹漢昌．催化裂化過程中物料化學結構組成變化規律的探討(下)[J]．石油煉製與化工，1994，25(10)：34-40.

12 陳俊武．石油加工技術的進展[J]．北京石油化工學院學報，1995，3(1)：1-4.

13 陳俊武．工程設計與技術進步[J]．煉油設計，1997，27(4)：1

-4.
14 陳俊武．展望 21 世紀的煙加工[J]．煉油設計，1999，29(1)：1-7.
15 陳俊武．21 世紀油氣工業發展芻議[J]．中國過程科學，2000，2(4)：21-24.
16 陳俊武，張科．我國煉油工業應實行改造與新建並舉的方針[J]．國際石油經濟，2001，5：14-15.
17 陳俊武．燃料能源的相互轉化及其利用效率(上)[J]．石油規劃設計，2001，12(2)：3-6，38.
18 陳俊武．燃料能源的相互轉化及其利用效率(下)[J]．石油規劃設計，2001，12(3)：1-3.
19 陳俊武．影響催化裂化汽油組成的化學反應問題[J]．當代石油石化，2003，11(7)：1-7.
20 陳俊武．催化裂化在煉油廠中的地位和作用展望：催化裂化仍將發揮主要作用[J]．石油學報(石油加工)，2003，19(1)：1-11.
21 陳俊武．催化裂化工藝的前景展望[J]．石油學報(石油加工)，2004，(20)5：1-5.
22 陳俊武．煉油與化工一體化有效利用原油資源——從多種化學反應剖析多產石化產品途徑[J]．現代化工，2004，24(8)：1-5.
22 陳香生，劉昱，陳俊武．煤基甲醇制烯煙(MTO)工藝生產低碳烯煙的工程技術及投資分析[J]．煤化工，2005，33(5)：6-11.
23 嚴陸光，陳俊武，周風發揮，等．我國中遠期石油補充與替代能源發展策略研究[J]．電工電能新技術，2006，25(4)：1-7.
24 嚴陸光，陳俊武，周風發揮，等．我國中遠期石油補充與替代能源發展策略研究(續)[J]．電工電能新技術，2006，26(1)：

1–12.

25 孫培勤，臧哲學，孫紹暉，陳俊武．生物質高壓液化生物油的研究進展[J]. 現代化工，2008，28(3)：28–26.

26 鄧雲彪，孫培勤，孫紹暉，陳俊武．生物質直接液化脫除 CO_2 實驗研究[J]. 化學工程與裝備，2008，2：109–111.

27 孫培勤，臧哲學，孫紹暉，陳俊武．生物油的分離與分析研究進展[J]. 可再生能源，2008，26(5)：35–40.

28 陳俊武，陳香生．煤化工應走跨行業聯產的高效節能之路(上)[J]. 煤化工，2008，36(6)：1–3.

29 陳俊武，陳香生．煤化工應走跨行業聯產的高效節能之路(中)[J]. 煤化工，2009，37(1)：1–3.

30 陳俊武，陳香生．煤化工應走跨行業聯產的高效節能之路(下)[J]. 煤化工，2009，37(2)：6–8.

31 嚴陸光，趙忠賢，吳承康，陳俊武，等．關於大力加強新疆煤與煤層氣開發利用的建議(上、)[J]. 電工電能新技術，2009，28(3)：1–5.

32 嚴陸光，趙忠賢，吳承康，陳俊武，等．關於大力加強新疆煤與煤層氣開發利用的建議(下)[J]. 電工電能新技術，2009，28(4)：1–5.

33 陳俊武，李春年．石油替代途徑的宏觀經濟評估[J]. 宏觀經濟研究，2009，1：3–9；26.

34 陳俊武，陳香生．試論石油替代的策略與戰術[J]. 中外能源，2009，14(5)：30–40.

35 陳俊武．中國中長期碳減排策略目標初探[J]. 科技導報，2011，29(15)：3.

36 劉作龍，孫培勤，孫紹暉，陳俊武．生物質氣化技術和氣化爐研究進展[J]. 河南化工，2011，28(1)：21–24.

37 陳俊武，陳香生．中國中長期碳減排策略目標初探(Ⅰ)：中國分階段溫室氣體減排目標的提出及其依據[J]. 中外能源, 2011, 16(5): 1-9.

38 陳俊武, 陳香生. 中國中長期碳減排策略目標初探(Ⅱ): 中國煤炭消費過程的碳排放及減排措施[J]. 中外能源, 2011, 16(6): 1-11.

39 陳俊武, 陳香生. 中國碳減排中長期策略目標初探(Ⅲ): 化石石油能源在交通運輸等行業中的應用和碳減排[J]. 中外能源, 2011, 16(7): 1-13.

40 陳俊武, 陳香生. 中國碳減排中長期策略目標初探(Ⅳ): 天然氣能源在中國的應用前景和碳減排分析[J]. 中外能源, 2011, 16(8): 1-13.

41 陳俊武, 陳香生. 中國中長期碳減排策略目標初探(Ⅴ): 非化石能源的需求與碳排放[J]. 中外能源, 2011, 16(9): 1-13.

42 陳俊武, 陳香生. 中國中長期碳減排策略目標初探(Ⅵ): 碳捕集和封存排放目標討論[J]. 中外能源, 2011, 16(10): 1-17.

43 陳俊武, 陳香生. 中國中長期碳減排策略目標初探(Ⅶ): 中國能源需求暨碳排放情景分析討論[J]. 中外能源, 2011, 16(11): 1-19.

44 陳俊武. 能源替代: 重點是動力燃料[N]. 北京: 中國石化報, 2012-07-23(1, 4 版).

45 陳俊武. 回顧中國石油煉製工業的技術進步和技術創新[J]. 化工學報, 2013, 64(1): 28-33.

46 陳俊武. 石油替代路徑多符合國情最關鍵[N]. 北京: 中國石化報, 2014-12-15(3 版).

47 陳俊武. 石油替代策略的綜合分析[J]. 石油學報(石油加工), 2015, 31(2): 218-227.

48 陳俊武, 陳香生, 胡敏. 中國低碳經濟前景芻議(上篇)[J]. 中外能源, 2015, 20(3): 1-8.

49 陳俊武，陳香生，胡敏．中國低碳經濟前景芻議(下篇)[J]．中外能源，2015，20(4)：1-15.

50 陳俊武．讓金花燦爛開放[J]．中國石化，2015(9)60-62.

51 陳俊武，陳香生．試論本世紀末全球實現二氧化碳淨零排放的難度[J]．中外能源，2016，21(6)：1-7.

外文期刊主要學術論文

1 CHEN Junwu，CAO Hanchang and LIU Taiji. Catalyst Regeneration in Fluid Catalytic Cracking，in Advances in Chemical Engineering Vol 20：Fast Fluidization[M]//Edr. KWAUK Mooson ，Academic Press，1994：389-430.

2 MIN Enze，ZHAO Xuebin，CHEN Junwu. Major Advances of Catalytic Cracking Technology in Petroleum Refining Industry / Advances in Science of China，Chemistry(Edr. TANG Youqi). Beijing，Science Press，Vol 3，1997：109-128.

3 CHEN Junwu. Development of fluidization technology in China』s oil refining industry/in Fluidization X(Proceedings of the Tenth Engineering Foundation on Fluidization) Plenary Lecture/Edrs. KWAUK Mooson，LI Jinhai and YANG Wenching. Beijing，May 20 - 25，2001：27-38.

4 CHEN Junwu. The Structure of Carbon Residue Precursors and Their Roles in Petroleum Processing/Chief Editor：HOU XiangLin . Proceedings of the International Conference on Petroleum Refining and Petrochemical Processing，Volume 1 . Beijing China ：September 11 -15，1991，International Academic Publishers：447-453.

5 ZHANG Lixin，YANG Qiye，CHEN Junwu. Development of Resid Fluid Catalytic Cracking Technology in China[G]//HOU XiangLin Editor - in - Chief. Advances of Refining Technology in China.

Beijing: China Petrochemical Press, 1997: 39-48.

6 CHEN Junwu. Reaction Engineering in Fluid Catalytic Cracking[G]//HOU Xianglin Editor in Chief. Advances of Refining Technology in China. Beijing: China Petrochemical Press, 1997: 26-39.

學會與協會主要學術論文

1 陳俊武. 催化裂化工藝總結[C]//中國石化工程師進修班學習教材. 北京, 1987.

2 陳俊武. 催化裂化工業基礎[C]//中國石化工程師進修班學習教材. 北京, 1988.

3 陳俊武. 國外催化裂化技術發展動向[C]//中國石化工程師進修班學習教材. 北京, 1988.

4 陳俊武. 關於重油催化裂化的技術分析(從化學角度分析煉油工藝)[C]//催化裂化協作組第二屆催化裂化論文集, 1991.

5 陳俊武. 催化裂化工藝的發展趨勢與前景[C]//催化裂化協作組第四屆催化裂化論文集, 1993.

6 陳俊武. 煉油廠技術經濟指標的研究(Ⅰ)——綜合商品率和輕質油收率[G]//中石化科技委論文選, 1997: 44-48.

7 陳俊武. 工程設計與技術進步[C]//中國石油學會第三屆石油煉製學術學術年會論文集, 濟南, 1997: 19-21.

8 陳俊武. 煉油廠技術經濟指標的研究(Ⅱ)——投入產出和經濟效益[G]//中石化科技委論文選, 1999: 274-282.

9 陳俊武. 催化裂化——立足當前放眼未來[C]//催化裂化協作組第七屆催化裂化論文集, 上海, 2000: 22-23.

10 盧捍衛, 陳俊武. 催化裂化在煉油廠中的地位和作用[C]//催化裂化協作組第九屆催化裂化論文集, 廣州, 2000: 35-43.

11 陳俊武. 煉油廠技術進步中的工程問題[C]//中國石油學會第四屆石油煉製學術學術年會論文集. 北京: 中國石化出版社,

2001：36-42.

12 陳俊武．渣油加氫脫硫與重油催化裂化的優化組合[C]//2001 年中國石油煉製技術大會論文集，2001.

13 陳俊武．清潔燃料與加氫工藝[G]//中石化科技委論文選，2001：223-227.

14 陳俊武．從化學變化論渣油加氫脫硫和重油催化裂化的優化組合[G]//中國石化集團公司科技委員會論文集，2002：326-332.

15 陳俊武．影響催化裂化汽油組成的化學反應問題[G]//中國石化集團公司科技委員會論文集，2003：263-278.

16 陳俊武．有效利用加工工藝實現煉油化工的緊密結合[G]//中國石化集團公司科技委員會論文集，2004：236-242.

17 陳俊武．催化裂化工藝的前景展望[C]//催化裂化協作組第十屆催化裂化論文集，烏魯木齊，2004：35-38.

18 陳俊武．石油和天然氣——當代的重要資源[C]//解放軍總參參謀部「百名院士講壇文集」．洛陽，2004.

19 陳俊武．讓煤制氫供應全國——建設「西氫東送長輸管線」芻議[G]//中國石化集團公司科技委員會論文集，2005：327-333.

20 陳俊武．石油能源替代問題芻議[C]//中國石油學會第五屆石油煉製學術學術年會論文集．北京：中國石化出版社，2005年：29-31.

21 趙瓊瑛，陳俊武，陳素明，等．催化裂化工藝技術人員培訓模式的研究[C]//2005 年中國石油煉製技術大會論文集，2005.

22 陳俊武，費維揚，陳香生，等．穩妥有序地發展新疆煤化工產業[G]//中國科學院學部諮詢專家組．新疆地區煤和煤層氣開發利用研究(中國科學院學部諮詢報告)，北京，2008 年 10 月：77-94.

23 陳俊武．我國低碳經濟策略下的煤化工產業[C]//中國化工學會 2010 年石油化工學術學術年會論文集．石油化工，2010，39(9)增刊：13–17.

24 陳俊武，陳香生．按低碳技術的原則積極穩妥有序地發展現代煤化工產業[G]//中國科學院學部諮詢專家組．大力加強低碳經濟關鍵技術的研究和創新(中國科學院學部諮詢報告)[C]，北京，2011 年 11 月．

25 陳俊武，陳香生．不同替代原料路線生產烯烴、芳烴和運輸燃料[C]//中國化工學會 2012 年石油化工學術學術年會論文集．石油化工，2012，41(9)增刊：74–76.

26 陳俊武．煤制油物料轉換和能量轉化效率探討——碳氫元素轉化分析[C]//中國化工學會 2014 年石油化工學術學術年會，南京，2014–09–18.

報刊雜誌專訪

1 張文欣．燦爛人生——陳俊武之路[J]．莽原，1993(1)：7–31.

2 張文欣．燦爛人生——記學部委員陳俊武[N]．北京：中國石化報，1993–06–30(4 版)及 1994–02–08(2 版).

3 學習科學家陳俊武暨《燦爛人生》作品座談會紀要[N]．洛陽：洛陽日報，1993–06–28(6 版)及 1993–06–30(7 版).

4 洛陽石化工程公司團委．陳俊武院士和工程系統青年座談紀實(洛陽石化工程公司內部宣傳教育材料)，1994 年 5 月．

5 郭彥民，李建永．用創造性勞動譜寫人生樂章——陳俊武與青年座談問與答[N]．北京：中國石化報，1994–07–09(3).

6 張文欣．不懈的追求——記中國科學院院士陳俊武[N]．北京：人民日報，1996–06–05(10 版).

7 張文欣．燦爛的黑色血液/院士風采[M]．福州：海峽文藝出版社，1999.

8 張拴，孫欽良．煉塔上的豐碑[N]．洛陽：洛陽日報，2002–06–

27(1，3 版).
9 陳香生 . 陳俊武院士的幾件小事[N]. 北京：科學時報，2007-05-21(1，2 版).
10 史豐蕾 . 石油老了新能源太年輕[N]. 北京：中國能源報，2009-08-10(C8).
11 李建永 . 能源替代是大勢所趨——訪中國科學院院士陳俊武[J]. 北京：中國石化，2012(6)：41-43.
12 姜誠. 新型煤化工產業應以什麼取勝[J]. 北京：中國煤化工，2013(2)：10-13.
13 孔凡濤 . 發展甲醇經濟要把握好一個度[N]. 北京：中國化工報，2014-08-27(5 版).
14 王玲 . 陳俊武：剪不斷的煤化工情緣[J]. 北京：高科技與產業化，2014(9)：38-43.
15 白春禮主編 . 陳俊武/二十世紀中國知名科學家學術成就概覽(化學卷第四分冊)[M]. 北京：科學出版社，2014：380-388.
16 許帆婷，李建永，田源 . DMTO：30 年耕耘結碩果[J]. 中國石化，2015(4)：9-13.
17 許帆婷，田源，李健永 . 技術發展仍然在路上——專家談 DMTO 技術[J]. 中國石化，2015(4)：20-24.
18 孫自豪，李建永 . 6 年講學費全部捐學生[N]. 洛陽：洛陽日報，2016-03-28(2 版).
19 孫自豪，李建永 . 既開風氣也為先[N]. 洛陽：洛陽日報，2016-04.
20 李建永，孫自豪 . 搞科學研究是我最大的樂趣[N]. 北京：中國石化報，2016-04-13(1 版).
21 李建永，石杏茹 . 大師陳俊武[J]. 中國石油石化，2016(12)：70-73.
22 石杏茹 . 煤化工要做策略性技術儲備——訪中國科學院院士陳

俊武[J]. 中國石油石化，2016(11)：20-23.
23 郝幸田．赤誠鑄就輝煌——記中國能源策略科學家、中石化洛陽工程有限公司陳俊武院士[J]. 企業文明，2016(8)：21-24.
24 徐沛宇．陳俊武口述歷史：我國煉油催化裂化技術發揮步的故事[J]. 能源，2016(8)：102-105.
25 李東周，馬守貴．陳俊武院士：以身許國七十載[N]. 北京：中國化工報，2016-08-10(3 版).
26 黃曉芳．中國科學院院士陳俊武：始終站在國家最需求的地方[N]. 北京：經濟日報，2016-08-10(3 版).
27 沉浮．陳俊武：一生求索未得閒[N]. 北京：中國科學報，2016-07-27(3 版).
28 張一鳴．九十歲院士陳俊武帶給中國煉化的啟示[N]. 北京：中國經濟時報，2016-07-25(3 版).
29 吳莉．踏平千山有餘勇——記中國科學院院士陳俊武[N]. 北京：中國能源報，2016-07-25(13 版).
30 宋陽．煤化工技術：作為策略儲備很有必要——專訪中國科學院院士陳俊武[N]. 北京：中國經濟導報，2016-07-24(3 版).

主要發明專利

序號	專利名稱	申請號	授權或公告號
1	流化床催化劑的兩段氧化再生方法	89109293. 5	CN1023711C
2	催化裂化催化劑脫金屬和鈍化聯合工藝	90108655. X	CN1018840C
3	催化轉化再生催化劑的汽提方法和設備	00107162. 9	CN1136999C
4	一種烴類流化催化轉化方法	00107163. 7	CN1098330C

續表

序號	專利名稱	申請號	授權或公告號
5	一種烴類流化催化轉化工藝	00108519.0	CN1100850C
6	烴類流化催化轉化反應產物的急冷塔及急冷方法	00108832.7	CN1100851C
7	多級串聯緊湊型氣固快速分離及沉降方法及裝置	01100418.5	CN1175916C
8	一種降低汽油烯烴的方法及其裝置	02139065.7	CN1171977C
9	一種提升管催化裂化方法與裝置	200410060430.9	CN1226388C
10	一種由含氧化合物生成低碳烯烴的方法及裝置	200710111668.3	CN101318868B
11	一種臥管式第三級旋風分離器	200720092965.3	CN201132137Y
12	一種氣體進料分布器	200820006211.6	CN201154303Y
13	一種含氧化合物轉化為烯烴反應的進料溫度調節方法	200810049273.X	CN101514134B
14	含氧化合物制烯烴工藝反應生成氣預處理方法及設備	200810049467.X	CN101544529B
15	一種碳四及更重組分的轉化方法	200810140897.2	CN101633593B
16	一種甲醇轉化制取低碳烯烴氣體的分離方法	200810231483.0	CN101747128B
17	一種低碳烯烴氣體的分離方法	201010188717.5	CN102267850B
18	一種降低含氧化合物制烯烴裝置能耗的方法	201110253681.9	CN102951982B
19	一種降低含氧化合物制烯烴裝置能耗的方法	201110253698.4	CN102951983A

續表

序號	專利名稱	申請號	授權或公告號
20	一種低碳烯烴氣體的分離方法	201210034135. 0	CN103242123A
21	一種含氧化合物生產烯烴裝置	201210244573. X	CN103539610A
22	一種利用含氧化合物制取烯烴的裝置	201210244617. 9	CN103539611A
23	一種含氧化合物制取低碳烯烴的方法	201210244657. 3	CN103539598A
24	一種含氧化合物制烯烴方法	201210244740. 0	CN103539616A
25	碳四及更重組分的轉化方法	201210257540. 9	CN102924210A
26	一種含氧化合物制低碳烯烴反應器	201220342436. 5	CN202683184U
27	一種含氧化合物生產低碳烯烴的裝置	201220342678. 4	CN202688230U
28	一種含氧化合物制低碳烯烴裝置	201220342679. 9	CN202754917U
29	一種碳四及更重組分的轉化工藝	201210257538. 1	CN1029242009A
30	一種催化裂化裝置	201410147885. 8	
31	一種催化裂化方法	201410147959. 8	

（陳香生整理）

後　記

和陳俊武院士結緣，是我人生的一件幸事。

1992 年夏，河南省文聯主辦的大型文學刊物《莽原》邀約我寫一篇以陳俊武院士為主角的報告文學，這一年年初，他剛剛當選為中國科學院學部委員(後來改稱院士)。這篇題為《燦爛人生》的長篇報告文學在 1993 年第 1 期《莽原》上發表，後來也引發揮了一些反響。

那次採訪和寫作，對我來說是一次經歷淘洗和感奮的精神之旅，陳俊武院士的輝煌業績和高尚的人生境界，就像是一座精神高地和一片道德綠洲，深深地吸引著我感動著我。在我的心目中，陳院士是一個功勛卓著的科學家，一個像老師和長輩一樣的人，但他一直是以平易、謙虛和熱情對待我這個後學和晚輩。心靈和情感上的契合和共鳴，使我們之間建立了忘年之交的友誼。我們真的是「一見如故」，後來就一直保持著比較密切的交往。我曾多次到他家裡拜訪，為了回訪，他甚至在春節時坐公車到我家「寒舍」來看望。在很多年裡，歲末年初，我收到的第一張新年賀卡，必是院士寄來的；我 60 歲生日時，院士寫來賀信，還親自撰寫了嵌入我名字的賀聯……過往歲月中的許多細節，都令我感動和銘記。

也許正是有這樣的背景，2015 年夏天，當《陳俊武傳》的寫作項目啟動時，中石化洛陽工程有限公司和陳俊武院士選擇我作為作者。其實，為陳院士寫一本傳記，也是我多年來的一個願望。因為我當時手頭還有其他寫作任務，這項工作真正開始是在去年的夏天。

當我又一次走進坐落在澗河岸邊洛陽石化工程公司這座熟悉的

大樓的時候，心中充滿了親切和感慨。因為當年的採訪和寫作，我曾無數次來到這裡。這裡有許多我的熟人和朋友，公司歷屆領導中，很多人後來也和我多有過從，《燦爛人生》剛剛發表時，公司還宣布我為「榮譽職工」。

這些也許是有利的條件，但我知道，自己作為石化工程技術領域的門外漢，這次寫作仍然是一次巨大的挑戰。

最初的一段時間，我和陳院士每天都有一次長談，相對輕鬆自由的隨時互相交流的氣氛，是我喜歡的採訪方式。這大約也是他第一次這樣長時間地、集中地、詳細地講述他的家世和人生的經歷。在此之前，陳院士自己已經編列撰寫了詳細的提綱和素材資料，這也為我的採訪和寫作創造了有利的條件。

寫陳俊武院士的傳記，必然要涉及大量的石油化工方面的基本概念、工藝技術和生產過程，作為行業以外的作者，這是我重點關注的地方。因此我在採訪的時候儘量要問清楚，弄明白，虛心請教。當然，我自己也大量「惡補」，瀏覽閱讀了很多石化和煉油工程技術方面的資料。按說，就石化行業和煉油工程技術的基本知識方面，我也不完全是「白丁」了，早在20多年前採訪寫作《燦爛人生》的時候，我就認真做過一番科普的「功課」。當年洛陽石化工程公司有位高工曾評價《燦爛人生》是「外行能看得明白，內行挑不出毛病」，這次寫陳院士的傳記，我仍把這句話作為一個重要標準。

人物傳記的寫作，在真實性的基礎上，既要寫事，也要寫人。按我的理解，寫人是第一位的，不僅要寫人物的人生歷程，主要事跡，還應揭示人物的性格、情感和豐富的內心世界。這就需求大量的細節，而所謂的文學性和可讀性就體現在這裡。但作為一部寫中科院院士的傳記，其中最主要的內容應是他的業績和成就，是寫事。這些事其實很多都涉及石化工藝技術和生產過程，說實在話，這類內容在文學性表述上會受到侷限。因此，在全面、真實、準確地敘寫事功的前提下，儘量注意增強文學色彩，也是我在寫作中的一個努力的方向。

一個標準，一個方向，至於效果如何，只能交由石化系統的專家和廣大讀者評判了。在此，我也誠懇期待著各位的批評意見。

2017 年 6 月傳記作者張文欣在陳俊武辦公室討論書稿

中國科學院院士團隊，可謂群星燦爛，聰慧、好學、敬業、勤奮、堅韌，是這個特殊人群的共性特徵。但陳俊武院士的人生道路更有著自己鮮明的個性。比如，在中科院院士中，他是極少數沒有出國留學經歷，從新中國第一代工程師中成長髮揮來的，也是極少數從工程技術領域入選的。另外，從他的家族歷史中，可以清晰地理出一條現代科技在中國近現代萌生和發展的脈絡。我力圖在敘述和描寫中儘量對這些內容和線索予以關注，以增加作品的厚重感，並希望能引發揮讀者更多的思考。

在採訪和寫作的過程中，我又一次深深感受到陳俊武院士嚴謹、認真、謙虛和實事求是的作風。他對文稿的審讀極為細緻，可謂字斟句酌，特別對一些涉及自己榮譽和功績的內容尤為嚴格，再三表示要強調集體的力量，團隊的成績。

2017 年 3 月，恰逢陳院士的 90 週歲生日。中國石化管理幹部學院安排在洛陽組織了一次現場教學活動，陳院士的原催化裂化高研班的學生們也彙集洛陽。這對我來說也是一次極好的機會。我當時因為生病正在住院治療，但聞訊後帶病參加了全部活動，還採訪了有關人員。那幾天，我總是忙碌一天後才回到醫院輸液。但連續幾天的辛勞卻使我收穫頗豐，不僅獲得了非常珍貴的素材，活動的內容正好也可以作為這部傳記較為自然合適氣韻貫通的結尾。這，應該也算是生活的饋贈吧。

這次採訪和寫作，雖然辛苦和緊張，但我心中一直充滿了愉悅。我又一次感受到陳俊武院士的輝煌業績和人格力量對中石化系統特別是洛陽工程公司所產生的巨大影響。這是一種極為珍貴的精神資源。而中國科學院、中國工程院和中國石化集團公司等組織的院士傳記寫作項目，正是開發、利用這種珍貴精神資源的富於遠見的重大舉措，意義深遠，功德無量。作為石化行業以外的作者，我借此機會，向這個項目的決策者和組織實施者，向中國石化出版社表示敬意和感謝！

在《陳俊武傳》的採訪寫作過程中，中石化洛陽工程有限公司黨委和各有關部門給我提供了很多便利的工作條件，從各方面都給予了大力支持和幫助。王國良書記還親自安排，熱情向我介紹情況，李建永、陳香生等在採訪考察、資料收集、照片整理拍攝、技術把關、協調聯絡等諸多方面都為我提供了大量熱情的幫助。公司原黨委書記周祖蔭等老同志親自陪跟我採訪，遠在上海的張韓和蕭鳳芝夫婦還熱情為我的初稿校對並提出修改意見，等等，對所有幫助過我的朋友們，恕我不再一一列舉名字，在此一併表示誠摯的感謝！

張文欣

2017 年 9 月 8 日於洛陽

致　謝

除了陳俊武院士本人為傳記編寫提供了大量珍貴資料並親自撰寫了全書詳細提綱外，以下同志也為相關章節提供了詳實的資料或接受採訪，他們是：

陳香生　梁龍虎　劉　昱　李建永　王國良　周成平
周祖蔭　李國清　姚　舜　郭彥民　李德志　湯紅年
史繼森　成章平　張　璞　吳永祥　陳　欣　陳　玲
許友好　徐　惠　樊啟明　宮　超　劉曉欣　陳　洋
李占寶　王正則　賀　斌　郭銀彩　李延輝　孫基幹
蕭鳳芝　張　韓

在此謹致謝忱！

陳俊武傳

作　　者：張文欣
發 行 人：黃振庭
出 版 者：崧博出版事業有限公司
發 行 者：崧博出版事業有限公司
E-mail：sonbookservice@gmail.com
粉 絲 頁：https://www.facebook.com/sonbookss/
網　　址：https://sonbook.net/
地　　址：台北市中正區重慶南路一段六十一號八樓 815 室
Rm. 815, 8F., No.61, Sec. 1, Chongqing S. Rd., Zhongzheng Dist., Taipei City 100, Taiwan
電　　話：(02)2370-3310
傳　　真：(02)2388-1990
印　　刷：京峯數位服務有限公司
律師顧問：廣華律師事務所 張珮琦律師

定　　價：499 元
發行日期：2024 年 03 月第一版
◎本書以 POD 印製

國家圖書館出版品預行編目資料

陳俊武傳 / 張文欣 著 . -- 第一版 . -- 臺北市 : 崧博出版事業有限公司 , 2024.03
面；　公分
POD 版
ISBN 978-626-363-897-6(平裝)
1.CST: 陳俊武 2.CST: 傳記
782.887　113002382

電子書購買

臉書

爽讀 APP